D1750863

Schwarzwaldgeschichten

❧

Jürgen Lodemann

Schwarzwald-
geschichten

*Herausgegeben
von*
Jürgen Lodemann

Klöpfer & Meyer

Die in dieser Schwarzwald-Anthologie versammelten Textpassagen entsprechen im allgemeinen den Originalvorlagen, einige wurden aber der besseren Lesbarkeit wegen auch gekürzt und sind also nur auszugsweise wiedergegeben. Genaueres darüber findet sich in den Anmerkungen am Ende des Buches.

Im Sinne einer besseren Verständlichkeit für heutige Leser wurden veraltete und ungebräuchliche Wendungen und Fremdwörter behutsam erneuert. Die Schreibweise und auch die Interpunktion folgen einer moderaten neuen deutschen Rechtschreibung (z. B. »dass« statt »daß«). Berücksichtigt und beibehalten wurden aber auch gewisse Eigentümlichkeiten der Originale, insbesondere bei Hauff und Hebel, aber auch bei Hansjakob, z. B. »Wiber« (statt »Weiber«), »Murer« (statt »Maurer«) usw.

Herausgeber und Verlag danken schließlich allen Rechte-Inhabern für die erteilten Abdruckgenehmigungen. Sollten Rechte Dritter irrtümlich übersehen worden sein, so ist der Verlag selbstverständlich bereit, rechtmäßige Ansprüche nach Anforderung abzugelten.

4., erweiterte Auflage 2012
1. Auflage 2007

© 2012 Klöpfer und Meyer, Tübingen.
Alle Rechte vorbehalten.
ISBN 978-3-940086-77-8

Umschlaggestaltung: Christiane Hemmerich Konzeption und Gestaltung, Tübingen.
Herstellung: Horst Schmid, Mössingen.
Gestaltung und Satz: niemeyers satz, Tübingen.
Druck und Einband: Pustet, Regensburg.

Mehr über das Verlagsprogramm von Klöpfer & Meyer finden Sie unter:
www.kloepfer-meyer.de

Inhalt

Wilhelm Hauff
Das kalte Herz 9

Johann Wolfgang von Goethe
Hinten im Grunde 62

Marie Luise Kaschnitz
Nebelmeer 63

Johann Jakob Christoffel von Grimmelshausen
Der Räuber vom Kaiserstuhl 65

Gustav Schwab
Freiburg und Jos Fritz 71

Johann Jakob Christoffel von Grimmelshausen
Märlein vom Mummelsee 72

Johann Peter Hebel
Das wohlbezahlte Gespenst 75
Es gibt keine Gespenster 78
Aus dem Jahr 1808 oder: Klima-Erwärmung 80

Johann Wolfgang von Goethe
Am Rheinfall 81

Wilhelm Heinse
Am Rheinfall von Schaffhausen 83

Johann Jakob Christoffel von Grimmelshausen
Wie Simplicius in das Zentrum der Erde fährt 86

Jürgen Lodemann
Hirschsprung 90

Johann Peter Hebel
Zundelfrieders Lehrjunge 97
Zundelfrieders Meisterstück 99
Der Wettermacher 104
Der Zirkelschmied 107

José F. A. Oliver
Das *Häs* 110

Berthold Auerbach
Die feindlichen Brüder 113

Oberamtmann von Senger
Das Benehmen der Salpeterer 125

Ludwig Pfau
Das Badische Wiegenlied 126

Karl August von Varnhagen
Das Erschießen in Baden 128

Joseph Viktor von Scheffel
Die Hauensteiner *oder* Im Gebiet der Rauferei 129

Ernest Hemingway
Im Rössle 132

Bertolt Brecht
Die schwarzen Wälder 136
Die unwürdige Greisin 137

Wolfgang Altendorf
Mein Nachbar ließ sich einschneien 144

Mark Twain
Der Schwarzwälder 147
Der Baden-Badener 149

Otto Jägersberg
Der Pfarrer von Freudenstadt 151

Georg Groddeck
Probenächte 154

Otto Jägersberg
Schwarzwaldverein 155

Hermann Hesse
Der Zyklon 156

Hermann Bausinger
Die südlichste Stadt 172

Jürgen Lodemann
Europas Salon 176

Walle Sayer
Im Rathaus 188
Betrachtung 189
Panoptikum 41 190

Matthias Kehle
Herrenschwand, Hochschwarzwald 191

Klaus Nonnenmann
Einmal Wildbad und zurück 192

Susanne Fritz
Schwarzwaldhimmel 205
Der schwarze Hund 207

Otto Jägersberg
Himmelheber oder
Der Schwarzwald als Spanplatte 216

Martin Heidegger
Schöpferische Landschaft 220

Christoph Meckel
Schwarzwälder Ferien im Krieg 222

Wolfgang Duffner
Die Geschichte vom fliegenden Mönch 227
Amerika 228
Mein Großvater und der Hartmannsweiler Kopf 230
Was ein Hundertjähriger sagt 231
Nachricht von unten 233

Heinrich Hansjakob
Freiburgs Nachtkönig 234
Heinrich Hansjakob und die Frauen 246
Heinrich Hansjakob und die Juden 249

Franz Zimmermann
Kreuze und Kanonen in Horben 250

Jürgen Lodemann
Dutschke im Weltbad 252

Walter Mossmann
Renitent 256
Liebeslied auf 101 Megahertz 259
Lied vom Goldenen Buch 262

Otto Jägersberg
Streit in Baden-Baden 267

Matthias Kehle
Ferne 273

Christine Lehmann
Zwischen Mond und Wald 274

Bille Haag
Bruchtest-Männchen 281

Johann Peter Hebel
Schau, dort ist die Erde gewesen 283

Nachwort:
Kleine Geschichte der
Schwarzwaldgeschichten 284

Verzeichnis der Autoren 313

Wilhelm Hauff

Das kalte Herz

Wer durch Schwaben reist, der sollte nie vergessen, auch ein wenig in den Schwarzwald hineinzuschauen; nicht der Bäume wegen, obgleich man nicht überall solch unermessliche Menge herrlich aufgeschossener Tannen findet, sondern wegen der Leute, die sich von den andern Menschen ringsumher merkwürdig unterscheiden. Sie sind größer als gewöhnliche Menschen, breitschultrig, von starken Gliedern, und es ist, als ob der stärkende Duft, der morgens durch die Tannen strömt, ihnen von Jugend auf einen freieren Atem, ein klareres Auge und einen festeren, wenn auch rauheren Mut als den Bewohnern der Stromtäler und Ebenen gegeben hätte. Und nicht nur durch Haltung und Wuchs, auch durch ihre Sitten und Trachten sondern sie sich von den Leuten, die außerhalb des Waldes wohnen, streng ab. Am schönsten kleiden sich die Bewohner des badenschen Schwarzwaldes; die Männer lassen den Bart wachsen, wie er von Natur dem Mann ums Kinn gegeben ist; ihre schwarzen Wämser, ihre ungeheuren, enggefalteten Pluderhosen, ihre roten Strümpfe und die spitzen Hüte, von einer weiten Scheibe umgeben, verleihen ihnen etwas Fremdartiges, aber etwas Ernstes, Ehrwürdiges. Dort beschäftigen sich die Leute gewöhnlich mit Glasmachen; auch verfertigen sie Uhren und tragen sie in der halben Welt umher.

Auf der andern Seite des Waldes wohnt ein Teil desselben Stammes; aber ihre Arbeiten haben ihnen andere Sitten und

Gewohnheiten gegeben als den Glasmachern. Sie handeln mit ihrem Wald; sie fällen und behauen ihre Tannen, flößen sie durch die Nagold in den Neckar und von dem oberen Neckar den Rhein hinab bis weit hinein nach Holland, und am Meer kennt man die Schwarzwälder und ihre langen Flöße; sie halten an jeder Stadt, die am Strom liegt, an und erwarten stolz, ob man ihnen Balken und Bretter abkaufen werde; ihre stärksten und längsten Balken aber verhandeln sie um schweres Geld an die Mynheers, welche Schiffe daraus bauen.

Diese Menschen nun sind an ein rauhes, wanderndes Leben gewöhnt. Ihre Freude ist, auf ihrem Holz die Ströme hinabzufahren, ihr Leid, am Ufer wieder heraufzuwandeln. Darum ist auch ihr Prachtanzug so verschieden von dem der Glasmänner im andern Teil des Schwarzwaldes. Sie tragen Wämser von dunkler Leinwand, einen handbreiten grünen Hosenträger über die breite Brust, Beinkleider von schwarzem Leder, aus deren Tasche ein Zollstab von Messing wie ein Ehrenzeichen hervorschaut; ihr Stolz und ihre Freude aber sind ihre Stiefeln, die größten wahrscheinlich, welche auf irgendeinem Teil der Erde Mode sind; denn sie können zwei Spannen weit über das Knie hinaufgezogen werden, und die »Flözer« können damit in drei Schuh tiefem Wasser umherwandeln, ohne sich die Füße nass zu machen.

Noch vor kurzer Zeit glaubten die Bewohner dieses Waldes an Waldgeister, und erst in neuerer Zeit hat man ihnen diesen törichten Aberglauben benehmen können. Sonderbar ist es aber, dass auch die Waldgeister, die der Sage nach im Schwarzwald hausen, in diese verschiedenen Trachten sich geteilt haben. So hat man versichert, dass das Glasmännlein, ein gutes Geistchen von dreieinhalb Fuß Höhe, sich nie anders zeige als in einem spitzen Hütlein mit großem Rand, mit Wams und Pluderhöschen und roten Strümpfchen. Der Holländer-Michel aber, der auf der andern Seite des Waldes umgeht, soll ein riesengroßer, breitschultriger Kerl in der Kleidung der Flözer sein, und mehrere, die ihn gesehen haben wollen, versichern, dass sie die Kälber nicht aus ihrem Beutel bezahlen möchten, deren Felle man zu seinen Stiefeln brauchen würde. »So groß, dass ein gewöhnlicher Mann bis an den Hals hineinstehen könnte«, sagten sie und wollten nichts übertrieben haben.

Mit diesen Waldgeistern soll einmal ein junger Schwarzwälder eine sonderbare Geschichte gehabt haben, die ich erzählen will.

Es lebte nämlich im Schwarzwald eine Witwe, Frau Barbara Munkin; ihr Gatte war Kohlenbrenner gewesen, und nach seinem Tode hielt sie ihren sechzehnjährigen Knaben nach und nach zu demselben Geschäft an.

Der junge Peter Munk, ein schlauer Bursche, ließ es sich gefallen, weil er es bei seinem Vater auch nicht anders gesehen hatte, die ganze Woche über am rauchenden Meiler zu sitzen oder, schwarz und berußt und den Leuten ein Abscheu, hinab in die Städte zu fahren und seine Kohlen zu verkaufen. Aber ein Köhler hat viel Zeit zum Nachdenken über sich und andere, und wenn Peter Munk an seinem Meiler saß, stimmten die dunklen Bäume umher und die tiefe Waldesstille sein Herz zu Tränen und unbewusster Sehnsucht. Es betrübte ihn etwas, es ärgerte ihn etwas, er wusste nicht recht was. Endlich merkte er sich ab, was ihn ärgerte, und das war – sein Stand. »Ein schwarzer, einsamer Kohlenbrenner!« sagte er sich. »Es ist ein elend Leben. Wie angesehen sind die Glasmänner, die Uhrenmacher, selbst die Musikanten am Sonntag abends! Und wenn Peter Munk, rein gewaschen und geputzt, in des Vaters Ehrenwams mit silbernen Knöpfen und mit nagelneuen roten Strümpfen erscheint, und wenn dann einer hinter mir hergeht und denkt, wer ist wohl der schlanke Bursche? und lobt bei sich die Strümpfe und meinen stattlichen Gang, – sieh, wenn er vorübergeht und schaut sich um, sagt er gewiss: ›Ach, es ist nur der Kohlenmunk-Peter.‹« –

Auch die Flözer auf der andern Seite waren ein Gegenstand seines Neides. Wenn diese Waldriesen herüberkamen, mit stattlichen Kleidern, und an Knöpfen, Schnallen und Ketten einen halben Zentner Silber auf dem Leib trugen, wenn sie mit ausgespreizten Beinen und vornehmen Gesichtern dem Tanz zuschauten, holländisch fluchten und wie die vornehmsten Mynheern aus ellenlangen kölnischen Pfeifen rauchten, da stellte er sich als das vollendetste Bild eines glücklichen Menschen solch einen Flözer vor. Und wenn diese Glücklichen dann erst in die Taschen fuhren, ganze Hände voll großer Taler herauslangten und um Sechsbätzner würfelten, fünf Gulden hin, zehn her, so wollten ihm die Sinne vergehen, und er schlich trübselig nach seiner Hütte; denn an manchem Feiertagabend hatte er einen oder den andern dieser »Holzherren« mehr verspielen sehen, als der arme Vater Munk in einem Jahr verdiente. Es waren vorzüglich drei dieser Männer, von welchen er nicht wusste, welchen er am meisten bewundern sollte. Der eine war ein dicker, großer Mann mit rotem Gesicht und galt für den reichsten Mann in der Runde. Man hieß ihn den dicken Ezechiel. Er reiste alle Jahre zweimal mit Bauholz nach Amsterdam und hatte das Glück, es immer um so viel teurer als andere zu verkaufen, dass er, wenn die übrigen zu Fuß heimgingen, stattlich herauffahren konnte. Der andere war der längste und magerste Mensch im ganzen Wald, man nannte ihn den langen Schlurker, und diesen beneidete

Munk wegen seiner ausnehmenden Kühnheit; er widersprach den angesehensten Leuten, brauchte, wenn man noch so gedrängt im Wirtshaus saß, mehr Platz als vier der Dicksten; denn er stützte entweder beide Ellbogen auf den Tisch oder zog eines seiner langen Beine zu sich auf die Bank, und doch wagte ihm keiner zu widersprechen, denn er hatte unmenschlich viel Geld. Der dritte war ein schöner junger Mann, der am besten tanzte weit und breit, und daher den Namen Tanzbodenkönig hatte. Er war ein armer Mensch gewesen und hatte bei einem Holzherrn als Knecht gedient; da wurde er auf einmal steinreich; die einen sagten, er habe unter einer alten Tanne einen Topf voll Gold gefunden, die andern behaupteten, er habe unweit Bingen im Rhein mit der Stechstange, womit die Flözer zuweilen nach den Fischen stechen, einen Pack mit Goldstücken heraufgefischt, und der Pack gehöre zu dem großen Nibelungenhort, der dort vergraben liegt; kurz, er war auf einmal reich geworden und wurde von jung und alt angesehen wie ein Prinz.

An diese drei Männer dachte Kohlenmunk-Peter oft, wenn er einsam im Tannenwald saß. Zwar hatten alle drei einen Hauptfehler, der sie bei den Leuten verhasst machte; es war dies ihr unmenschlicher Geiz, ihre Gefühllosigkeit gegen Schuldner und Arme; denn die Schwarzwälder sind ein gutmütiges Völklein. Aber man weiß, wie es mit solchen Dingen geht; waren sie auch wegen ihres Geizes verhasst, so standen sie doch wegen ihres Geldes in Ansehen; denn wer konnte Taler wegwerfen wie sie, als ob man das Geld von den Tannen schüttelte?

»So geht es nicht mehr weiter«, sagte Peter eines Tages schmerzlich betrübt zu sich; denn tags zuvor war Feiertag gewesen und alles Volk in der Schenke; »wenn ich nicht bald auf den grünen Zweig komme, so tu ich mir etwas zuleid;

wär ich doch nur so angesehen und reich wie der dicke Ezechiel oder so kühn und so gewaltig wie der lange Schlurker oder so berühmt und könnte den Musikanten Taler statt Kreuzer zuwerfen wie der Tanzbodenkönig! Wo nur der Bursche das Geld her hat?« Allerlei Mittel ging er durch, wie man sich Geld erwerben könnte, aber keines wollte ihm gefallen; endlich fielen ihm auch die Sagen von Leuten bei, die vor alten Zeiten durch den Holländer-Michel und durch das Glasmännlein reich geworden waren. Solang sein Vater noch lebte, kamen oft andere arme Leute zum Besuch, und da wurde lang und breit von reichen Menschen gesprochen, und wie sie reich geworden; da spielte nun oft das Glasmännlein eine Rolle; ja, wenn er recht nachsann, konnte er sich beinahe noch des Versleins erinnern, das man am Tannenbühl in der Mitte des Waldes sprechen musste, wenn es erscheinen sollte. Es fing an:

»Schatzhauser im grünen Tannenwald,
 Bist schon viel hundert Jahre alt;
 Dir gehört all Land, wo Tannen stehn –«

Aber er mochte sein Gedächtnis anstrengen, wie er wollte, weiter konnte er sich keines Verses mehr entsinnen. Er dachte oft, ob er nicht diesen oder jenen alten Mann fragen sollte, wie das Sprüchlein heiße; aber immer hielt ihn eine gewisse Scheu, seine Gedanken zu verraten, ab; auch schloss er, es müsse die Sage vom Glasmännlein nicht sehr bekannt sein und den Spruch müssen nur wenige wissen: denn es gab nicht viele reiche Leute im Wald, und – warum hatten denn nicht sein Vater und die anderen armen Leute ihr Glück versucht? Er brachte endlich einmal seine Mutter auf das Männlein zu sprechen, und diese erzählte ihm, was er schon wusste, kannte auch nur noch die erste Zeile von dem

Spruch und sagte ihm endlich, nur Leuten, die an einem Sonntag zwischen elf und zwei Uhr geboren seien, zeige sich das Geistchen. Er selbst würde wohl dazu passen, wenn er nur das Sprüchlein wüsste; denn er sei Sonntag mittags zwölf Uhr geboren.

Als dies der Kohlenmunk-Peter hörte, war er vor Freude und Begierde, dies Abenteuer zu unternehmen, beinahe außer sich. Es schien ihm hinlänglich, einen Teil des Sprüchleins zu wissen und am Sonntag geboren zu sein, und Glasmännlein musste sich ihm zeigen. Als er daher eines Tages seine Kohlen verkauft hatte, zündete er keinen neuen Meiler an, sondern zog seines Vaters Staatswams und neue rote Strümpfe an, setzte den Sonntagshut auf, fasste seinen fünf Fuß hohen Schwarzdornstock in die Hand und nahm von der Mutter Abschied: »Ich muss aufs Amt in die Stadt; denn wir werden bald spielen müssen, wer Soldat wird, und da will ich dem Amtmann nur noch einmal einschärfen, dass Ihr Witwe seid und ich Euer einziger Sohn.« Die Mutter lobte seinen Entschluss, er aber machte sich auf nach dem Tannenbühl. Der Tannenbühl liegt auf der höchsten Höhe des Schwarzwaldes, und auf zwei Stunden im Umkreis stand damals kein Dorf, ja nicht einmal eine Hütte; denn die abergläubischen Leute meinten, es sei dort »unsicher«. Man schlug auch, so hoch und prachtvoll dort die Tannen standen, ungern Holz in jenem Revier; denn oft waren den Holzhauern, wenn sie dort arbeiteten, die Äxte vom Stiel gesprungen und in den Fuß gefahren, oder die Bäume waren schnell umgestürzt und hatten die Männer mit umgerissen und beschädigt oder gar getötet; auch hätte man die schönsten Bäume von dorther nur zu Brennholz brauchen können, denn die Floßherren nahmen nie einen Stamm aus dem Tannenbühl unter ein Floß auf, weil die Sage ging, dass

Mann und Holz verunglückt, wenn ein Tannenbühler mit im Wasser sei. Daher kam es, dass im Tannenbühl die Bäume so dicht und so hoch standen, dass es am hellen Tag beinahe Nacht war, und Peter Munk wurde es ganz schaurig dort zumut, denn er hörte keine Stimme, keinen Tritt als den seinigen, keine Axt; selbst die Vögel schienen diese dichte Tannennacht zu vermeiden.

Kohlenmunk-Peter hatte jetzt den höchsten Punkt des Tannenbühls erreicht und stand vor einer Tanne von ungeheurem Umfang, um die ein holländischer Schiffsherr an Ort und Stelle viele hundert Gulden gegeben hätte. »Hier«, dachte er, »wird wohl der Schatzhauser wohnen«, zog seinen großen Sonntagshut, machte vor dem Baum eine tiefe Verbeugung, räusperte sich und sprach mit zitternder Stimme: »Wünsche glückseligen Abend, Herr Glasmann.« Aber es erfolgte keine Antwort und alles umher war so still wie zuvor. »Vielleicht muss ich doch das Verslein sprechen«, dachte er weiter und murmelte:

>»Schatzhauser im grünen Tannenwald,
> Bist schon viel hundert Jahre alt;
> Dir gehört all Land, wo Tannen stehn –«

Indem er diese Worte sprach, sah er zu seinem großen Schrecken eine ganz kleine, sonderbare Gestalt hinter der dicken Tanne hervorschauen; es war ihm, als habe er das Glasmännlein gesehen, wie man es beschrieben, das schwarze Wämschen, die roten Strümpfchen, das Hütchen, alles war so, selbst das blasse, aber feine und kluge Gesichtchen, wovon man erzählte, glaubte er gesehen zu haben. Aber ach, so schnell es hervorgeschaut hatte, das Glasmännlein, so schnell war es auch wieder verschwunden! »Herr Glasmann«, rief nach einigem Zögern Peter Munk, »seid so gütig und haltet mich nicht für Narren – Herr Glasmann, wenn Ihr meint, ich habe Euch nicht gesehen, so täuschet Ihr Euch sehr, ich sah Euch wohl hinter dem Baum hervorgucken.« Immer keine Antwort, nur zuweilen glaubte er ein leises, heiseres Kichern hinter dem Baum zu vernehmen. Endlich überwand seine Ungeduld die Furcht, die ihn bis jetzt noch abgehalten hatte. »Warte, du kleiner Bursche«, rief er, »dich will ich bald haben!«, sprang mit einem Satz hinter die Tanne, aber da war kein Schatzhauser im grünen Tannenwald, und nur ein kleines, zierliches Eichhörnchen jagte an dem Baum hinauf.

Peter Munk schüttelte den Kopf; er sah ein, dass er die Beschwörung bis auf einen gewissen Grad gebracht habe und dass ihm vielleicht nur noch ein Reim zu dem Sprüchlein fehle, so könne er das Glasmännlein hervorlocken; aber er sann hin, er sann her und fand nichts. Das Eichhörnchen zeigte sich an den untersten Ästen der Tanne und schien ihn aufzumuntern oder zu verspotten. Es putzte sich, es rollte den schönen Schweif, es schaute ihn mit klugen Augen an; aber endlich fürchtete er sich doch beinahe, mit diesem Tier allein zu sein; denn bald schien das Eichhörnchen einen Menschenkopf zu haben, und einen dreispitzigen Hut zu tragen, bald war es ganz wie ein anderes Eichhörnchen und hatte nur an den Hinterfüßen rote Strümpfe und schwarze Schuhe. Kurz, es war ein lustiges Tier; aber dennoch graute Kohlenpeter, denn er meinte, es gehe nicht mit rechten Dingen zu.

Mit schnelleren Schritten, als er gekommen war, zog Peter wieder ab. Das Dunkel des Tannenwaldes schien immer schwärzer zu werden, die Bäume standen immer dichter, und ihm fing an so zu grauen, dass er im Trab davonjagte, und erst, als er in der Ferne Hunde bellen hörte und bald darauf zwischen den Bäumen den Rauch einer Hütte erblickte, wurde er wieder ruhiger. Aber als er näher kam und die Tracht der Leute in der Hütte erblickte, fand er, dass er aus Angst gerade die entgegengesetzte Richtung genommen und statt zu den Glasleuten zu den Flözern gekommen sei. Die Leute, die in der Hütte wohnten, waren Holzfäller, ein alter Mann, sein Sohn, der Hauswirt, und einige erwachsene Enkel. Sie nahmen Kohlenmunk-Peter, der um ein Nachtlager bat, gut auf, ohne nach seinem Namen und Wohnort zu fragen, gaben ihm Apfelwein zu trinken, und abends wurde ein großer Auerhahn, die beste Schwarzwaldspeise, aufgesetzt.

Nach dem Nachtessen setzten sich die Hausfrau und ihre Töchter mit ihren Kunkeln um den großen Lichtspan, den die Jungen mit dem feinsten Tannenharz unterhielten, der Großvater, der Gast und der Hauswirt rauchten und schauten den Weibern zu; die Burschen aber waren beschäftigt, Löffel und Gabeln aus Holz zu schnitzeln. Draußen im Wald heulte der Sturm und raste in den Tannen, man hörte da und dort sehr heftige Schläge, und es schien oft, als ob ganze Bäume abgeknickt würden und zusammenkrachten. Die furchtlosen Jungen wollten hinaus in den Wald laufen und dieses furchtbar schöne Schauspiel mit ansehen; ihr Großvater aber hielt sie mit strengem Wort und Blick zurück. »Ich will keinem raten, dass er jetzt von der Tür geht«, rief er ihnen zu, »bei Gott, der kommt nimmermehr wieder, denn der Holländer-Michel haut sich heute Nacht ein neues G'stair (Floßgelenke) im Wald.«

Die Kleinen staunten ihn an; sie mochten von dem Holländer-Michel schon gehört haben, aber sie baten jetzt den Ehni einmal recht schön, von jenem zu erzählen. Auch Peter Munk, der vom Holländer-Michel auf der andern Seite des

Waldes nur undeutlich hatte sprechen gehört, stimmte mit ein und fragte den Alten, wer und wo er sei. »Er ist der Herr des Waldes, und nach dem zu schließen, dass Ihr in Eurem Alter dies noch nicht erfahren, müsst Ihr drüben über dem Tannenbühl oder wohl gar noch weiter zu Hause sein. Vom Holländer-Michel will ich Euch aber erzählen, was ich weiß und wie die Sage von ihm geht. Vor etwa hundert Jahren, so erzählte es wenigstens mein Ehni, war weit und breit kein ehrlicheres Volk auf Erden als die Schwarzwälder. Jetzt, seit so viel Geld im Land ist, sind die Menschen unredlich und schlecht. Die jungen Burschen tanzen und johlen am Sonntag und fluchen, dass es ein Schrecken ist; damals war es aber anders, und wenn er jetzt zum Fenster dort hereinschaute, so sag' ich's und hab' es oft gesagt, der Holländer-Michel ist schuld an all dieser Verderbnis. Es lebte also vor hundert Jahren und drüber ein reicher Holzherr, der viel Gesind hatte; er handelte bis weit in den Rhein hinab, und sein Geschäft war gesegnet; denn er war ein frommer Mann. Kommt eines Abends ein Mann an seine Türe, dergleichen er noch nie gesehen. Seine Kleidung war wie die der Schwarzwälder Burschen, aber er war einen guten Kopf höher als alle, und man hatte noch nie geglaubt, dass es einen solchen Riesen geben könne. Dieser bittet um Arbeit bei dem Holzherrn, und der Holzherr, der ihm ansah, dass er stark und zu großen Lasten tüchtig sei, rechnet mit ihm seinen Lohn, und sie schlagen ein. Der Michel war ein Arbeiter, wie selbiger Holzherr noch keinen gehabt. Beim Baumschlagen galt er für drei, und wenn sechs am einen Ende schleppten, trug er allein das andere. Als er aber ein halb Jahr Holz geschlagen, trat er eines Tages vor seinen Herrn und begehrte von ihm: ›Hab jetzt lange genug hier Holz gehackt, und so möcht' ich auch sehen, wohin meine Stämme kommen, und wie wär es, wenn Ihr mich auch mal auf den Floß ließet?‹

Der Holzherr antwortete: ›Ich will dir nicht im Weg sein, Michel, wenn du ein wenig hinaus willst in die Welt; und zwar beim Holzfällen brauche ich starke Leute, wie du bist, auf dem Floß aber kommt es auf Geschicklichkeit an; aber es sei für diesmal!‹

Und so war es; der Floß, mit dem er abgehen sollte, hatte acht Glaich (Glieder), und waren im letzten von den größten Zimmerbalken. Aber was geschah? Am Abend zuvor bringt der lange Michel noch acht Balken ans Wasser, so dick und lang, als man keinen je sah, und jeden trug er so leicht auf der Schulter wie eine Flözerstange, so dass sich alles entsetzte. Wo er sie gehauen, weiß bis heute noch niemand. Dem Holzherrn lachte das Herz, als er dies sah; denn er berechnete, was diese Balken kosten könnten; Michel aber sagte: ›So, die sind für mich zum Fahren; auf den kleinen Spänen dort kann ich nicht fortkommen.‹ Sein Herr wollte ihm zum Dank ein Paar Flözerstiefel schenken; aber er warf sie auf die Seite und brachte ein Paar hervor, wie es sonst keine gab; mein Großvater hat versichert, sie haben hundert Pfund gewogen und seien fünf Fuß lang gewesen.

Der Floß fuhr ab, und hatte der Michel früher die Holzhauer in Verwunderung gesetzt, so staunten jetzt die Flözer; denn statt dass der Floß, wie man wegen der ungeheuren Balken geglaubt hatte, langsamer auf dem Fluss ging, flog er, sobald sie in den Neckar kamen, wie ein Pfeil; machte der Neckar eine Wendung und hatten sonst die Flözer Mühe gehabt, den Floß in der Mitte zu halten und nicht auf Kies oder Sand zu stoßen, so sprang jetzt Michel allemal ins Wasser, rückte mit einem Zug den Floß links oder rechts, so dass er ohne Gefahr vorüberglitt, und kam dann eine gerade Stelle, so lief er aufs erste G'stair (Gelenk) vor, ließ alle ihre Stangen beisetzen, steckte seinen ungeheuren Weberbaum in den Kies, und mit einem Druck flog der Floß dahin, dass das Land und Bäume und Dörfer vorbeizujagen schienen. So waren sie in der Hälfte der Zeit, die man sonst brauchte, nach Köln am Rhein gekommen, wo sie sonst ihre Ladung verkauft hatten; aber hier sprach Michel: »Ihr seid mir rechte Kaufleute und versteht euren Nutzen! Meinet ihr denn, die Kölner brauchen all dies Holz, das aus dem Schwarzwald kommt, für sich? Nein, um den halben Wert kaufen sie es euch ab und verhandeln es teuer nach Holland. Lasset uns die kleinen Balken hier verkaufen und mit den großen nach Holland gehen; was wir über den gewöhnlichen Preis lösen, ist unser eigener Profit.«

So sprach der arglistige Michel, und die andern waren es zufrieden; die einen, weil sie gerne nach Holland gezogen wären, es zu sehen, die andern des Geldes wegen. Nur ein einziger war redlich und mahnte sie ab, das Gut ihres Herrn der Gefahr auszusetzen oder ihn um den höheren Preis zu betrügen; aber sie hörten nicht auf ihn und vergaßen seine Worte, aber der Holländer-Michel vergaß sie nicht. Sie fuhren auch mit dem Holz den Rhein hinab, Michel leitete den Floß und brachte sie schnell bis nach Rotterdam. Dort bot man ihnen das Vierfache von dem früheren Preis, und besonders die ungeheuren Balken des Michel wurden mit schwerem Geld bezahlt. Als die Schwarzwälder so viel Geld sahen, wussten sie sich vor Freude nicht zu fassen. Michel teilte ab, einen Teil dem Holzherrn, die drei andern unter die Männer. Und nun setzten sie sich mit Matrosen und anderem Gesindel in die Wirtshäuser, verschlemmten und verspielten ihr Geld; den braven Mann aber, der ihnen abgeraten, verkaufte der Holländer-Michel an einen Seelenverkäufer, und man hat nichts mehr von ihm gehört. Von da an war den Burschen im Schwarzwald Holland das Paradies und Holländer-Michel ihr König; die Holzherren erfuhren lange nichts von dem Handel, und unvermerkt kamen Geld, Flüche, schlechte Sitten, Trunk und Spiel aus Holland herauf.

Der Holländer-Michel war aber, als die Geschichte herauskam, nirgends zu finden, aber tot ist er auch nicht; seit hundert Jahren treibt er seinen Spuk im Wald, und man sagt, dass er schon vielen behilflich gewesen sei, reich zu werden, aber – auf Kosten ihrer armen Seele, und mehr will ich nicht sagen. Aber so viel ist gewiss, dass er noch jetzt in solchen Sturmnächten im Tannenbühl, wo man nicht hauen soll, überall die schönsten Tannen aussucht, und mein Vater hat ihn eine vier Schuh dicke umbrechen sehen wie ein Rohr. Mit diesen beschenkt er die, welche sich vom Rechten abwenden und zu ihm gehen; um Mitternacht bringen sie dann die G'stair ins Wasser, und er rudert mit ihnen nach Holland. Aber wäre ich Herr und König in Holland, ich ließe ihn mit Kartätschen in den Boden schmettern, denn alle Schiffe, die von dem Holländer-Michel auch nur einen Balken haben, müssen untergehen. Daher kommt es, dass man von so vielen Schiffbrüchen hört; wie könnte denn sonst ein schönes, starkes Schiff so groß als eine Kirche, zugrunde gehen auf dem Wasser? Aber so oft Holländer-Michel in einer Sturmnacht im Schwarzwald eine Tanne fällt, springt eine seiner alten aus den Fugen des Schiffes; das Wasser dringt ein, und das Schiff ist mit Mann und Maus verloren. Das ist die Sage vom Holländer-Michel, und wahr ist es, alles Böse im Schwarzwald schreibt sich von ihm her; »oh! er kann einen reich machen«, setzte der Greis geheimnisvoll hinzu; »aber ich möchte nichts von ihm haben, ich möchte um keinen Preis in der Haut des dicken Ezechiel und des langen Schlurkers stecken; auch der Tanzbodenkönig soll sich ihm ergeben haben!«

Der Sturm hatte sich während der Erzählung des Alten gelegt; die Mädchen zündeten schüchtern die Lampen an und gingen weg; die Männer aber legten Peter Munk einen Sack voll Laub als Kopfkissen auf die Ofenbank und wünschten ihm gute Nacht.

Kohlenmunk-Peter hatte noch nie so schwere Träume gehabt wie in dieser Nacht; bald glaubte er, der finstere, riesige Holländer-Michel reiße die Stubenfenster auf und reiche mit seinem ungeheuer langen Arm einen Beutel voll Goldstücke herein, die er untereinander schüttelte, dass es hell und lieblich klang; bald sah er wieder das kleine, freundliche Glasmännlein auf einer ungeheuren grünen Flasche im Zimmer umherreiten, und er meinte das heisere Lachen wieder zu hören wie im Tannenbühl; dann brummte es ihm wieder ins linke Ohr:

> »In Holland gibt's Gold,
> Könnet's haben, wenn Ihr wollt,
> Um geringen Sold
> Gold, Gold.«

Dann hörte er wieder in seinem rechten Ohr das Liedchen vom Schatzhauser im grünen Tannenwald, und eine zarte Stimme flüsterte: »Dummer Kohlenpeter, dummer Peter Munk, kannst kein Sprüchlein reimen auf stehen, und bist doch am Sonntag geboren Schlag zwölf Uhr. Reime, dummer Peter, reime!«

Er ächzte, er stöhnte im Schlaf, er mühte sich ab, einen Reim zu finden, aber da er in seinem Leben noch keinen gemacht hatte, war seine Mühe im Traum vergebens. Als er aber mit dem ersten Frührot erwachte, kam ihm doch sein

Traum sonderbar vor; er setzte sich mit verschränkten Armen hinter den Tisch und dachte über die Einflüsterungen nach, die ihm noch immer im Ohr lagen: »Reime, dummer Kohlenmunk-Peter, reime«, sprach er zu sich und pochte mit dem Finger an seine Stirne, aber es wollte kein Reim hervorkommen. Als er noch so dasaß und trübe vor sich hinschaute und an den Reim auf stehen dachte, da zogen drei Burschen vor dem Hause vorbei in den Wald, und einer sang im Vorübergehn:

>»Am Berge tat ich stehen,
> Und schaute in das Tal,
> Da hab' ich sie gesehen,
> Zum allerletztenmal.«

Das fuhr wie ein leuchtender Blitz durch Peters Ohr, und hastig raffte er sich auf, stürzte aus dem Haus, weil er meinte, nicht recht gehört zu haben, sprang den drei Burschen nach und packte den Sänger hastig und unsanft beim Arm. »Halt, Freund!« rief er. »Was habt Ihr da auf stehen gereimt? Tut mir die Liebe und sprecht, was Ihr gesungen!«

»Was ficht's dich an, Bursche?« entgegnete der Schwarzwälder. »Ich kann singen, was ich will, und lass gleich meinen Arm los, oder –«

»Nein, sagen sollst du, was du gesungen hast!« schrie Peter beinahe außer sich und packte ihn noch fester an; die zwei andern aber, als sie dies sahen, zögerten nicht lange, sondern fielen mit derben Fäusten über den armen Peter her und walkten ihn derb, bis er vor Schmerzen das Gewand des dritten ließ und erschöpft in die Knie sank. »Jetzt hast du dein Teil«, sprachen sie lachend, »und merk dir, toller Bursche, dass du Leute, wie wir sind, nimmer anfällst auf offenem Wege.«

»Ach, ich will mir es gewisslich merken!« erwiderte Kohlenpeter seufzend. »Aber so ich die Schläge habe, seid so gut und saget deutlich, was jener gesungen!«

Da lachten sie aufs neue und spotteten ihn aus; aber der das Lied gesungen, sagte es ihm vor, und lachend und singend zogen sie weiter.

»Also sehen«, sprach der arme Geschlagene, indem er sich mühsam aufrichtete, »sehen auf stehen – jetzt, Glasmännlein, wollen wir wieder ein Wort zusammen sprechen.« Er ging in die Hütte, holte einen Hut und den langen Stock, nahm Abschied von den Bewohnern der Hütte und trat seinen Rückweg nach dem Tannenbühl an. Er ging langsam und sinnend eine Straße, denn er musste ja seinen Vers ersinnen; endlich, als er schon in dem Bereich des Tannenbühls ging und die Tannen höher und dichter wurden, hatte er auch seinen Vers gefunden und machte vor Freuden einen Sprung in die Höhe. Da trat ein riesengroßer Mann in Flözerkleidung und eine Stange so lang wie ein Mastbaum in der Hand hinter den Tannen hervor. Peter Munk sank beinahe in die Knie, als er jenen langsamen Schrittes neben sich wandeln sah; denn er dachte, das ist der Holländer-Michel und kein anderer. Noch immer schwieg die furchtbare Gestalt, und Peter schielte zuweilen furchtsam nach ihm hin. Er war wohl einen Kopf größer als der längste Mann, den Peter je gesehen; sein Gesicht war nicht mehr jung, doch auch nicht alt, aber voll Furchen und Falten; er trug ein Wams von Leinwand, und die ungeheuren Stiefeln, über die Lederbeinkleider heraufgezogen, waren Peter aus der Sage wohlbekannt.

»Peter Munk, was tust du im Tannenbühl?« fragte der Waldkönig endlich mit tiefer, dröhnender Stimme.

»Guten Morgen, Landsmann«, antwortete Peter, indem er

sich unerschrocken zeigen wollte, aber heftig zitterte, »ich will durch den Tannenbühl nach Haus zurück.«

»Peter Munk«, erwiderte jener und warf einen stechenden, furchtbaren Blick nach ihm herüber, »dein Weg geht nicht durch diesen Hain.«

»Nun, so gerade just nicht«, sagte jener, »aber es macht heute warm, da dachte ich, es wird hier kühler sein.«

»Lüge nicht, du, Kohlenpeter!«, rief Holländer-Michel mit donnernder Stimme, »oder ich schlag' dich mit der Stange zu Boden; meinst, ich hab' dich nicht betteln sehen bei dem Kleinen?« setzte er sanft hinzu. »Geh, geh, das war ein dummer Streich, und gut ist es, dass du das Sprüchlein nicht wusstest; er ist ein Knauser, der kleine Kerl, und gibt nicht viel, und wem er gibt, der wird seines Lebens nicht froh. – Peter, du bist ein armer Tropf und dauerst mich in der Seele; so ein munterer, schöner Bursche, der in der Welt was anfangen könnte, und sollst Kohlen brennen! Wenn andere große Taler oder Dukaten aus dem Ärmel schütteln, kannst du kaum ein paar Sechser aufwenden; 's ist ein ärmlich Leben.«

»Wahr ist's, und recht habt Ihr, ein elendes Leben.«

»Na, mir soll's nicht drauf ankommen«, fuhr der schreckliche Michel fort, »hab' schon manchem braven Kerl aus der Not geholfen, und du wärst nicht der erste. Sag einmal, wieviel hundert Taler brauchst du fürs erste?«

Bei diesen Worten schüttelte er das Geld in seiner ungeheuren Tasche untereinander, und es klang wieder wie diese Nacht im Traum. Aber Peters Herz zuckte ängstlich und schmerzhaft bei diesen Worten, es wurde ihm kalt und warm, und der Holländer-Michel sah nicht aus, wie wenn er aus Mitleid Geld wegschenkte, ohne etwas dafür zu verlangen. Es fielen ihm die geheimnisvollen Worte des alten

Mannes über die reichen Menschen ein, und von unerklärlicher Angst und Bangigkeit gejagt, rief er: »Schön Dank, Herr! Aber mit Euch will ich nichts zu schaffen haben, und ich kenn' Euch schon«, und lief, was er laufen konnte. – Aber der Waldgeist schritt mit ungeheuren Schritten neben ihm her und murmelte dumpf und drohend: »Wirst's noch bereuen, Peter, wirst noch zu mir kommen; auf deiner Stirne steht's geschrieben, in deinem Auge ist's zu lesen, du entgehst mir nicht. – Lauf nicht so schnell, höre nur noch ein vernünftig Wort, dort ist schon meine Grenze!«

Aber als Peter dies hörte und unweit vor ihm einen kleinen Graben sah, beeilte er sich nur noch mehr, über die Grenze zu kommen, so dass Michel am Ende schneller laufen musste und unter Flüchen und Drohungen ihn verfolgte. Der junge Mann setzte mit einem verzweifelten Sprung über den Graben, denn er sah, wie der Waldgeist mit seiner Stange ausholte und sie auf ihn niederschmettern lassen wollte; er kam glücklich jenseits an, und die Stange zersplitterte in der Luft, wie an einer unsichtbaren Mauer, und ein langes Stück fiel zu Peter herüber.

Triumphierend hob er es auf, um es dem groben Holländer-Michel zuzuwerfen, aber in diesem Augenblick fühlte er das Stück Holz in seiner Hand sich bewegen, und zu seinem Entsetzen sah er, dass es eine ungeheure Schlange sei, was er in der Hand hielt, die sich schon mit geifernder Zunge und mit blitzenden Augen an ihm hinaufbäumte. Er ließ sie los, aber sie hatte sich schon fest um seinen Arm gewickelt und kam mit schwankendem Kopf seinem Gesicht immer näher; da rauschte auf einmal ein ungeheurer Auerhahn nieder, packte den Kopf der Schlange mit dem Schnabel, erhob sich mit ihr in die Lüfte, und Holländer-Michel, der dies alles von dem Graben aus gesehen hatte, heulte und schrie und raste, als die Schlange von einem Gewaltigeren entführt ward.

Erschöpft und zitternd setzte Peter seinen Weg fort; der Pfad wurde steiler, die Gegend wilder, und bald fand er sich wieder an der ungeheuren Tanne. Er machte wieder wie gestern seine Verbeugungen gegen das unsichtbare Glasmännlein und hub dann an:

>»Schatzhauser im grünen Tannenwald,
> Bist schon viel hundert Jahre alt;
> Dein ist all Land, wo Tannen stehn,
> Läßt dich nur Sonntagskindern sehn.«

»Hast's zwar nicht ganz getroffen, aber weil du es bist, Kohlenmunk-Peter, so soll es hingehen«, sprach eine zarte feine Stimme neben ihm. Erstaunt sah er sich um, und unter einer schönen Tanne saß ein kleines, altes Männlein in schwarzem Wams und roten Strümpfen und den großen Hut auf dem Kopf. Er hatte ein feines, freundliches Gesichtchen und ein Bärtchen so zart wie aus Spinnweben; er rauchte, was sonderbar anzusehen war, aus einer Pfeife von blauem Glas, und als Peter näher trat, sah er zu seinem Erstaunen, dass auch Kleider, Schuhe und Hut des Kleinen aus gefärbtem Glas bestanden; aber es war geschmeidig, als ob es noch heiß wäre; denn es schmiegte sich wie Tuch nach jeder Bewegung des Männleins.

»Du hast dem Flegel begegnet, dem Holländer-Michel?« sagte der Kleine, indem er zwischen jedem Wort sonderbar hüstelte. »Er hat dich recht ängstigen wollen, aber seinen Kunstprügel habe ich ihm abgejagt, den soll er nimmer wiederkriegen.«

»Ja, Herr Schatzhauser«, erwiderte Peter mit einer tiefen Verbeugung, »es war mir recht bange. Aber Ihr seid wohl der Herr Auerhahn gewesen, der die Schlange totgebissen? Da bedanke ich mich schönstens. – Ich komme aber, um mich Rats zu erholen bei Euch; es geht mir gar schlecht und hinderlich; ein Kohlenbrenner bringt es nicht weit, und da ich noch jung bin, dächte ich doch, es könnte noch was Besseres aus mir werden; und wenn ich oft andere sehe, wie weit die es in kurzer Zeit gebracht haben – wenn ich nur den Ezechiel nehme und den Tanzbodenkönig, die haben Geld wie Heu.«

»Peter«, sagte der Kleine sehr ernst und blies den Rauch aus seiner Pfeife weit hinweg, »Peter, sag mir nichts von diesen! Was haben sie davon, wenn sie hier ein paar Jahre dem Schein nach glücklich und dann nachher desto unglücklicher sind? Du musst dein Handwerk nicht verachten; dein Vater und Großvater waren Ehrenleute und haben es auch getrieben, Peter Munk! Ich will nicht hoffen, dass es Liebe zum Müßiggang ist, was dich zu mir führt.«

Peter erschrak vor dem Ernst des Männleins und errötete. »Nein«, sagte er, »Müßiggang, weiß ich wohl, Herr Schatzhauser im Tannenwald, Müßiggang ist aller Laster Anfang; aber das könntet Ihr mir nicht übelnehmen, wenn mir ein anderer Stand besser gefällt als der meinige. Ein Kohlenbrenner ist halt so gar etwas Geringes auf der Welt, und die Glasleute und Flözer und Uhrmacher und alle sind angesehener.«

»Hochmut kommt oft vor dem Fall«, erwiderte der kleine Herr vom Tannenwald etwas freundlicher. »Ihr seid ein sonderbar Geschlecht, ihr Menschen! Selten ist einer mit dem Stand ganz zufrieden, in dem er geboren und erzogen ist, und was gilt's, wenn du ein Glasmann wärest, möchtest du gern ein Holzherr sein, und wärest du Holzherr, so stünde dir des Försters Dienst oder des Amtmanns Wohnung an.

Aber es sei! Wenn du versprichst, brav zu arbeiten, so will ich dir zu etwas Besserem verhelfen, Peter. Ich pflege jedem Sonntagskind, das sich zu mir zu finden weiß, drei Wünsche zu gewähren. Die ersten zwei sind frei, den dritten kann ich verweigern, wenn er töricht ist. So wünsche dir also jetzt etwas, aber – Peter, etwas Gutes und Nützliches!«

»Heißa! Ihr seid ein treffliches Glasmännlein, und mit Recht nennt man Euch Schatzhauser, denn bei Euch sind die Schätze zu Hause. Nu – und also darf ich wünschen, wonach mein Herz begehrt, so will ich denn fürs erste, dass ich noch besser tanzen könne als der Tanzbodenkönig und jedesmal noch einmal so viel Geld ins Wirtshaus bringe als er.«

»Du Tor!« erwiderte der Kleine zürnend. »Welch ein erbärmlicher Wunsch ist dies, gut tanzen zu können und Geld zum Spiel zu haben! Schämst du dich nicht, dummer Peter, dich selbst so um dein Glück zu betrügen? Was nützt es dir und deiner armen Mutter, wenn du tanzen kannst? Was nützt dir dein Geld, das nach deinem Wunsch nur für das Wirtshaus ist und wie das des elenden Tanzbodenkönigs dort bleibt? Dann hast du wieder die ganze Woche nichts und darbst wie zuvor. Noch einen Wunsch gebe ich dir frei, aber sieh dich vor, dass du vernünftiger wünschest!«

Peter kraute sich hinter den Ohren und sprach nach einigem Zögern: »Nun, so wünsche ich mir die schönste und reichste Glashütte im ganzen Schwarzwald mit allem Zugehör und Geld sie zu leiten.«

»Sonst nichts?« fragte der Kleine mit besorglicher Miene. »Peter, sonst nichts?«

»Nun – Ihr könntet noch ein Pferd dazutun und ein Wägelchen –«

»O, du dummer Kohlenmunk-Peter!« rief der Kleine und warf seine gläserne Pfeife im Unmut an eine dicke Tanne, dass sie in hundert Stücke sprang. »Pferde? Wägelchen? Verstand, sag' ich dir, Verstand, gesunden Menschenverstand und Einsicht hättest du wünschen sollen, aber nicht ein Pferdchen und Wägelchen. Nun, werde nur nicht so traurig, wir wollen sehen, dass es auch so nicht zu deinem Schaden ist; denn der zweite Wunsch war im Ganzen nicht töricht. Eine gute Glashütte nährt auch ihren Mann und Meister; nur hättest du Einsicht und Verstand dazu mitnehmen können, Wagen und Pferde wären dann wohl von selbst gekommen.«

»Aber, Herr Schatzhauser«, erwiderte Peter, »ich habe ja noch einen Wunsch übrig. Da könnte ich ja Verstand wünschen, wenn er mir so nötig ist, wie Ihr meinet.«

»Nichts da! Du wirst noch in manche Verlegenheit kommen, wo du froh sein wirst, wenn du noch einen Wunsch frei hast. Und nun mache dich auf den Weg nach Hause! Hier sind«, sprach der kleine Tannengeist, indem er ein kleines Beutelein aus der Tasche zog, »hier sind zweitausend Gulden, und damit genug, und komm mir nicht wieder, um Geld zu fordern, denn dann müsste ich dich an die höchste Tanne aufhängen! So hab' ich's gehalten, seit ich in dem Wald wohne. Vor drei Tagen aber ist der alte Winkfritz gestorben, der die große Glashütte gehabt hat im Unterwald. Dorthin gehe morgen frühe und mach ein Bot auf das Gewerbe, wie es recht ist! Halt dich wohl, sei fleißig, und ich will dich zuweilen besuchen und dir mit Rat und Tat an die Hand gehen, weil du dir doch keinen Verstand erbeten. Aber, das sag' ich dir ernstlich, dein erster Wunsch war böse. Nimm dich in acht vor dem Wirtshauslaufen, Peter! 's hat noch bei keinem lange gut getan.« Das Männlein hatte, während es dies sprach, eine neue Pfeife vom schönsten Beinglas hervorgezogen, sie mit gedörrten Tannenzapfen gestopft und in den kleinen, zahnlosen Mund gesteckt. Dann zog es ein ungeheures Brennglas hervor, trat in die Sonne und zündete seine Pfeife an. Als er damit fertig war, bot er dem Peter freundlich die Hand, gab ihm noch ein paar gute Lehren auf den Weg, rauchte und blies immer schneller und verschwand endlich in einer Rauchwolke, die nach echtem holländischen Tabak roch und langsam sich kräuselnd in den Tannenwipfeln verschwebte.

Als Peter nach Hause kam, fand er seine Mutter sehr in Sorgen um ihn, denn die gute Frau glaubte nicht anders, als ihr Sohn sei zum Soldaten ausgehoben worden. Er aber war fröhlich und guter Dinge und erzählte ihr, wie er im Wald einen guten Freund getroffen, der ihm Geld vorgeschossen habe, um ein anderes Geschäft als Kohlenbrennen anzufangen. Obgleich seine Mutter schon seit dreißig Jahren in der Köhlerhütte wohnte und an den Anblick berußter Leute so gewöhnt war als jede Müllerin an das Mehlgesicht ihres Mannes, so war sie doch eitel genug, sobald ihr Peter ein glänzenderes Los zeigte, ihren früheren Stand zu verachten und sprach: »Ja, als Mutter eines Mannes, der eine Glashütte besitzt, bin ich doch was anderes als Nachbarin Grete und Bete und setze mich in Zukunft vornehin in der Kirche, wo rechte Leute sitzen.« Ihr Sohn aber wurde mit den Erben der Glashütte bald handelseinig. Er behielt die Arbeiter, die er vorfand, bei sich und ließ nun Tag und Nacht Glas machen. Anfangs gefiel ihm das Handwerk wohl. Er pflegte gemächlich in die Glashütte hinabzusteigen, ging dort mit vornehmen Schritten, die Hände in die Taschen gesteckt, hin und her, guckte dahin, guckte dorthin, sprach dies und jenes, worüber seine Arbeiter oft nicht wenig lachten, und seine größte Freude war, das Glas blasen zu sehen, und oft machte er sich selbst an die Arbeit und formte aus der noch weichen

Masse die sonderbarsten Figuren. Bald aber war ihm die Arbeit entleidet, und er kam zuerst nur noch eine Stunde des Tages in die Hütte, dann nur alle zwei Tage, endlich die Woche nur einmal, und seine Gesellen machten, was sie wollten. Das alles kam aber nur vom Wirtshauslaufen. Den Sonntag, nachdem er vom Tannenbühl zurückgekommen war, ging er ins Wirtshaus, und wer schon auf dem Tanzboden sprang, war der Tanzbodenkönig, und der dicke Ezechiel saß auch schon hinter der Maßkanne und knöchelte um Kronentaler. Da fuhr Peter schnell in die Tasche, zu sehen, ob ihm das Glasmännlein Wort gehalten, und siehe, seine Tasche strotzte von Silber und Gold. Auch in seinen Beinen zuckte und drückte es, wie wenn sie tanzen und springen wollten, und als der erste Tanz zu Ende war, stellte er sich mit seiner Tänzerin oben an neben den Tanzbodenkönig, und sprang dieser drei Schuh hoch, so flog Peter vier, und machte dieser wunderliche und zierliche Schritte, so verschlang und drehte Peter seine Füße, dass alle Zuschauer vor Lust und Verwunderung beinahe außer sich kamen. Als man aber auf dem Tanzboden vernahm, dass Peter eine Glashütte gekauft habe, als man sah, dass er, so oft er an den Musikanten vorbeitanzte, ihnen einen Sechsbätzner zuwarf, da war des Staunens kein Ende. Die einen glaubten, er habe einen Schatz im Wald gefunden, die andern meinten, er habe eine Erbschaft getan, aber alle verehrten ihn jetzt und hielten ihn für einen gemachten Mann, nur weil er Geld hatte. Verspielte er doch noch an demselben Abend zwanzig Gulden, und nichtsdestoweniger rasselte und klang es in seiner Tasche, wie wenn noch hundert Taler darin wären.

Als Peter sah, wie angesehen er war, wusste er sich vor Freude und Stolz nicht zu fassen. Er warf das Geld mit vollen Händen weg und teilte es den Armen reichlich mit, wusste er doch, wie ihn selbst einst die Armut gedrückt hatte. Des Tanzbodenkönigs Künste wurden vor den übernatürlichen Künsten des neuen Tänzers zuschanden, und Peter führte jetzt den Namen Tanzkaiser. Die unternehmendsten Spieler am Sonntag wagten nicht so viel wie er, aber sie verloren auch nicht so viel. Und je mehr er verlor, desto mehr gewann er. Das verhielt sich aber ganz so, wie er es vom kleinen Glasmännlein verlangt hatte. Er hatte sich gewünscht, immer so viel Geld in der Tasche zu haben, wie der dicke Ezechiel, und gerade dieser war es, an welchen er sein Geld verspielte. Und wenn er zwanzig, dreißig Gulden auf einmal verlor, so hatte er sie alsobald wieder in der Tasche, wenn sie Ezechiel einstrich. Nach und nach brachte er es aber im Schlemmen und Spielen weiter als die schlechtesten Gesellen im Schwarzwald, und man nannte ihn öfter Spielpeter als Tanzkaiser, denn er spielte jetzt auch beinahe an allen Werktagen. Darüber kam aber seine Glashütte nach und nach in Verfall, und daran war Peters Unverstand schuld. Glas ließ er machen, so viel man immer machen konnte; aber er hatte mit der Hütte nicht zugleich das Geheimnis gekauft, wohin man es am besten verschleißen könne. Er wusste am Ende mit der Menge Glas nichts anzufangen und verkaufte es um den halben Preis an herumziehende Händler, nur um seine Arbeiter bezahlen zu können.

Eines Abends ging er auch wieder vom Wirtshaus heim und dachte trotz des vielen Weines, den er getrunken, um sich fröhlich zu machen, mit Schrecken und Gram an den Verfall seines Vermögens. Da bemerkte er auf einmal, dass jemand neben ihm gehe; er sah sich um, und siehe da – es war das Glasmännlein. Da geriet er in Zorn und Eifer, vermaß sich hoch und teuer und schwur, der Kleine sei an all seinem Unglück schuld. »Was tu ich nun mit Pferd und

Wägelchen?« rief er. »Was nutzt mich die Hütte und all mein Glas? Selbst als ich noch ein elender Köhlersbursch war, lebte ich froher und hatte keine Sorgen. Jetzt weiß ich nicht, wann der Amtmann kommt und meine Habe schätzt und mir vergantet der Schulden wegen!«

»So?« entgegnete das Glasmännlein. »So? Ich also soll schuld daran sein, wenn du unglücklich bist? Ist dies der Dank für meine Wohltaten? Wer hieß dich so töricht wünschen? Ein Glasmann wolltest du sein und wusstest nicht, wohin dein Glas verkaufen? Sagte ich dir nicht, du solltest behutsam wünschen? Verstand, Peter, Klugheit hat dir gefehlt.«

»Was Verstand und Klugheit!« rief jener. »Ich bin ein so kluger Bursche als irgendeiner und will es dir zeigen, Glasmännlein«, und bei diesen Worten fasste er das Männlein unsanft am Kragen und schrie: »Hab' ich dich jetzt, Schatzhauser im grünen Tannenwald? Und den dritten Wunsch will ich jetzt tun, den sollst du mir gewähren. Und so will ich hier auf der Stelle zweimalhunderttausend harte Taler und ein Haus und – o weh!« schrie er und schüttelte die Hand; denn das Waldmännlein hatte sich in glühendes Glas verwandelt und brannte in seiner Hand wie sprühendes Feuer. Aber von dem Männlein war nichts mehr zu sehen.

Mehrere Tage lang erinnerte ihn seine geschwollene Hand an seine Undankbarkeit und Torheit. Dann aber übertäubte er sein Gewissen und sprach: »Und wenn sie mir die Glashütte und alles verkaufen, so bleibt mir doch immer der dicke Ezechiel. Solange der Geld hat am Sonntag, kann es mir nicht fehlen.«

Ja, Peter! Aber wenn er keines hat? – Und so geschah es eines Tages und war ein wunderliches Rechenexempel. Denn eines Sonntags kam er angefahren ans Wirtshaus, und die

Leute streckten die Köpfe durch die Fenster, und der eine sagte, da kommt der Spielpeter, und der andere, ja, der Tanzkaiser, der reiche Glasmann, und ein dritter schüttelte den Kopf und sprach: »Mit dem Reichtum kann man es machen, man sagt allerlei von seinen Schulden, und in der Stadt hat einer gesagt, der Amtmann werde nicht mehr lange säumen zum Auspfänden.« Indessen grüßte der reiche Peter die Gäste am Fenster vornehm und gravitätisch, stieg vom Wagen und schrie: »Sonnenwirt, guten Abend, ist der dicke Ezechiel schon da?« Und eine tiefe Stimme rief: »Nur herein, Peter! Dein Platz ist dir aufbehalten, wir sind schon da und bei den Karten.« So trat Peter Munk in die Wirtsstube, fuhr gleich in die Tasche und merkte, dass Ezechiel gut versehen sein müsse, denn seine Tasche war bis oben angefüllt.

Er setzte sich hinter den Tisch zu den andern und spielte und gewann und verlor hin und her, und so spielten sie, bis andere ehrliche Leute, als es Abend wurde, nach Hause gingen, und spielten bei Licht, bis zwei andere Spieler sagten: »Jetzt ist's genug, und wir müssen heim zu Frau und Kind.« Aber Spielpeter forderte den dicken Ezechiel auf zu bleiben. Dieser wollte lange nicht, endlich aber rief er: »Gut, jetzt will ich mein Geld zählen, und dann wollen wir knöcheln, den Satz um fünf Gulden, denn niederer ist es doch nur Kinderspiel.« Er zog den Beutel und zählte und fand hundert Gulden bar, und Spielpeter wusste nun, wie viel er selbst habe, und brauchte es nicht erst zu zählen. Aber hatte Ezechiel vorher gewonnen, so verlor er jetzt Satz für Satz und fluchte gräulich dabei. Warf er einen Pasch, gleich warf Spielpeter auch einen und immer zwei Augen höher. Da setzte er endlich die letzten fünf Gulden auf den Tisch und rief: »Noch einmal, und wenn ich auch den noch verliere, so höre ich doch nicht auf; dann leihst du mir von deinem Gewinn, Peter! Ein ehrlicher Kerl hilft dem andern.«

»Soviel du willst, und wenn es hundert Gulden sein sollten«, sprach der Tanzkaiser, fröhlich über seinen Gewinn, und der dicke Ezechiel schüttelte die Würfel und warf fünfzehn.

»Pasch!« rief er, »jetzt wollen wir sehen!« Peter aber warf achtzehn und eine heisere bekannte Stimme hinter ihm sprach:

»So, das war der letzte.«

Er sah sich um, und riesengroß stand der Holländer-Michel hinter ihm. Erschrocken ließ er das Geld fallen, das er schon eingezogen hatte. Aber der dicke Ezechiel sah den Waldmann nicht, sondern verlangte, der Spielpeter solle ihm zehn Gulden vorstrecken zum Spiel. Halb im Traum fuhr dieser mit der Hand in die Tasche, aber da war kein Geld; er suchte in der andern Tasche, aber auch da fand sich nichts; er kehrte den Rock um, aber es fiel kein roter Heller heraus, und jetzt erst gedachte er seines eigenen ersten Wunsches, immer so viel Geld zu haben als der dicke Ezechiel. Wie Rauch war alles verschwunden.

Der Wirt und Ezechiel sahen ihn staunend an, als er immer suchte und sein Geld nicht finden konnte; sie wollten ihm nicht glauben, dass er keines mehr habe; aber als sie endlich selbst in seinen Taschen suchten, wurden sie zornig und schwuren, der Spielpeter sei ein böser Zauberer und habe all das gewonnene Geld und sein eigenes nach Hause gewünscht. Peter verteidigte sich standhaft; aber der Schein war gegen ihn. Ezechiel sagte, er wolle die schreckliche Geschichte allen Leuten im Schwarzwald erzählen, und der Wirt versprach ihm, morgen mit dem frühesten in die Stadt zu gehen und Peter Munk als Zauberer anzuklagen, und er wolle es erleben, setzte er hinzu, dass man ihn verbrenne. Dann fielen sie wütend über ihn her, rissen ihm das Wams vom Leib und warfen ihn zur Tür hinaus.

Kein Stern schien am Himmel, als Peter trübselig seiner Wohnung zuschlich; aber dennoch konnte er eine dunkle Gestalt erkennen, die neben ihm herschritt und endlich sprach: »Mit dir ist's aus, Peter Munk, all deine Herrlichkeit ist zu Ende, und das hätt' ich dir schon damals sagen können, als du nichts von mir hören wolltest und zu dem dummen Glaszwerg liefst. Da siehst du jetzt, was man davon hat, wenn man meinen Rat verachtet. Aber versuch es einmal mit mir, ich habe Mitleiden mit deinem Schicksal. Noch keinen hat es gereut, der sich an mich wandte, und wenn du den Weg nicht scheust, morgen den ganzen Tag bin ich am Tannenbühl zu sprechen, wenn du mich rufst.« Peter merkte wohl, wer so zu ihm spreche; aber es kam ihn ein Grauen an. Er antwortete nichts, sondern lief seinem Haus zu.

Als Peter am Montagmorgen in seine Glashütte ging, da waren nicht nur seine Arbeiter da, sondern auch andere Leute, die man nicht gerne sieht, nämlich der Amtmann und drei Gerichtsdiener. Der Amtmann wünschte Peter einen guten Morgen, fragte, wie er geschlafen, und zog dann ein langes Register heraus, und darauf waren Peters Gläubiger verzeichnet.

»Könnt Ihr zahlen oder nicht?« fragte der Amtmann mit strengem Blick. »Und macht es nur kurz; denn ich habe nicht viel Zeit zu versäumen, und in den Turm ist es drei gute Stunden.«

Da verzagte Peter, gestand, dass er nichts mehr habe, und überließ es dem Amtmann, Haus und Hof, Hütte und Stall, Wagen und Pferde zu schätzen; und als die Gerichtsdiener und der Amtmann umhergingen und prüften und schätzten, dachte er, bis zum Tannenbühl ist's nicht weit; hat mir der Kleine nichts geholfen, so will ich es einmal mit dem Großen versuchen. Er lief dem Tannenbühl zu, so schnell, als ob die Gerichtsdiener ihm auf den Fersen wären; es war ihm, als er an dem Platz vorbeirannte, wo er das Glasmännlein zuerst gesprochen, als halte ihn eine unsichtbare Hand auf; aber er riss sich los und lief weiter bis an die Grenze, die er sich früher wohl gemerkt hatte, und kaum hatte er, beinahe atemlos, »Holländer-Michel! Herr Holländer-Michel!« gerufen, als auch schon der riesengroße Flözer mit seiner Stange vor ihm stand.

»Kommst du?« sprach dieser lachend. »Haben sie dir die Haut abziehen und deinen Gläubigern verkaufen wollen? Nu, sei ruhig! Dein ganzer Jammer kommt, wie gesagt, von dem kleinen Glasmännlein, von dem Separatisten und Frömmler her. Wenn man schenkt, muss man gleich recht schenken, und nicht wie dieser Knauser. Doch komm«, fuhr er fort und wandte sich gegen den Wald, »folge mir in mein Haus; dort wollen wir sehen, ob wir handelseinig werden.«

»Handelseinig?« dachte Peter. »Was kann er denn von mir verlangen, was kann ich an ihn verhandeln? Soll ich ihm etwa dienen, oder was will er?« Sie gingen zuerst über einen steilen Waldsteig hinan und standen dann mit einemmal an einer dunkeln, tiefen, abschüssigen Schlucht; Holländer-Michel sprang den Felsen hinab, wie wenn es eine sanfte Marmortreppe wäre; aber bald wäre Peter in Ohnmacht gesunken, denn als jener unten angekommen war, machte er sich so groß wie ein Kirchturm und reichte ihm einen Arm, so lang als ein Weberbaum, und eine Hand daran, so breit als der Tisch im Wirtshaus, und rief mit einer Stimme, die heraufschallte wie eine tiefe Totenglocke: »Setz dich nur auf meine Hand und halte dich an den Fingern, so wirst du nicht fallen!« Peter tat zitternd, wie jener befohlen, nahm Platz auf der Hand und hielt sich am Daumen des Riesen.

Es ging weit und tief hinab, aber dennoch ward es zu Peters Verwunderung nicht dunkler; im Gegenteil, die Tageshelle schien sogar zuzunehmen in der Schlucht, aber er konnte sie lange in den Augen nicht ertragen. Der Holländer-Michel hatte sich, je weiter Peter herabkam, wieder kleiner gemacht und stand nun in seiner früheren Gestalt vor einem Haus, so gering oder gut, als reiche Bauern auf dem Schwarzwald haben. Die Stube, worein Peter geführt wurde, unterschied sich durch nichts von den Stuben anderer Leute als dadurch, dass sie einsam schien.

Die hölzerne Wanduhr, der ungeheure Kachelofen, die breiten Bänke, die Gerätschaften auf den Gesimsen waren hier wie überall. Michel wies ihm einen Platz hinter dem großen Tisch an, ging dann hinaus und kam bald mit einem Krug Wein und Gläsern wieder. Er goss ein, und nun schwatzten sie, und Holländer-Michel erzählte von den Freuden der Welt, von fremden Ländern, schönen Städten und Flüssen, dass Peter, am Ende große Sehnsucht darnach bekommen, dies auch offen dem Holländer erzählte.

»Wenn du im ganzen Körper Mut und Kraft, etwas zu unternehmen, hattest, da konnten ein paar Schläge des dummen Herzens dich zittern machen; und dann die Kränkungen der Ehre, das Unglück, für was soll sich ein vernünftiger Kerl um dergleichen bekümmern? Hast du's im Kopfe empfunden, als dich letzthin einer einen Betrüger und schlechten Kerl nannte? Hat es dir im Magen wehe getan, als der Amtmann kam, dich aus dem Haus zu werfen? Was, sag an, was hat dir wehe getan?«

»Mein Herz«, sprach Peter, indem er die Hand auf die

pochende Brust presste; denn es war ihm, als ob sein Herz sich ängstlich hin und her wendete.

»Du hast, nimm mir es nicht übel, du hast viele hundert Gulden an schlechte Bettler und anderes Gesindel weggeworfen; was hat es dich genützt? Sie haben dir dafür Segen und einen gesunden Leib gewünscht; ja, bist du deswegen gesünder geworden? Um die Hälfte des verschleuderten Geldes hättest du einen Arzt gehalten. Segen, ja ein schöner Segen, wenn man ausgepfändet und ausgestoßen wird! Und was war es, das dich getrieben, in die Tasche zu fahren, so oft ein Bettelmann seinen zerlumpten Hut hinstreckte? – Dein Herz, auch wieder dein Herz, und weder deine Augen noch deine Zunge, deine Arme noch deine Beine, sondern dein Herz; du hast dir es, wie man richtig sagt, zu sehr zu Herzen genommen.«

»Aber wie kann man sich denn angewöhnen, dass es nicht mehr so ist? Ich gebe mir jetzt alle Mühe, es zu unterdrücken, und dennoch pocht mein Herz und tut mir wehe.«

»Du freilich«, rief jener mit Lachen, »du armer Schelm, kannst nichts dagegen tun; aber gib mir das kaum pochende Ding, und du wirst sehen, wie gut du es dann hast.«

»Euch, mein Herz?« schrie Peter mit Entsetzen, »da müsste ich ja sterben auf der Stelle! Nimmermehr!«

»Ja, wenn dir einer Eurer Herren Chirurgen das Herz aus dem Leibe operieren wollte, da müsstest du wohl sterben; bei mir ist dies ein anderes Ding; doch komm herein und überzeuge dich selbst!« Er stand bei diesen Worten auf, öffnete eine Kammertüre und führte Peter hinein. Sein Herz zog sich krampfhaft zusammen, als er über die Schwelle trat; aber er achtete es nicht; denn der Anblick, der sich ihm bot, war sonderbar und überraschend. Auf mehreren Gesimsen von Holz standen Gläser, mit durchsichtiger Flüssigkeit gefüllt, und in jedem dieser Gläser lag ein Herz; auch waren an den Gläsern Zettel angeklebt und Namen darauf geschrieben, die Peter neugierig las; da war das Herz des Amtmanns in F., das Herz des dicken Ezechiel, das Herz des Tanzbodenkönigs, das Herz des Oberförsters; da waren sechs Herzen von Kornwucherern, acht von Werboffizieren, drei von Geldmäklern – kurz, es war eine Sammlung der angesehensten Herzen in der Umgegend von zwanzig Stunden.

»Schau!« sprach Holländer-Michel, »diese alle haben des Lebens Ängste und Sorgen weggeworfen; keines dieser Herzen schlägt mehr ängstlich und besorgt, und ihre ehemaligen Besitzer befinden sich wohl dabei, dass sie den unruhigen Gast aus dem Hause haben.«

»Aber was tragen sie denn jetzt dafür in der Brust?« fragte Peter, den dies alles, was er gesehen, beinahe schwindeln machte.

»Dies«, antwortete jener und reichte ihm aus einem Schubfach – ein steinernes Herz.

»So?« erwiderte er und konnte sich eines Schauers, der ihm über die Haut ging, nicht erwehren. »Ein Herz von Marmelstein? Aber, horch einmal, Herr Holländer-Michel, das muss doch gar kalt sein in der Brust.«

»Freilich, aber ganz angenehm kühl. Warum soll denn ein Herz warm sein? Im Winter nützt dich die Wärme nichts, da hilft ein guter Kirschgeist mehr als ein warmes Herz, und im Sommer, wenn alles schwül und heiß ist, – du glaubst nicht, wie dann solch ein Herz abkühlt. Und wie gesagt, weder Angst, noch Schrecken, weder törichtes Mitleiden, noch anderer Jammer pocht an solch ein Herz.«

»Und das ist alles, was Ihr mir geben könnet?« fragte Peter unmutig; »ich hoff auf Geld, und Ihr wollet mir einen Stein geben!«

»Nu, ich denke, an hunderttausend Gulden hättest du fürs erste genug. Wenn du es geschickt umtreibst, kannst du bald ein Millionär werden.«

»Hunderttausend?« rief der arme Köhler freudig. »Nun, so poche doch nicht so ungestüm in meiner Brust! Wir werden bald fertig sein miteinander. Gut, Michel; gebt mir den Stein und das Geld, und die Unruh könntet Ihr aus dem Gehäuse nehmen!«

»Ich dachte es doch, dass du ein vernünftiger Bursche seist«, antwortete der Holländer, freundlich lächelnd: »komm, lass uns noch eins trinken, und dann will ich das Geld auszahlen.« So setzten sie sich wieder in die Stube zum Wein, tranken und tranken wieder, bis Peter in einen tiefen Schlaf verfiel.

Kohlenmunk-Peter erwachte beim fröhlichen Schmettern eines Posthorns, und siehe da, er saß in einem schönen Wagen, fuhr auf einer breiten Straße dahin, und als er sich aus dem Wagen bog, sah er in blauer Ferne hinter sich den Schwarzwald liegen. Anfänglich wollt er gar nicht glauben, dass er es selbst sei, der in diesem Wagen sitze. Denn auch seine Kleider waren gar nicht mehr dieselben, die er gestern getragen; aber er erinnerte sich doch an alles so deutlich, dass er endlich sein Nachsinnen aufgab und rief: »Der Kohlenmunk-Peter bin ich, das ist ausgemacht, und kein anderer.«

Er wunderte sich über sich selbst, dass er gar nicht wehmütig werden konnte, als er jetzt zum erstenmal aus der stillen Heimat, aus den Wäldern, wo er so lange gelebt, auszog, selbst nicht, als er an seine Mutter dachte, die jetzt wohl hilflos und im Elend saß, konnte er eine Träne aus dem Auge pressen oder nur seufzen; denn es war ihm alles so gleichgültig. »Ach, freilich«, sagte er dann, »Tränen und Seufzer,

Heimweh und Wehmut kommen ja aus dem Herzen, und Dank dem Holländer-Michel, – das meine ist kalt und von Stein.«

Er legte seine Hand auf die Brust, und es war ganz ruhig dort, und rührte sich nichts. »Wenn er mit den Hunderttausenden so gut Wort hielt wie mit dem Herz, so soll es mich freuen«, sprach er und fing an, seinen Wagen zu untersuchen. Er fand Kleidungsstücke von aller Art, wie er sie nur wünschen konnte, aber kein Geld. Endlich stieß er auf eine Tasche und fand viele tausend Taler in Gold und Scheinen auf Handlungshäuser in allen großen Städten. »Jetzt hab ich's, wie ich's wollte«, dachte er, setzte sich bequem in die Ecke des Wagens und fuhr in die weite Welt.

Er fuhr zwei Jahre in der Welt umher und schaute aus seinem Wagen links und rechts an den Häusern hinauf, schaute, wenn er anhielt, nichts als den Schild seines Wirtshauses an, lief dann in der Stadt umher und ließ sich die schönsten Merkwürdigkeiten zeigen. Aber es freute ihn nichts, kein Bild, kein Haus, keine Musik, kein Tanz; sein Herz von Stein nahm an nichts Anteil, und seine Augen, seine Ohren waren abgestumpft für alles Schöne. Nichts war ihm mehr geblieben als die Freude an Essen und Trinken und der Schlaf, und so lebte er, indem er ohne Zweck durch die Welt reiste, zu seiner Unterhaltung speiste und aus Langeweile schlief. Hier und da erinnerte er sich zwar, dass er fröhlicher, glücklicher gewesen sei, als er noch arm war und arbeiten musste, um sein Leben zu fristen. Da hatte ihn jede schöne Aussicht ins Tal, Musik und Gesang hatten ihn ergötzt, da hatte er sich stundenlang auf die einfache Kost, die ihm die Mutter zu dem Meiler bringen sollte, gefreut. Wenn er so über die Vergangenheit nachdachte, so kam es ihm ganz besonders vor, dass er jetzt nicht einmal lachen konnte, und sonst hatte er über den kleinsten Scherz gelacht. Wenn andere lachten, so verzog er nur aus Höflichkeit den Mund, aber sein Herz – lächelte nicht mit. Er fühlte dann, dass er zwar überaus ruhig sei; aber zufrieden fühlte er sich doch nicht. Es war nicht Heimweh oder Wehmut, sondern Öde, Überdruss, freudenloses Leben, was ihn endlich wieder zur Heimat trieb.

Als er von Straßburg herüberfuhr und den dunklen Wald seiner Heimat erblickte, als er zum erstenmal wieder jene kräftigen Gestalten, jene freundlichen, treuen Gesichter der Schwarzwälder sah, als sein Ohr die heimatlichen Klänge, stark, tief, aber wohltönend, vernahm, da fühlte er schnell an sein Herz; denn sein Blut wallte stärker, und er glaubte, er müsse sich freuen und müsse weinen zugleich, aber – wie konnte er nur so töricht sein, er hatte ja ein Herz von Stein. Und Steine sind tot und lächeln und weinen nicht.

Sein erster Gang war zum Holländer-Michel, der ihn mit alter Freundlichkeit aufnahm. »Michel«, sagte er zu ihm, »gereist bin ich nun und habe alles gesehen, ist aber alles dummes Zeug, und ich hatte nur Langeweile. Überhaupt, Euer steinernes Ding, das ich in der Brust trage, schützt mich zwar vor manchem. Ich erzürne mich nie, bin nie traurig; aber ich freue mich auch nie, und es ist mir, als wenn ich nur halb lebte. Könnet Ihr das Steinherz nicht ein wenig beweglicher machen? Oder – gebt mir lieber mein altes Herz! Ich hatte mich in fünfundzwanzig Jahren daran gewöhnt, und wenn es zuweilen auch einen dummen Streich machte, so war es doch munter und ein fröhliches Herz.«

Der Waldgeist lachte grimmig und bitter. »Wenn du einmal tot bist, Peter Munk«, antwortete er, »dann soll es dir nicht fehlen; dann sollst du dein weiches, rührbares Herz wieder haben, und du kannst dann fühlen, was kommt, Freud oder Leid. Aber hier oben kann es nicht mehr dein werden! Doch, Peter! gereist bist du wohl, aber, so wie du lebtest, konnte es dich nichts nützen. Setze dich hier irgendwo im Wald, bau ein Haus, heirate, treibe dein Vermögen um, es hat dir nur an Arbeit gefehlt; weil du müßig warst, hattest du Langeweile und schiebst jetzt alles auf dieses unschuldige Herz.« Peter sah ein, dass Michel recht habe, was den Müßiggang beträfe, und nahm sich vor, reich und immer reicher zu werden. Michel schenkte ihm noch einmal hunderttausend Gulden und entließ ihn als seinen guten Freund.

Bald vernahm man im Schwarzwald die Märe, der Kohlenmunk-Peter oder Spielpeter sei wieder da und noch viel reicher als zuvor. Es ging auch jetzt wie immer; als er am Bettelstab war, wurde er in der Sonne zur Türe hinausgeworfen, und als er jetzt an einem Sonntagnachmittag seinen ersten Einzug dort hielt, schüttelten sie ihm die Hand, lobten sein Pferd, fragten nach seiner Reise, und als er wieder mit dem dicken Ezechiel um harte Taler spielte, stand er in der Achtung so hoch als je. Er trieb jetzt aber nicht mehr das Glashandwerk, sondern den Holzhandel, aber nur zum Schein. Sein Hauptgeschäft war, mit Korn und Geld zu handeln. Der halbe Schwarzwald wurde ihm nach und nach schuldig; aber er lieh Geld nur auf zehn Prozente aus oder verkaufte Korn an die Armen, die nicht gleich zahlen konnten, um den dreifachen Wert. Mit dem Amtmann stand er jetzt in enger Freundschaft, und wenn einer Herrn Peter Munk nicht auf den Tag bezahlte, so ritt der Amtmann mit seinen Schergen hinaus, schätzte Haus und Hof, verkaufte es flugs und trieb Vater, Mutter und Kind in den Wald. Anfangs machte dies dem reichen Peter einige Unlust; denn die armen Ausgepfändeten belagerten dann haufenweise seine Türe, die Männer flehten um Nachsicht, die Weiber suchten das steinerne Herz zu erweichen, und die Kinder winselten um ein Stücklein Brot. Aber als er sich ein paar tüchtige Fleischerhunde angeschafft hatte, hörte diese Katzenmusik, wie er es nannte, bald auf. Er pfiff und hetzte, und die Bettelleute flogen schreiend auseinander. Am meisten Beschwerde machte ihm das »alte Weib«.

Das war niemand anders als Frau Munkin, Peters Mutter. Sie war in Not und Elend geraten, als man ihr Haus und Hof verkauft hatte, und ihr Sohn, als er reich zurückgekehrt war, hatte nicht mehr nach ihr umgesehen. Da kam sie nun zuweilen, alt, schwach und gebrechlich, an einem Stock vor das Haus. Hinein wagte sie sich nimmer, denn er hatte sie einmal weggejagt; aber es tat ihr wehe, von den Guttaten anderer Menschen leben zu müssen, da der eigene Sohn ihr ein sorgenloses Alter hätte bereiten können. Aber das kalte Herz wurde nimmer gerührt von dem Anblicke der bleichen, wohlbekannten Züge, von den bittenden Blicken, von der welken, ausgestreckten Hand, von der hinfälligen Gestalt. Mürrisch zog er, wenn sie sonnabends an die Türe pochte, einen Sechsbätzner heraus, schlug ihn in ein Papier und ließ ihn hinausreichen durch einen Knecht. Er vernahm ihre zitternde Stimme, wenn sie dankte und wünschte, es möge ihm wohlgehen auf Erden; er hörte sie hüstelnd von der Türe schleichen, aber er dachte weiter nicht mehr daran, als dass er wieder sechs Batzen umsonst ausgegeben.

Endlich kam Peter auch auf den Gedanken, zu heiraten. Er wusste auch, dass im ganzen Schwarzwald jeder Vater ihm gerne seine Tochter geben werde; aber er war schwierig in seiner Wahl; denn er wollte, dass man auch hierin sein Glück und seinen Verstand preisen sollte; daher ritt er umher im ganzen Wald, schaute hier, schaute dort, und keine der schönen Schwarzwälderinnen deuchte ihm schön genug.

Endlich, nachdem er auf allen Tanzböden umsonst nach der Schönsten ausgeschaut hatte, hörte er eines Tages, die Schönste und Tugendsamste im ganzen Wald sei eines armen Holzhauers Tochter. Sie lebe still und für sich, besorge geschickt und emsig ihres Vaters Haus und lasse sich nie auf dem Tanzboden sehen, nicht einmal zu Pfingsten oder Kirmes. Als Peter von diesem Wunder des Schwarzwalds hörte, beschloss er, um sie zu werben, und ritt nach der Hütte, die man ihm bezeichnet hatte. Der Vater der schönen Lisbeth empfing den vornehmen Herrn mit Staunen und er staunte noch mehr, als er hörte, es sei dies der reiche Herr Peter und er wolle sein Schwiegersohn werden. Er besann sich auch nicht lange; denn er meinte, all seine Sorge und Armut werde nun ein Ende haben, sagte zu, ohne die schöne Lisbeth zu fragen, und das gute Kind war so folgsam, dass sie ohne Widerrede Frau Peter Munkin wurde.

Aber es wurde der Armen nicht so gut, als sie sich geträumt hatte. Sie glaubte ihr Hauswesen wohl zu verstehen, aber sie konnte Peter nichts zu Dank machen; sie hatte Mitleiden mit armen Leuten, und da ihr Eheherr reich war, dachte sie, es sei keine Sünde, einem armen Bettelweib einen Pfennig oder einem alten Mann einen Schnaps zu reichen; aber als Herr Peter dies eines Tages merkte, sprach er mit zürnenden Blicken und rauer Stimme: »Warum verschleuderst du mein Vermögen an Lumpen und Straßenläufer? Hast du was mitgebracht ins Haus, das du wegschenken könntest? Mit deines Vaters Bettelstab kann man keine Suppe wärmen, und wirfst das Geld aus wie eine Fürstin? Noch einmal lass dich betreten, so sollst du meine Hand fühlen!« Die schöne Lisbeth weinte in ihrer Kammer über den harten Sinn ihres Mannes, und sie wünschte oft, lieber heim zu sein in ihres Vaters ärmlicher Hütte, als bei dem reichen, aber geizigen, hartherzigen Peter zu hausen. Ach, hätte sie gewusst, dass er ein Herz von Marmor habe und weder sie noch irgendeinen Menschen lieben könnte, so hätte sie sich wohl nicht gewundert. So oft sie aber jetzt unter der Türe saß, und es ging ein Bettelmann vorüber und zog den Hut und hub an seinen Spruch, so drückte sie die Augen zu, das Elend nicht zu schauen, sie ballte die Hand fester, damit sie nicht unwillkürlich in die Tasche fuhr, ein Kreuzerlein herauszulangen. So kam es, dass die schöne Lisbeth im ganzen Wald verschrien wurde und es hieß, sie sei noch geiziger als Peter Munk. Aber eines Tages saß Frau Lisbeth wieder vor dem Haus und spann und murmelte ein Liedchen dazu; denn sie war munter, weil es schön Wetter und Herr Peter ausgeritten war über Feld. Da kommt ein altes Männlein des Weges daher, das trägt einen großen, schweren Sack, und sie hört es schon von weitem keuchen. Teilnehmend sieht ihm Frau Lisbeth zu und denkt, einem so alten, kleinen Mann sollte man nicht mehr so schwer aufladen.

Indes keucht und wankt das Männlein heran, und als es gegenüber von Frau Lisbeth war, brach es unter dem Sack beinahe zusammen. »Ach, habt die Barmherzigkeit, Frau, und reichet mir nur einen Trunk Wasser!« sprach das Männlein; »ich kann nicht weiter, muss elend verschmachten.«

»Aber Ihr solltet in Eurem Alter nicht mehr so schwer tragen«, sagte Frau Lisbeth.

»Ja, wenn ich nicht Boten gehen müsste, der Armut halber und um mein Leben zu fristen«, antwortete er; »ach, so eine reiche Frau wie Ihr weiß nicht, wie wehe Armut tut und wie wohl ein frischer Trunk bei solcher Hitze.«

Als sie dies hörte, eilte sie ins Haus, nahm einen Krug vom Gesims und füllte ihn mit Wasser; doch als sie zurückkehrte und nur noch wenige Schritte von ihm war und das Männlein sah, wie es so elend und verkümmert auf dem Sack saß, da fühlte sie inniges Mitleid, bedachte, dass ja ihr Mann nicht zu Hause sei, und so stellte sie den Wasserkrug beiseite, nahm einen Becher und füllte ihn mit Wein, legte ein gutes Roggenbrot darauf und brachte es dem Alten. »So, und ein Schluck Wein mag Euch besser frommen als Wasser, da Ihr schon so gar alt seid«, sprach sie; »aber trinket nicht zu hastig und esset auch Brot dazu!«

Das Männlein sah sie staunend an, bis große Tränen in seinen alten Augen standen; es trank und sprach dann: »Ich bin alt geworden, aber ich hab wenige Menschen gesehen, die so mitleidig wären und ihre Gaben so schön und herzig zu spenden wüssten wie Ihr, Frau Lisbeth. Aber es wird Euch dafür auch recht wohlgehen auf Erden; solch ein Herz bleibt nicht unbelohnt.«

»Nein, und den Lohn soll sie zur Stelle haben«, schrie eine schreckliche Stimme, und als sie sich umsahen, war es Herr Peter mit blutrotem Gesicht.

»Und sogar meinen Ehrenwein gießest du aus an Bettelleute, und meinen Mundbecher gibst du an die Lippen der Straßenläufer? Da, nimm deinen Lohn!« Frau Lisbeth stürzte zu seinen Füßen und bat um Verzeihung; aber das steinerne Herz kannte kein Mitleid, er drehte die Peitsche um, die er in der Hand hielt, und schlug sie mit dem Handgriff von Ebenholz so heftig vor die schöne Stirn, dass sie leblos dem alten Mann in die Arme sank. Als er dies sah, war es doch, als reute ihn die Tat auf der Stelle; er bückte sich herab, zu schauen, ob noch Leben in ihr sei, aber das Männlein sprach mit wohlbekannter Stimme: »Gib dir keine Mühe, Kohlenpeter; es war die schönste und lieblichste Blume im Schwarzwald, aber du hast sie zertreten, und nie mehr wird sie wieder blühen.«

Da wich alles Blut aus Peters Wangen, und er sprach: »Also Ihr seid es, Herr Schatzhauser? Nun, was geschehen ist, ist geschehen, und es hat wohl so kommen müssen. Ich hoffe aber, Ihr werdet mich nicht bei dem Gericht anzeigen als Mörder.«

»Elender!« erwiderte das Glasmännlein. »Was würde es mir frommen, wenn ich deine sterbliche Hülle an den Galgen brächte? Nicht irdische Gerichte sind es, die du zu fürchten hast, sondern andere und strengere; denn du hast deine Seele an den Bösen verkauft.«

»Und hab ich mein Herz verkauft«, schrie Peter, »so ist niemand daran schuld als du und deine betrügerischen Schätze; du tückischer Geist hast mich ins Verderben geführt, mich getrieben, dass ich bei einem andern Hilfe suchte, und auf dir liegt die ganze Verantwortung.« Aber kaum hatte er dies gesagt, so wuchs und schwoll das Glasmännlein und wurde hoch und breit, und seine Augen sollen so groß gewesen sein wie Suppenteller, und sein Mund war wie ein geheizter Backofen, und Flammen blitzten daraus hervor. Peter warf sich auf die Knie, und sein steinernes Herz schützte ihn nicht, dass nicht seine Glieder zitterten wie eine Espe. Mit Geierskrallen packte ihn der Waldgeist im Nacken, dreht ihn um, wie ein Wirbelwind dürres Laub, und warf ihn dann zu Boden, dass ihm alle Rippen knackten. »Erdenwurm!« rief er mit einer Stimme, die wie der Donner rollte; »ich könnte dich zerschmettern, wenn ich wollte; denn du hast gegen den Herrn des Waldes gefrevelt. Aber um dieses toten Weibes willen, die mich gespeist und getränkt hat, gebe ich dir acht Tage Frist. Bekehrst du dich nicht zum Guten, so komme ich und zermalme dein Gebein, und du fährst hin in deinen Sünden.«

Es war schon Abend, als einige Männer, die vorbeigingen,

den reichen Peter Munk an der Erde liegen sahen. Sie wandten ihn hin und her und suchten, ob noch Atem in ihm sei; aber lange war ihr Suchen vergebens. Endlich ging einer in das Haus und brachte Wasser herbei und besprengte ihn. Da holte Peter tief Atem, stöhnte und schlug die Augen auf, schaute lange um sich her und fragte dann nach Frau Lisbeth; aber keiner hatte sie gesehen. Er dankte den Männern für ihre Hilfe, schlich sich in sein Haus und suchte überall; aber Frau Lisbeth war weder im Keller noch auf dem Boden, und das, was er für einen schrecklichen Traum gehalten, war bittere Wahrheit. Wie er nun so ganz allein war, da kamen ihm sonderbare Gedanken; er fürchtete sich vor nichts, denn sein Herz war ja kalt; aber wenn er an den Tod seiner Frau dachte, kam ihm sein eigenes Hinscheiden in den Sinn, und wie belastet er dahinfahren werde, schwer belastet mit Tränen der Armen, mit tausend ihrer Flüche, die sein Herz nicht erweichen konnten, mit dem Jammer der Elenden, auf die er seine Hunde gehetzt, belastet mit der stillen Verzweiflung seiner Mutter, mit dem Blut der schönen, guten Lisbeth; und konnte er doch nicht einmal dem alten Mann, ihrem Vater, Rechenschaft geben, wenn er käme und fragte: »Wo ist meine Tochter, dein Weib?« Wie wollte er einem andern Frage stehen, dem alle Wälder, alle Seen, alle Berge gehören und – die Leben der Menschen?

Es quälte ihn auch nachts im Traume, und alle Augenblicke wachte er auf an einer süßen Stimme, die ihm zurief, »Peter, schaff dir ein wärmeres Herz!« Und wenn er erwacht war, schloss er doch schnell wieder die Augen; denn der Stimme nach musste es Frau Lisbeth sein, die ihm diese Warnung zurief. Den andern Tag ging er ins Wirtshaus, um seine Gedanken zu zerstreuen, und dort traf er den dicken Ezechiel. Er setzte sich zu ihm, sie sprachen dies und jenes, vom schönen Wetter, vom Krieg, von den Steuern und endlich auch vom Tod und wie da und dort einer so schnell gestorben sei. Da fragte Peter den Dicken, was er denn vom Tode halte, und wie es nachher sein werde. Ezechiel antwortete ihm, dass man den Leib begrabe, die Seele aber fahre entweder auf zum Himmel, oder hinab in die Hölle.

»Also begräbt man das Herz auch?« fragte der Peter gespannt.

»Ei freilich, das wird auch begraben.«

»Wenn aber einer sein Herz nicht mehr hat?« fuhr Peter fort.

Ezechiel sah ihn bei diesen Worten schrecklich an. »Was willst du damit sagen? Willst du mich foppen? Meinst du, ich habe kein Herz?«

»Oh, Herz genug, so fest wie ein Stein«, erwiderte Peter.

Ezechiel sah ihn verwundert an, schaute sich um, ob es niemand gehört habe, und sprach dann: »Woher weißt du es? Oder pocht vielleicht das deinige auch nicht mehr?«

»Pocht nicht mehr, wenigstens nicht hier in meiner Brust!« antwortete Peter Munk. »Aber sag mir, da du jetzt weißt, was ich meine, wie wird es gehen mit unseren Herzen?«

»Was kümmert dich dies, Gesell?« fragte Ezechiel lachend. »Hast ja auf Erden vollauf zu leben und damit genug. Das ist ja gerade das Bequeme in unsern kalten Herzen, dass uns keine Furcht befällt vor solchen Gedanken.«

»Wohl wahr; aber man denkt doch daran, und wenn ich auch jetzt keine Furcht mehr kenne, so weiß ich doch wohl noch, wie sehr ich mich vor der Hölle gefürchtet, als ich noch ein kleiner, unschuldiger Knabe war.«

»Nun – gut wird es uns gerade nicht gehen«, sagte Ezechiel. »Hab mal einen Schulmeister darüber gefragt; der sagte mir, dass nach dem Tode die Herzen gewogen werden, wie schwer sie sich versündigt hätten. Die leichten steigen auf, die schweren sinken hinab, und ich denke, unsere Steine werden ein gutes Gewicht haben.«

»Ach freilich«, erwiderte Peter, »und es ist mir oft selbst unbequem, dass mein Herz so teilnahmslos und ganz gleichgültig ist, wenn ich an solche Dinge denke.«

So sprachen sie; aber in der nächsten Nacht hörte er fünf- oder sechsmal die bekannte Stimme in sein Ohr lispeln: »Peter, schaff dir ein wärmeres Herz!« Er empfand keine Reue, dass er sie getötet, aber wenn er dem Gesinde sagte, seine Frau sei verreist, so dachte er immer dabei: »Wohin mag sie wohl gereist sein?« Sechs Tage hatte er es so getrieben, und immer hörte er nachts diese Stimme, und immer dachte er an den Waldgeist und seine schreckliche Drohung; aber am siebenten Morgen sprang er auf von seinem Lager und rief: »Nun ja, will sehen, ob ich mir ein wärmeres schaffen kann; denn der gleichgültige Stein in meiner Brust macht mir das Leben nur langweilig und öde.« Er zog schnell seinen Sonntagsstaat an und setzte sich auf sein Pferd und ritt dem Tannenbühl zu.

Im Tannenbühl, wo die Bäume dichter standen, saß er ab, band sein Pferd an und ging schnellen Schrittes dem Gipfel des Hügels zu, und als er vor der dicken Tanne stand, hub er seinen Spruch an:

»Schatzhauser im grünen Tannenwald,
 Bist viele hundert Jahre alt,
 Dein ist all Land, wo Tannen stehen,
 Lässt dich nur Sonntagskindern sehen.«

Da kam das Glasmännlein hervor, aber nicht freundlich und traulich wie sonst, sondern düster und traurig; es hatte ein Röcklein an von schwarzem Glas, und ein langer Trauerflor flatterte herab vom Hut, und Peter wusste wohl, um wen es traure.

»Was willst du von mir, Peter Munk?« fragte es mit dumpfer Stimme.

»Ich hab noch einen Wunsch, Herr Schatzhauser«, antwortete Peter mit niedergeschlagenen Augen. »Können Steinherzen noch wünschen?« sagte jener. »Du hast alles, was du für deinen schlechten Sinn bedarfst, und ich werde schwerlich deinen Wunsch erfüllen.«

»Aber ihr habt mir doch drei Wünsche zugesagt; einen hab ich immer noch übrig.«

»Doch kann ich ihn versagen, wenn er töricht ist«, fuhr der Waldgeist fort; »aber wohlan, ich will hören, was du willst?«

»So nehmet mir den toten Stein heraus und gebet mir mein lebendiges Herz!« sprach Peter.

»Hab ich den Handel mit dir gemacht?« fragte das Glasmännlein. »Bin ich der Holländer-Michel, der Reichtum und kalte Herzen schenkt? Dort, bei ihm musst du dein Herz suchen.«

»Ach, er gibt es nimmer zurück«, antwortete Peter.

»Du dauerst mich, so schlecht du auch bist«, sprach das Männlein nach einigem Nachdenken. »Aber weil dein Wunsch nicht töricht ist, so kann ich dir wenigstens meine Hilfe nicht versagen. So höre, dein Herz kannst du mit keiner Gewalt mehr bekommen, wohl aber durch List, und es wird vielleicht nicht schwer halten; denn Michel bleibt doch nur der dumme Michel, obgleich er sich ungemein klug dünkt. So gehe denn geraden Weges zu ihm hin und tue, wie ich dir heiße!« Und nun unterrichtete er ihn in allem und gab ihm ein Kreuzlein aus reinem Glas: »Am Leben kann er dir nicht schaden, und er wird dich frei lassen, wenn du ihm dies vorhalten und dazu beten wirst. Und hast du dann, was du verlangt hast, erhalten, so komm wieder zu mir an diesen Ort!«

Peter Munk nahm das Kreuzlein, prägte sich alle Worte ins Gedächtnis und ging weiter nach Holländer-Michels Behausung. Er rief dreimal seinen Namen, und alsbald stand der Riese vor ihm. »Du hast dein Weib erschlagen?« fragte er ihn mit schrecklichem Lachen. »Hätt es auch so gemacht; sie hat dein Vermögen an das Bettelvolk gebracht. Aber du wirst auf einige Zeit außer Landes gehen müssen; denn es wird Lärm machen, wenn man sie nicht findet, und du brauchst wohl Geld und kommst, um es zu holen?«

»Du hast's erraten«, erwiderte Peter, »und nur recht viel diesmal; denn nach Amerika ist's weit.«

Michel ging voran und brachte ihn in seine Hütte; dort schloss er eine Truhe auf, worin viel Geld lag, und langte ganze Rollen Gold heraus. Während er es so auf den Tisch hinzählte, sprach Peter: »Du bist doch ein loser Vogel, Michel, dass du mich belogen hast, ich hätte einen Stein in der Brust und du habest mein Herz!«

»Und ist es denn nicht so?« fragte Michel staunend. »Fühlst du denn dein Herz? Ist es nicht kalt wie Eis? Hast du Furcht oder Gram, kann dich etwas reuen?«

»Du hast mein Herz nur stille stehen lassen, aber ich hab es noch wie sonst in meiner Brust, und Ezechiel auch, der hat es mir gesagt, dass du uns angelogen hast; du bist nicht der Mann dazu, der einem das Herz so unbemerkt und ohne Gefahr aus der Brust reißen könnte; da müsstest du zaubern können.«

»Aber ich versichere dich«, rief Michel unmutig, »du und Ezechiel und alle reichen Leute, die es mit mir gehalten, haben solche kalte Herzen wie du, und ihre rechten Herzen habe ich hier in meiner Kammer.«

»Ei, wie dir das Lügen von der Zunge geht!« lachte Peter. »Das mach du einem andern weis! Meinst du, ich hab auf meinen Reisen nicht solche Kunststücke zu Dutzenden gesehen? Aus Wachs nachgeahmt sind deine Herzen hier in der Kammer. Du bist ein reicher Kerl, das geb ich zu; aber zaubern kannst du nicht.«

Da ergrimmte der Riese und riss die Kammertüre auf. »Komm herein und lies die Zettel alle, und jenes dort, schau, das ist Peter Munks Herz; siehst du, wie es zuckt? Kann man das auch aus Wachs machen?«

»Und doch ist es aus Wachs«, antwortete Peter. »So schlägt ein rechtes Herz nicht; ich habe das meinige noch in der Brust. Nein, zaubern kannst du nicht!«

»Aber ich will es dir beweisen!« rief jener ärgerlich. »Du sollst es selbst fühlen, dass dies dein Herz ist.« Er nahm es, riss Peters Wams auf und nahm einen Stein aus seiner Brust und zeigte ihn vor. Dann nahm er das Herz, hauchte es an und setzte es behutsam an seine Stelle, und alsbald fühlte Peter, wie es pochte, und er konnte sich wieder darüber freuen.

»Wie ist es dir jetzt?« fragte Michel lächelnd.

»Wahrhaftig, du hast doch recht gehabt«, antwortete Peter, indem er behutsam sein Kreuzlein aus der Tasche zog. »Hätt ich doch nicht geglaubt, dass man dergleichen tun könnte!«

»Nicht wahr? Und zaubern kann ich, das siehst du; aber komm, jetzt will ich dir den Stein wieder hineinsetzen.«

»Gemach, Herr Michel!« rief Peter, trat einen Schritt zurück und hielt ihm das Kreuzlein entgegen. »Mit Speck fängt man Mäuse, und diesmal bist du der Betrogene.« Und zugleich fing er an zu beten, was ihm nur beifiel.

Da wurde Michel kleiner und immer kleiner, fiel nieder und wand sich hin und her wie ein Wurm und ächzte und stöhnte, und alle Herzen umher fingen an zu zucken und zu pochen, dass es tönte wie in der Werkstatt eines Uhrmachers. Peter aber fürchtete sich, und es wurde ihm ganz unheimlich zumut, er rannte zur Kammer und zum Haus hinaus und klimmte, von Angst getrieben, die Felsenwand hinan; denn er hörte, dass Michel sich aufraffte, stampfte und tobte und ihm schreckliche Flüche nachschickte. Als er oben war, lief er dem Tannenbühl zu; ein schreckliches Wetter zog auf, Blitze fielen links und rechts an ihm nieder und zerschmetterten die Bäume, aber er kam wohlbehalten in dem Revier des Glasmännleins an.

Sein Herz pochte freudig, und nur darum, weil es pochte. Dann aber sah er mit Entsetzen auf sein Leben zurück wie auf das Gewitter, das hinter ihm rechts und links den schönen Wald zersplitterte. Er dachte an Frau Lisbeth, sein schönes, gutes Weib, das er aus Geiz gemordet; er kam sich selbst wie der Auswurf der Menschen vor, und er weinte heftig, als er an Glasmännleins Hügel kam.

Schatzhauser saß schon unter dem Tannenbaum und rauchte aus seiner kleinen Pfeife; doch sah er munterer aus als zuvor. »Warum weinst du, Kohlenpeter?« fragte er. »Hast du dein Herz nicht erhalten? Liegt noch das kalte in deiner Brust?«

»Ach Herr!« seufzte Peter. »Als ich noch das kalte Steinherz trug, da weinte ich nie, meine Augen waren so trocken als das Land im Juli; jetzt aber will es mir beinahe das alte Herz zerbrechen, was ich getan! Meine Schuldner habe ich ins Elend gejagt, auf Arme und Kranke die Hunde gehetzt, und Ihr wisst es ja selbst – wie meine Peitsche auf ihre schöne Stirn fiel!«

»Peter! Du warst ein großer Sünder!« sprach das Männlein. »Das Geld und der Müßiggang haben dich verderbt, bis dein Herz zu Stein wurde, nicht Freud, nicht Leid, keine Reue, kein Mitleid mehr kannte. Aber Reue versöhnt, und wenn ich nur wüsste, dass dir dein Leben recht leid tut, so könnte ich schon noch was für dich tun.«

»Will nichts mehr«, antwortete Peter und ließ traurig sein Haupt sinken. »Mit mir ist es aus, kann mich mein Lebtag nicht mehr freuen; was soll ich so allein auf der Welt tun? Meine Mutter verzeiht mir nimmer, was ich ihr getan, und vielleicht hab ich sie unter den Boden gebracht, ich Ungeheuer! Und Lisbeth, meine Frau! Schlaget mich lieber auch tot, Herr Schatzhauser; dann hat mein elend Leben mit einmal ein Ende.«

»Gut«, erwiderte das Männlein, »wenn du nicht anders willst, so kannst du es haben; meine Axt hab ich bei der Hand.« Er nahm ganz ruhig sein Pfeiflein aus dem Mund, klopfte es aus und steckte es ein. Dann stand er langsam auf und ging hinter die Tannen. Peter aber setzte sich weinend ins Gras, sein Leben war ihm nichts mehr, und er erwartete geduldig den Todesstreich. Nach einiger Zeit hörte er leise Tritte hinter sich und dachte: »Jetzt wird er kommen.«

»Schau dich noch einmal um, Peter Munk!« rief das Männlein. Er wischte sich die Tränen aus den Augen und schaute sich um und sah – seine Mutter und Lisbeth, seine Frau, die ihn freundlich anblickten. Da sprang er freudig auf: »So bist du nicht tot, Lisbeth? Und auch Ihr seid da, Mutter, und habt mir vergeben?«

»Sie wollen dir verzeihen«, sprach das Glasmännlein, »weil du wahre Reue fühlst, und alles soll vergessen sein. Zieh jetzt heim in deines Vaters Hütte und sei ein Köhler wie zuvor; bist du brav und bieder, so wirst du dein Handwerk ehren, und deine Nachbarn werden dich mehr lieben und achten, als wenn du zehn Tonnen Goldes hättest.« So sprach das Glasmännlein und nahm Abschied von ihnen.

Die drei lobten und segneten es und gingen heim.

Das prachtvolle Haus des reichen Peters stand nicht mehr; der Blitz hatte es angezündet und mit all seinen Schätzen niedergebrannt; aber nach der väterlichen Hütte war es nicht weit; dorthin ging jetzt ihr Weg, und der große Verlust bekümmerte sie nicht.

Aber wie staunten sie, als sie an die Hütte kamen! Sie war zu einem schönen Bauernhaus geworden, und alles darin war einfach, aber gut und reinlich.

»Das hat das gute Glasmännlein getan!« rief Peter.

»Wie schön!« sagte Frau Lisbeth. »Und hier ist mir viel heimischer als in dem großen Haus mit dem vielen Gesinde.«

Von jetzt an wurde Peter Munk ein fleißiger und wackerer Mann. Er war zufrieden mit dem, was er hatte, trieb sein Handwerk unverdrossen, und so kam es, dass er durch eigene Kraft wohlhabend wurde und angesehen und beliebt im ganzen Wald. Er zankte nie mehr mit Frau Lisbeth, ehrte seine Mutter und gab den Armen, die an seine Türe pochten. Als nach Jahr und Tag Frau Lisbeth von einem schönen Knaben genas, ging Peter nach dem Tannenbühl und sagte sein Sprüchlein. Aber das Glasmännlein zeigte sich nicht. »Herr Schatzhauser!« rief er laut. »Hört mich doch; ich will ja nichts anderes, als Euch zu Gevatter bitten bei meinem Söhnlein!« Aber er gab keine Antwort; nur ein kurzer Windstoß sauste durch die Tannen und warf einige Tannenzapfen herab ins Gras. »So will ich dies zum Andenken mitnehmen, weil Ihr Euch doch nicht sehen lassen wollet«, rief Peter, steckte die Zapfen in die Tasche und ging nach Hause; aber als er zu Hause das Sonntagswams auszog und seine Mutter die Taschen umwandte und das Wams in den Kasten legen wollte, da fielen vier stattliche Geldrollen heraus, und als man sie öffnete, waren es lauter gute, neue badische Taler, und kein einziger falscher darunter. Und das war das Patengeschenk des Männleins im Tannenwald für den kleinen Peter.

So lebten sie still und unverdrossen fort, und noch oft nachher, als Peter Munk schon graue Haare hatte, sagte er: »Es ist doch besser, zufrieden zu sein mit wenigem, als Gold und Güter haben und ein kaltes Herz.«

Johann Wolfgang von Goethe

Hinten im Grunde

Tuttlingen, 17. September 1797

Von Tuttlingen um sieben Uhr. Der Nebel war sehr stark; ich ging noch vorher, die Donau zu sehen. Sie scheint schon breit, weil sie durch ein großes Wehr gedämmt ist. Die Brücke ist von Holz und, ohne bedeckt zu sein, mit Verstand auf die Dauer konstruiert …

Der Nebel sank in das Donautal, das wie ein großer See, wie eine überschneite Fläche aussah, indem die Masse ganz horizontal und mit fast unmerklichen Erhöhungen niedersank. Oben war der Himmel völlig rein.

Überhaupt muss man alle württembergische Anstalten von Chausseen und Brücken durchaus loben.

Man steigt so hoch, dass man mit dem Rücken der sämtlichen Kalkgebirge, zwischen denen man bisher durchfuhr, beinah gleich zu sein scheint. Die Donau kommt von Abend her geflossen, man sieht weit in ihr Tal hinauf, und wie es von beiden Seiten eingeschlossen ist, so begreift man, wie ihr Wasser weder südwärts nach dem Rhein, noch nordwärts nach dem Neckar fallen könne.

Man sieht auch ganz hinten im Grunde des Donautals die Berge quer vorliegen, die sich an der rechten Seite des Rheins bei Freiburg hinziehen und den Fall der Wasser nach Abend gegen den Rhein verhindern.

Die neue Saat des Dinkels stand schon sehr schön; man säet hier früh, weil es auf den Höhen zeitig einwintert.

Marie Luise Kaschnitz
Nebelmeer

Hinauszugelangen über das Nebelmeer, gingen wir drei Stunden zu Fuß, an den Schwaighöfen vorbei. Da riss sie schon auf, die graue Masse, lag uns bald zu Füßen, dick, undurchschaubar, während die Sonne uns beschien, wärmte, durchglühte, auch in der Weihnachtszeit.

Später dann gingen wir nicht mehr zu Fuß, fuhren mit dem Wagen nach St. Ulrich, dann das Serpentinensträßchen hinauf, wo auf der Höhe bald ein Parkplatz angelegt wurde. Ein alter Mann spielt dort den Wächter, zirpt auf einer Maultrommel, man fragt sich, wohin er gehört.

Ein Stück noch bergauf, an irgendeinen Waldrand, wo der Schnee schon getaut ist, da sitzen wir auf Wurzeln, sehen hinunter auf das graue Meer, unter dem sich das Heimattal, das Vaterhaus verbirgt, und doch erkennbar ist, mit anderen Augen, die zugleich weiter und genauer sehen; so dass allerlei Verschwundenes mit auftaucht, die Silberbergwerke zum Beispiel oder die Mühlsteine, die man dort den Hexen um den Hals gebunden hatte, oder die kriegerischen Horden, die brandschatzend durch das Tal gezogen waren, die undurchdringlichen Wälder, der Rhein zwischen mückensummenden Fieberauen, alles lange her.

Oder Zukünftiges, ebenfalls Unerfreuliches, mit Atomkraftwerken zu beiden Seiten des Stromes, davon sprechen wir; eine Dunstwolke über dem Breisgau und dem Elsass, die weicht nicht, bei Tag nicht und bei Nacht nicht, und keine Traube wird mehr reif. Eine Dunstschicht, ähnlich dem Nebelmeer zu unseren Füßen, und die darunter leben müssen, werden nicht sterben, sondern sich daran gewöhnen, werden statt des Weins Kraut und Rüben anbauen für Hengstenberg, werden schnelle Wagen, herrliche Straßen und funkelnde Badezimmer haben, nur eben die Sonne nicht mehr.

Johann Jakob Christoffel von Grimmelshausen
Der Räuber vom Kaiserstuhl

Ungefähr eine Woche oder vier vor Weihnachten marschiert ich mit einem guten Feuerrohr vom Lager ab, das Breisgau hinunter, der Meinung, selbige Weihnacht-Mess zu Straßburg zwanzig Taler, von meinem Schwähr übermacht, zu empfangen und mich mit Kaufleuten den Rhein hinunter zu begeben, da es doch unterwegs viel kaiserliche Garnisonen hatte. Als ich aber bei Endingen vorbeipassiert' und zu einem einzigen Haus kam, geschah ein Schuss nach mir, so dass mir die Kugel den Rand am Hut verletzt'. Und gleich darauf sprang ein starker vierschrötiger Kerl aus dem Haus auf mich los, der schrie, ich sollte das Gewehr ablegen; ich antwort: »Bei Gott, Landsmann, dir zu Gefallen nicht«, und zog den Hahnen über; er aber zog ein Ding vom Leder, das mehr einem Henkersschwert als Degen gleichsah und eilte damit auf mich zu.

Wie ich nun seinen Ernst spürte, schlug auch ich an und traf ihn dergestalt an die Stirn, dass er herumdurmelte und endlich zu Boden fiel. Dieses mir zunutz zu machen, rang ich ihm geschwind sein Schwert aus der Faust und wollts ihm in Leib stoßen; da es aber nicht durchgehen wollte, sprang er wieder unversehens auf die Füß, erwischte mich beim Haar, und ich ihn auch, sein Schwert aber hatte ich schon weggeworfen. Darauf fingen wir ein solch ernstlich Spiel miteinander an, so eines jeden verbitterte Stärk genugsam zu erkennen gab und konnt doch keiner des andern

Meister werden; bald lag ich, bald er oben, und im Hui kamen wir wieder auf die Füß, so aber nicht lang dauerte, weil je einer des andern Tod suchte. Das Blut, so mir häufig zu Nas und Mund herauslief, spie ich meinem Feind ins Gesicht, weil er's so hitzig begehrte. Das war mir gut, denn es hinderte ihn am Sehen. Also zogen wir einander bei anderthalb Stund im Schnee herum. Davon wurden wir so matt, dass allem Ansehen nach des einen Ohnmacht des andern Müdigkeit nicht völlig überwinden konnte oder vollends zu Tod hätte bringen mögen.

Die Ringkunst, darin ich mich oft übte, kam mir damals wohl zustatten, sonst hätte ich ohne Zweifel eingebüßt, denn mein Feind war viel stärker als ich und überdas eisenfest. Als wir einander fast tödlich abgemattet, sagte er endlich: »Bruder, hör auf, ich ergeb mich, dir zu eigen!«

Ich sagte: »Du solltest mich anfänglich haben passieren lassen.«

»Was hast du mehr«, antwortet' jener, »wenn ich gleich sterbe?«

»Und was hättest du gehabt«, sagte ich, »wenn du mich hättest niedergeschossen, sintemal ich kein Heller Geld bei mir hab!«

Darauf bat er um Verzeihung, und ich ließ mich erweichen, ließ ihn aufstehen, nachdem er mir zuvor teur geschworen, dass er nit allein Frieden halten, sondern auch mein treuer Freund und Diener sein wollte. Ich hätte ihm aber weder geglaubt noch getraut, wenn mir seine verübten leichtfertigen Handlungen bekannt gewesen wären.

Da wir nun beide auf waren, gaben wir einander die Händ, dass alles was geschehen, vergessen sein sollte und verwunderte sich einer über den andern, dass er seinen Meister gefunden, denn jener meinte, ich sei auch mit einer solchen

Schelmenhaut wie er überzogen gewesen. Er hatte von meinem Schuss ein große Beul an der Stirn, und ich hatte mich sehr verblutet, doch klagte keiner mehr als den Hals, welcher so zugerichtet, dass keiner den Kopf aufrecht tragen konnte.

Weil es denn gegen Abend war und mir mein Widersacher erzählen tat, dass ich bis an die Kinzig weder Hund noch Katz, viel weniger einen Menschen antreffen würde, er aber hingegen ohnweit von der Straß in einem abgelegenen Häuslein ein gut Stück Fleisch und einen Trunk zum besten hätte, ließ ich mich überreden, und ging mit ihm, da er denn unterwegs oft mit Seufzern bezeugte, wie leid ihm sei, dass er mich beleidigt habe.

Ein resoluter Soldat, der sich darein ergeben, sein Leben zu wagen und gering zu achten, ist wohl ein dummes Vieh! Man hätte tausend Kerl gefunden, darunter kein einziger das Herz gehabt hätte, mit einem solchen, der ihn erst als ein Mörder angegriffen, an ein' unbekannt Ort zu Gast zu gehen.

Ich fragt ihn auf dem Weg, was Volks er sei? da sagte er, er hätte keinen Herrn und fragte zugleich, was Volks denn ich sei? Ich sagte, dass ich weimarisch gewesen, nunmehr aber meinen Abschied hätte und gesinnet wäre, mich nach Haus zu begeben. Darauf fragte er, wie ich hieße? und da ich antwortet: »Simplicius«, kehrt' er sich um (denn ich ließ ihn vorangehen, weil ich ihm nit traute) und sah mir steif ins Gesicht: »Heißt du nicht auch Simplicissimus?«

»Ja«, antwortete ich, »der ist ein Schelm der seinen Namen verleugnet, wie heißt aber du?«

»Ach Bruder«, antwortet' er, »so bin ich Olivier, den du wohl vor Magdeburg wirst gekannt haben«, warf damit sein Rohr von sich und fiel auf die Knie nieder, mich um Verzeihung zu bitten, dass er mich so übel gemeint hätte, sagend, er könnte sich wohl einbilden, dass er keinen bessern Freund in der Welt bekomme, als er an mir einen haben würde, weil ich nach des alten Herzbruders Prophezei seinen Tod so tapfer rächen sollte. Ich hingegen wollte mich über ein so seltsame Zusammenkunft verwundern, er aber sagte: »Das ist mir aber seltsam, dass du aus einem Narrn zu einem so tapfern Soldaten worden! Sei versichert Bruder, wenn unserer zehentausend wären, dass wir morgenden Tags Breisach entsetzen und uns endlich zu Herren der ganzen Welt machen wollten.«

In solchem Diskurs passierten wir, da es eben Nacht worden, in ein klein abgelegen Taglöhnerhäuslein; und ob mir zwar solche Prahlerei nit gefiel, so gab ich ihm doch recht, vornehmlich, weil mir sein schelmisch falsch Gemüt bekannt war. Und ob ich ihm zwar nichts Guts zutraute, so ging ich doch mit ihm in besagtes Häuslein, in welchem ein Baur eben die Stub einhitzte, zu dem sagte er: »Hast du etwas gekocht?«

»Nein«, sagt' der Baur, »ich hab ja den gebratenen Kalbsschlegel noch, den ich heute von Waldkirch brachte.«

»Nun denn«, antwort' Olivier, »so gehe, und lang her was du hast, und bringe zugleich das Fässlein Wein mit.«

Als der Baur fort war, sagte ich zu Olivier: »Bruder (ich nannt ihn so, damit ich desto sicherer vor ihm wäre), du hast einen willigen Wirt!«

»Das dank«, sagte er, »dem Schelmen der Teufel, ich ernähr ihn ja mit Weib und Kind, und er macht noch dazu für sich selbst gute Beuten, ich lasse ihm alle Kleider, die ich erobere, solche zu seinem Nutzen anzuwenden.« Ferner berichtet' er mich, dass er diese Freibeuterei schon lang getrieben und ihm besser zuschlage, als wenn er einem Herrn diene, er gedächte auch nit aufzuhören, bis er seinen Beutel rechtschaffen gespickt hätte.

Ich sagte: »Bruder, du lebest in einem gefährlichen Stand, und wenn du über solcher Rauberei ergriffen würdest, wie meinst du wohl, dass man mit dir umging?«

»Ha«, sagte er, »ich höre wohl, dass du noch der alte Simplicius bist; ich weiß wohl, dass derjenige, so kegeln will, auch aufsetzen muss. Du musst aber das wissen, dass die Herren von Nürnberg keinen hängen lassen, sie hätten ihn denn.«

Ich antwortete: »Gesetzt aber, Bruder, du würdest nicht ertappt, das doch sehr misslich stehet, denn der Krug gehet so lang zum Brunnen, bis er einmal zerbricht, so ist dennoch ein solch Leben, wie du führest, das allerschändlichste von der Welt, dass ich also nit glaube, dass du darin zu sterben begehrest.«

»Was?« rief er. »Das schändlichste? Mein tapferer Simplici, ich versichere dich, dass die Räuberei das alleradeligste Exercitium ist, das man dieser Zeit auf der Welt haben kann! Sag mir, wie viel Königreich und Fürstentümer sind nicht mit Gewalt erraubt und zuwege gebracht worden? Oder wo wirds einem König oder Fürsten auf dem ganzen Erdboden für übel aufgenommen, wenn er seiner Länder Erträge genießt, die doch gemeinlich durch ihrer Vorfahren Gewalt zuwege gebracht worden? Was könnte doch adeliger genannt werden als eben das Handwerk, dessen ich mich jetzt bediene? Ich merke dir an, dass du mir gern vorhalten wolltest, dass ihrer viel wegen Mordens, Raubens und Stehlens seien gerädert, gehängt und geköpft worden! Das weiß ich wohl, denn das befehlen die Gesetze. Du wirst aber keine anderen, als arme und geringe Diebe haben hängen sehen, welches auch billig ist, weil sie sich dieser vortrefflichen Übung unterfangen haben, die doch niemandem, als herzhaften Gemütern gebührt und vorbehalten ist. Wird doch kein Wucherer gestraft, der diese herrliche Kunst heimlich treibt, und zwar unter dem Deckmantel christlicher Lieb – warum wollte denn ich strafbar sein, der ich solche öffentlich, auf gut Alt-Teutsch, ohn einzige Bemäntelung und Gleisnerei übe? Mein lieber Simplici, du hast den Machiavellum noch nicht gelesen!«

Gustav Schwab
Freiburg und Jos Fritz

Der Bauernkrieg drohte auch Freiburgs Mauern Zerstörung. Jos Fritz, ein Flüchtling des Speyerer »Bundschuhs«, hatte sich im Jahre 1513 an die Spitze von zweitausend unter zehn Hauptleute verteilten Bettlern gestellt und wollte unter einer Fahne, die das Leiden Christi zwischen Papst und Kaiser darstellte, Befreiung von den Herren, von Zöllen und Abgaben, vom Rottweiler Hofgericht, Freigebung der Wälder und Wasser, bedingte Tilgung der Schuldbriefe mit Feuer und Schwert erobern.

Die Verschwörung wurde zu guter Stunde an den Markgrafen von Baden und an Freiburg verraten. Freiburg ergriff schleunige und abschreckende Maßregeln zur Unterdrükkung des Aufruhrs. Im späteren Verlaufe dieses Krieges wurde von einem 50 000 Mann starken Bauernhaufen das Blockhaus auf dem Schlossberge genommen und die Stadt selbst gebrandschatzt. Bald aber sagte Freiburg den Bauern, durch Zuzug verstärkt, feierlich ab, und der Krieg endete allerorten mit einer furchtbaren Treibjagd auf die Bauern …

Johann Jakob Christoffel von Grimmelshausen
Märlein vom Mummelsee

Einstmals spazierte ich am Sauerbrunnen, einen Trunk frisch Wasser zu tun, da geriet ich zu einer Gesellschaft mittelmäßigen Stands, weil sie von einer seltenen Sach, nämlich von dem Mummelsee, diskutierten. Dieser sei unergründlich und in der Nachbarschaft auf einem von den höchsten Bergen gelegen. Sie hatten auch Bauersleut beschickt, die erzählen mussten, was einer oder der ander von diesem wunderbarlichen See gehöret hätte. Deren Berichte hörte ich denn mit großer Lust zu, wiewohl ichs für eitel Fabeln hielt, denn es lautete also lügenhaftig als etliche Schwänk des Plinii.

Einer sagte, wenn man ungerad, es seien gleich Erbsen, Steinlein oder etwas anderes, in ein Nastüchlein binde und in den Mummelsee hineinhänge, so verändere es sich in gerad. Aber auch, wenn man gerad hineinhänge, so finde man ungerad. Die meisten gaben vor und bestätigten es auch mit Exempeln, wenn man einen oder mehr Stein hineinwürfe, so erhebe sich gleich, Gott geb wie schön auch der Himmel zuvor gewesen, ein grausam Ungewitter, mit schrecklichem Regen, Schlossen und Sturmwinden. Von diesem kamen sie auch auf allerhand seltsame Historien, so sich dabei zugetragen und was sich für wunderbarliche Schauspiele von Erd- und Wassermännlein dabei hätten sehen lassen und was sie mit den Leuten geredet. Einer erzählte, dass auf eine Zeit, da etliche Hirten ihr Vieh bei dem See gehütet, ein brauner Stier herausgestiegen, welcher sich zu dem weiblichen Rindvieh gesellet, dem aber gleich ein kleines Männlein nachgefolget, ihn wieder zurück in See zu treiben, er hätte aber nicht parieren wollen, bis ihm das Männlein gewünscht hätte, es sollte ihn aller Menschen Leiden ankommen, wenn er nicht wieder zurückkehre! Auf welche Worte er und das Männlein sich wieder in den See begeben hätten.

Ein anderer sagte, es sei auf eine Zeit, als der See überfroren gewesen, ein Baursmann mit seinen Ochsen und etlichen Blöcken, daraus man Dielen schneidet, über den See gefahren ohn einzigen Schaden; als ihm aber sein Hund nachkommen, sei das Eis mit ihm gebrochen und der arme Hund allein hinuntergefallen und nicht mehr gesehen worden. Noch ein anderer behauptete bei großer Wahrheit, es sei ein Schütz auf der Spur des Wilds bei dem See vorübergangen, der hätte auf demselben ein Wassermännlein sitzen sehen, das einen ganzen Schoß voll gemünzter Goldsorten gehabt und gleichsam damit gespielt hätte.

Solche und dergleichen mehr Historien, die mir alle als Märlein vorkamen, damit man die Kinder aufhält, hörte ich an, verlachte sie und glaubte nit einmal, dass ein solcher unergründlicher See auf einem hohen Berg sein könnte. Aber es fanden sich noch andere Baursleut, und zwar alte glaubwürdige Männer, die erzählten, dass noch bei ihrem und ihrer Väter Gedenken hohe fürstliche Personen den besagten See zu beschauen sich erhoben, wie denn ein regierender Herzog zu Württemberg ein Floß machen und mit demselbigen darauf hineinfahren lassen, seine Tiefe abzumessen. Nachdem die Messe aber bereits neun Zwirnnetz (ist ein Maß, das die Schwarzwälder Bauernweiber besser als ich verstehen) mit einem Senkel hinuntergelassen und gleichwohl noch keinen Boden gefunden, hätte das Floß, wider die Natur des Holzes, anfangen zu sinken, also dass die so sich darauf befunden, von ihrem Vornehmen abstehen und sich ans Land salvieren müssen. Noch heutzutag finde man die Stücke des Floßes am Ufer des Sees und zum Gedächtnis dieser Geschicht das fürstlich Württembergische Wappen und andere Sachen mehr in Stein gehauen. Andere bewiesen mit vielen Zeugen, dass ein Erzherzog von Österreich den See gar hätte abgraben lassen wollen, es sei ihm aber von vielen Leuten widerraten und durch Bitt der Landleute sein Vornehmen hintertrieben worden, aus Furcht, das ganze Land möchte untergehen und ersaufen.

Dieser letztern Aussag machte, dass ich denen zuerst beinahe völligen Glauben zustellte. Und dass ich mich entschloss, den wunderbaren See zu beschauen. Von denen, so neben mir alle Erzählung gehört, gab einer dies, der ander jenes Urteil darüber. Ich aber sagte, der teutsche Nam Mummelsee gebe genugsam zu verstehen, dass es um ihn wie um eine Maskarade ein verkapptes Wesen sei, also dass nicht jeder seine Art sowohl als seine Tiefe ergründen könne.

Johann Peter Hebel

Das wohlbezahlte Gespenst

In einem gewissen Dorfe, das ich wohl nennen könnte, geht ein üblicher Fußweg über den Kirchhof und von da durch den Acker eines Mannes, der an der Kirche wohnt, und es ist ein Recht. Wenn nun die Ackerwege bei nasser Witterung schlüpfrig und ungangbar sind, ging man immer tiefer in den Acker hinein und zertrat dem Eigentümer die Saat, so dass bei anhaltend feuchter Witterung der Weg immer breiter und der Acker immer schmäler wurde, und das war kein Recht.

Zum Teil wusste nun der beschädigte Mann sich wohl zu helfen. Er gab bei Tag, wenn er sonst nichts zu tun hatte, fleißig acht, und wenn ein unverständiger Mensch diesen Weg kam, der lieber seine Schuhe als seines Nachbars Gerstensaat schonte, so lief er schnell hinzu und pfändete ihn, oder tat's mit ein paar Ohrfeigen kurz ab. Bei Nacht aber, wo man noch am ersten einen guten Weg braucht und sucht, war's nur desto schlimmer, und die Dornenäste und Rispen, mit welchen er den Wandernden verständlich machen wollte, wo der Weg sei, waren allemal in wenig Nächten niedergerissen oder ausgetreten, und mancher tat's vielleicht mit Fleiß.

Aber da kam dem Mann etwas anderes zustatten.

Es wurde auf einmal unsicher auf dem Kirchhofe, über welchen der Weg ging. Bei trockenem Wetter und etwas hellen Nächten sah man oft ein langes weißes Gespenst über die Gräber wandeln. Wenn es regnete oder sehr finster war, hörte man beim Beinhaus bald ein ängstliches Stöhnen und Winseln, bald ein Klappern, als wenn alle Totenköpfe und Totengebeine darin lebendig werden wollten. Wer das hörte, der sprang behend wieder zur nächsten Kirchhoftüre hinaus, und in kurzer Zeit sah man, sobald der Abend dämmerte und die letzte Schwalbe aus der Luft verschwunden war, gewiss keinen Menschen mehr auf dem Kirchhofwege, bis ein verständiger und herzhafter Mann aus einem benachbarten Dorfe sich an diesem Orte verspätete und den nächsten Weg nach Hause doch über diesen verschrienen Platz und über den Gerstenacker nahm. Denn ob ihm gleich seine Freunde die Gefahr vorstellten und lange abwehrten, so sagte er doch am Ende: »Wenn es ein Geist ist, geh ich mit Gott als ein ehrlicher Mann den nächsten Weg zu meiner Frau und zu meinen Kindern heim, habe nichts Böses getan, und ein Geist, wenn's auch der schlimmste unter allen wäre, tut mir nichts. Ist's aber Fleisch und Bein, so habe ich zwei Fäuste bei mir, die sind auch schon dabei gewesen.« Er ging.

Als er aber auf den Kirchhof kam und kaum am zweiten Grab vorbei war, hörte er hinter sich ein klägliches Ächzen und Stöhnen, und als er zurückschaute, siehe, da erhob sich hinter ihm, wie aus einem Grabe herauf, eine lange weiße Gestalt. Der Mond schimmerte blass über die Gräber. Totenstille war rings umher, nur ein paar Fledermäuse flatterten vorüber. Da war dem guten Manne doch nicht wohl zumute, wie er nachher selber gestand und wäre gerne wieder zurückgegangen, wenn er nicht noch einmal an dem Gespenst hätte vorbeigehen müssen. Was war nun zu tun?

Langsam und stille ging er seines Weges zwischen den Gräbern und an manchem schwarzen Totenkreuz vorbei. Langsam und immer ächzend folgte zu seinem Entsetzen das Gespenst ihm nach bis an das Ende des Kirchhofs, und das war in der Ordnung, aber auch bis vor den Kirchhof hinaus, und das war dumm.

Aber so geht es. Kein Betrüger ist so schlau, er verratet sich. Denn sobald der verfolgte Ehrenmann das Gespenst auf dem Acker erblickte, dachte er bei sich selber: Ein rechtes Gespenst muss wie eine Schildwache auf seinem Posten bleiben, und ein Geist, der auf den Kirchhof gehört, geht nicht aufs Ackerfeld. Daher bekam er auf einmal Mut, drehte sich schnell um, fasste die weiße Gestalt mit fester Hand und merkte bald, dass er unter einem Leintuch einen Burschen am Brusttuch habe, der noch nicht auf dem Kirchhof daheim sei. Er fing daher an, mit der andern Faust auf ihn loszutrommeln, bis er seinen Mut an ihm gekühlt hatte, und da er vor dem Leintuch selber nicht sah, wo er hinschlug, so musste das arme Gespenst die Schläge annehmen, wie sie fielen.

Damit war nun die Sache abgetan, und man hat weiter nichts mehr davon erfahren, als dass der Eigentümer des Gerstenackers ein paar Wochen lang mit blauen und gelben Zierraten im Gesicht herumging und von dieser Stunde an kein Gespenst mehr auf dem Kirchhof zu sehen war. Denn solche Leute, wie unser handfester Ehrenmann, das sind allein die rechten Geisterbanner, und es wäre zu wünschen, dass jeder andere Betrüger und Gaukelhans ebenso sein Recht und seinen Meister finden möchte.

Johann Peter Hebel

Es gibt keine Gespenster

Als einmal der Hausfreund mit dem Doktor von Brassenheim an dem Kirchhof vorbeiging, deutete der Doktor auf ein frisches Grab und sagte: »Selbiger ist mir auch entwischt. *Den* haben seine Kameraden geliefert.«

Im Wirtshaus, wo die Schreiber beisammen saßen bei einem lebhaften Disputat, hatte einer von ihnen auf den Tisch geschlagen: »Und es gibt doch keine!« sagte er – nämlich keine Gespenster und Erscheinungen. »Und ein altes Weib«, fuhr er fort, »ist der, der sich erschrecken lässt.«

Da nahm ihn ein anderer beim Wort und sagte: »Buchhalter, vermiss dich nicht; gilt's sechs Flaschen Burgunderwein, ich vergelstere dich und sag dir's noch vorher.«

Der Buchhalter schlug ein: »Es gilt.«

Jetzt ging der andere Schreiber zum Wundarzt: »Herr Land-Chirurgus, wenn Ihr einmal einen Leichnam zum Verschneiden bekommt, von dem Ihr mir einen Vorderarm aus dem Ellenbogengelenk lösen könntet, so sagt mir's.«

Nach einiger Zeit kam der Chirurgus: »Wir haben einen toten Selbstmörder bekommen, einen Siebmacher. Der Müller hat ihn aufgefangen am Rechen«, und brachte dem Schreiber den Vorderarm. »Gibt's noch keine Erscheinungen, Buchhalter?«

»Nein, es gibt noch keine.«

Jetzt schlich der Schreiber heimlich in des Buchhalters Schlafkammer und legte sich unter das Bett, und als sich der

Buchhalter gelegt hatte und eingeschlafen war, fuhr er ihm mit seiner eigenen warmen Hand über das Gesicht. Der Buchhalter fuhr auf und sagte, da er wirklich ein besonnener und beherzter Mann war: »Was sind das für Possen? Meinst du, ich merke dich nicht, dass du die Wette gewinnen willst?«

Der Schreiber war mausstille. Als der Buchhalter wieder eingeschlafen war, fuhr er ihm noch einmal über das Gesicht. Der Buchhalter sagte: »Jetzt lass es genug sein, oder wenn ich dich erwische, so schaue zu, wie es dir geht.«

Zum drittenmal fuhr ihm der Schreiber langsam über das Gesicht; und als er schnell nach ihm haschte, und als er sagen wollte: »Hab ich dich?«, blieb ihm eine kalte, tote Hand und ein abgelöster Armstümmel in den Händen, und der kalte tötende Schrecken fuhr ihm tief in das Herz und in das Leben hinein.

Als er sich wieder erholt hatte, sagte er mit schwacher Stimme: »Ihr habt, Gott sei es geklagt, die Wette gewonnen.«

Der Schreiber lachte und sagte: »Am Sonntag trinken wir den Burgunder.« Aber der Buchhalter erwiderte: »Ich trink ihn nimmer mit.«

Kurz, den andern Morgen hatte er ein Fieber, und den siebenten Morgen war er eine Leiche.

»Gestern früh«, sagte der Doktor zum Hausfreund, »hat man ihn auf den Kirchhof getragen; unter selbigem Grab liegt er, das ich Euch gezeigt habe.«

Johann Peter Hebel

Aus dem Jahr 1808 oder: Klima-Erwärmung

Der warme Winter von dem Jahr 1806 auf das Jahr 1807 hat viel Verwunderung erregt und den armen Leuten wohlgetan; und der und jener, der jetzt noch fröhlich in den Knabenschuhen herumspringt, wird in sechzig Jahren einmal als alter Mann auf der Ofenbank sitzen und seinen Enkeln erzählen, dass man anno 6 zwischen Weihnacht und Neujahr Erdbeeren gegessen habe. Solche Zeiten sind selten, aber nicht unerhört, und man zählt in den alten Chroniken seit 700 Jahren 28 dergleichen Jahrgänge.

Im Jahr 1289, wo man von uns noch nichts wusste, war es so warm, dass die Jungfrauen um Weihnacht und am Dreikönigstag Kränze von Veilchen, Kornblumen und anderen trugen. Im Jahr 1420 war der Winter und das Frühjahr so lind, dass im März die Bäume schon verblüheten. Im Winter 1538 konnten sich die Mädchen und Knaben im Grünen küssen; denn die Wärme war so außerordentlich, dass um Weihnacht alle Blumen blühten. Und auch im Jahr 1617 und 1639 waren schon im Jänner die Lerchen und die Drosseln lustig.

Johann Wolfgang von Goethe
Am Rheinfall

Schaffhausen, *18. September 1797*
Um drei Uhr fuhr ich wieder nach dem Rheinfall. Mir fiel die Art wieder auf, an den Häusern Erker und Fensterchen zu haben. Sogar haben sie ein besonderes Geschick, solche Guckscharten durch die Mauern zu bohren und sich eine Aussicht, die niemand erwartet, zu verschaffen.

Wie nun dieses die Lust anzeigt, unbemerkt zu sehen und zu beobachten, so zeugen dagegen die vielen Bänke an den Häusern, welche an den vornehmern geschnitzt, aufgeschlagen und zugeschlossen sind, von einer zutraulichen Art nachbarlichen Zusammenseins, wenigstens voriger Zeit.

Viele Häuser haben bezeichnende Inschriften; auch wohl manche selbst ein Zeichen, ohne grade ein Wirtshaus zu sein.

Ich fuhr am rechten Rheinufer hin; rechts sind schöne Weinberge und Gärten, der Fluss strömt über Felsbänke mit mehr oder weniger Rauschen.

Man fährt weiter hinauf. Schaffhausen liegt nun in der Tiefe; man sieht die Mühlen, die vor der Stadt den Fluss herabwärts liegen. Die Stadt selbst liegt wie eine Brücke zwischen Deutschland und der Schweiz. Sie ist wahrscheinlich durch die Hemmung der Schiffahrt durch den Rheinfall in dieser Gegend entstanden. Ich habe in derselben nichts Geschmackvolles und nichts Abgeschmacktes bemerkt, weder an Häusern, Gärten, Menschen und Betragen.

Der Kalkstein, an dem man vorbei fährt, ist sehr klüftig, so wie auch der drüben bei Laufen. Das wunderbarste

Phänomen beim Rheinfall sind mir daher die Felsen, welche sich in dessen Mitte so lange erhalten, da sie doch wahrscheinlich von derselben Gebirgsart sind.

Da sich der Fluss wendet, so kommen nun die Weinberge an das entgegengesetzte Ufer, und man fährt diesseits zwischen Wiesen und Baumstücken durch. Dann erscheinen drüben steile Felsen und hüben die schönste Kultur.

Bei der Abendsonne sah ich noch den Rheinfall von oben und hinten, die Mühlen rechts, unter mir das Schloss Laufen, im Angesicht eine große, herrliche aber fassliche, in allen Teilen interessante aber begreifliche Naturszene; man sieht den Fluss heranströmen und rauschen, und sieht wie er fällt.

Man geht durch die Mühlen durch in der kleinen Bucht. Bei den in der Höhe hervorstehenden mancherlei Gebäuden wird selbst der kleine Abfall eines Mühlwassers interessant, und die letzten diesseitigen Ströme des Rheinfalls schießen aus grünen Büschen hervor. Wir gingen weiter um das Schlösschen Wörth herum. Der Sturz war zu seinem Vorteil und Nachteil von der Abendsonne grade beleuchtet; das Grün der tieferen Strömungen war lebhaft, wie heute früh, der Purpur aber des Schaumes und Staubes viel lebhafter.

Wir fuhren näher an ihn heran; es ist ein herrlicher Anblick, aber man fühlt wohl, dass man keinen Kampf mit diesem Ungeheuer bestehen kann.

Wir bestiegen wieder das kleine Gerüste, und es war eben wieder, als wenn man das Schauspiel zum erstenmal sähe. In dem ungeheuern Gewühle war das Farbenspiel herrlich. Von dem großen überströmten Felsen schien sich der Regenbogen immerfort herabzuwälzen, indem er in dem Dunst des herunterstürzenden Schaumes entstand. Die untergehende Sonne färbt einen Teil der beweglichen Massen gelb, die tiefen Strömungen erschienen grün …

Wilhelm Heinse
Am Rheinfall von Schaffhausen

Den 15. August 1780, nachmittags um fünf Uhr
Es ist, als ob eine Wasserwelt in den Abgrund aus den Gesetzen der Natur hinausrollte. Die Gewölbe der Schaumwogen im wütenden Schuss flammt ein glühender Regenbogen wie ein Geist des Zorns schräg herab. Keine Erinnerung, der stärkste Schwung der Phantasie kann's der gegenwärtigen Empfindung nachsagen. Die Natur zeigt sich ganz in ihrer Größe. Die Allmacht ihrer Kräfte zieht donnernd die kochenden Fluten herab und gibt den ungeheuern Wassermassen die Eile des Blitzes. Es ist die allerhöchste Stärke, der wütendste Sturm des größten Lebens, das menschliche Sinnen fassen können. Der Mensch steht klein wie ein Nichts davor da und kann nur bis ins Innerste gerührt den Aufruhr betrachten. Selbst der schlaffste muss des Wassergebürggetümmels nicht satt werden können. Der kälteste Philosoph muss sagen, es ist eine von den ungeheuersten Wirkungen der anziehenden Kraft, die in die Sinne fallen. Und wenn man es das hundertstemal sieht: so ergreift's einen wieder vom neuen, als ob man es noch nicht gesehn hätte. Es ist ein Riesensturm, und man wird endlich ungeduldig, dass man ein so kleines, festes, mechanisches, zerbrechliches Ding ist und nicht mit hinein kann. Der Perlenstaub, der überall, wie von einem großen wütenden Feuer, herumdampft und wie von einem Wirbelwind herumgejagt wird und allen den großen Massen einen Schatten erteilt oder sie gewitterwolkigt macht, bildet ein so fürchterliches Ganzes mit dem

Flug und Schuss und Drang, und An- und Abprallen, und Wirbeln und Sieden und Schäumen in der Tiefe, und dem Brausen und dem majestätischen erdbebenartigen Krachen dazwischen, dass alle Tiziane, Rubense und Vernets vor der Natur müssen zu kleinen Kindern und lächerlichen Affen werden. O Gott, welche Musik, welches Donnerbrausen, welch ein Sturm durch all mein Wesen! heilig! heilig! heilig! brüllt es in Mark und Gebein. Kommt, und lasst euch die Natur eine andre Oper vorstellen, mit andrer Architektur und andrer Fernmalerei und andrer Harmonie und Melodie, als die von jämmerlicher Verschneidung mit einem winzigen Messer euch entzückt. Es ist mir, als ob ich in der geheimsten Werkstatt der Schöpfung mich befände, wo das Element von fürchterlicher Allgewalt gezwungen sich zeigen muss, wie es ist, in zerstürmten ungeheuern großen Massen. Und doch lässt das ihm eigentümliche Leben sich nicht ganz bändigen und schäumt und wütet und brüllt, dass die Felsen und die Berge nebenan erzittern und erklingen und der Himmel davor sein klares Antlitz verhüllt und die flammende Sommersonne mit mildern Strahlen drein schaut.

Es ist der Rheinstrom: und man steht davor wie vor dem Inbegriff aller Quellen, so aufgelöst ist er; und doch sind die Massen so stark, dass sie das Gefühl statt des Auges ergreifen und die Bewegung so trümmernd heftig, dass dieser Sinn ihr nicht nach kann und die Empfindung immer neu bleibt und ewig schauervoll und entzückend.

Man hört und fühlt sich selbst nicht mehr, das Auge sieht nicht mehr und lässt nur Eindruck auf sich machen; so wird man ergriffen und von nie empfundenen Regungen durchdrungen. Oben und unten sind kochende Staubwolken; und in der Mitte wälzt sich blitzschnell die dicke Flut wie grünlichtes Metall mit Silberschaum im Fluss; unten stürzt es mit allmächtiger Gewalt durch den kochenden Schaum in den Abgrund, dass er wie von einer heftigen Feuersbrunst sich in Dampf und Rauch auflöst und sich über das weite Becken wirbelt und kräuselt. An der linken Seite, wo sein Strom am stärksten sich herein wälzt, fliegt der Schuss wie Ballen zerstäubter Kanonenkugeln weit ins Becken und gibt Stöße an die Felsenwand wie ein Erdbeben. Rundum weiterhin ist alles Toben und Wüten, und das Herz und die Pulse schlagen dem Wassergotte, wie einem Alexander nach gewonnener Schlacht.

Johann Jakob Christoffel von Grimmelshausen

Wie Simplicius in das Zentrum der Erde fährt

Die Begierde, den Mummelsee zu beschauen, vermehrte sich bei mir, als ich von meinem Paten verstand, dass er auch dabei gewesen, und den Weg dazu wüsste.

Also wanderten wir miteinander über Berg und Tal und kamen zu dem Mummelsee, ehe wir sechs Stund gegangen hatten, denn mein Pate war noch so wohl zu Fuß als ein Junger. Wir verzehrten daselbst, was wir von Speis und Trank mit uns genommen, denn der weite Weg und die Höhe des Bergs, auf welchem der See liegt, hatten uns hungrig gemacht. Nachdem wir uns erquickt, beschauete ich den See, und fand gleich etliche gezimmerte Hölzer darin liegen, die ich für Ruder des württembergischen Floßes hielt; ich nahm oder maß die Länge und Breite des Wassers vermittelst der Geometriae, weil gar beschwerlich war um den See zu gehen und denselben mit Schatten oder Schuhen zu messen, und brachte seine Beschaffenheit vermittelst des verjüngten Maßstabs in mein Schreibtäfelein, und als ich damit fertig, zumaln der Himmel durchaus hell und die Luft ganz windstill und wohl temperiert war, wollte ich auch probieren, was Wahrheit an der Sagmär wäre, dass ein Ungewitter entstehe, wenn man einen Stein in den See werfe; sintemal ich allbereit die Hörsag, dass der See keine Forellen leide, am mineralischen Geschmack des Wassers wahr zu sein befunden.

Solche Prob nun ins Werk zu setzen, ging ich gegen die linke Hand am See hin, an denjenigen Ort, da das Wasser (welches sonst so hell ist als ein Kristall) wegen der abscheulichen Tiefe des Sees gleichsam kohlschwarz zu sein scheinet und deswegen so fürchterlich aussiehet, dass man sich auch nur vorm Anblick entsetzt. Daselbst fing ich an, so große Stein hineinzuwerfen, als ich sie immer ertragen konnte; mein Pate wollte mir nicht allein nicht helfen, sondern warnete und bat mich, davon abzustehen, soviel ihm immer möglich. Ich aber kontinuieret meine Arbeit emsig fort, und was ich von Steinen ihrer Größe und Schwere halben nicht ertragen mochte, das wälzte ich herbei, bis ich deren über dreißig in See brachte. Da fing die Luft an, den Himmel mit schwarzen Wolken zu bedecken, in welchen ein grausames Donnern gehöret wurde; also dass mein Pate, welcher jenseits des Sees bei dem Auslauf stand und über meine Arbeit lamentierte, mir zuschrie, ich sollte mich doch salvieren, damit uns der Regen und das schreckliche Wetter nicht ergreife oder noch wohl ein größer Unglück betreffe. Ich aber antwortete ihm hingegen: »Vater, ich will bleiben und des Ends erwarten und sollte es auch Hellebarden regnen.« – »Ja«, antwortet' mein Knan (der Pate), »Ihr machts wie alle verwegenen Buben, die sich nichts drum scheren, wenn gleich die ganze Welt unterginge.«

Indem ich nun diesem seinem Schmälen so zuhörete, verwandte ich die Augen nicht von der Tiefe des Sees, der Meinung, etwa etliche Blattern oder Blasen vom Grund desselbigen aufsteigen zu sehen, wie zu geschehen pflegt, wenn man in andere tiefe Wasser Steine wirft. Aber ich wurde nichts dergleichen gewahr, sondern sah sehr weit etliche Kreaturen im Wasser herumflattern, die mich der Gestalt nach an Frösch ermahnten, und gleichsam wie Schwärmerlein aus einer aufgestiegenen Rakete, die in der Luft ihr Wirkung der Gebühr nach vollbringt, herumvagierten. Und wie sich dieselbigen mir je länger je mehr näherten, also schienen sie auch in meinen Augen je länger je größer und in ihrer Gestalt den Menschen desto ähnlicher. Weswegen mich denn erstlich eine große Verwunderung und endlich, weil ich sie so nahe bei mir hatte, ein Grausen und Entsetzen ankam: »Ach!« sagte ich vor Schrecken und Verwunderung zu mir selber und doch so laut, dass es mein Knan (der Pate), der jenseits des Sees stand, wohl hören konnte (wiewohl es schrecklich donnerte), »wie sind die Wunderwerk des Schöpfers auch sogar im Bauch der Erden und in der Tiefe des Wassers so groß!«

Kaum hatte ich diese Wort' recht gesprochen, da war schon eins von diesen Wassergeistern oben auf dem See, das antwortet': »Siehe: das bekennest du, ehe du etwas davon gesehen hast; was würdest du wohl sagen, wenn du erst selbsten im Zentrum der Erde wärest und unsere Wohnung, die dein Vorwitz beunruhiget, beschautest?«

Unterdessen kamen noch mehr dergleichen Wassermännlein hier und dort, gleichsam wie die Tauchentlein hervor, die mich alle ansahen, und die Stein wieder heraufbrachten, die ich hineingeworfen, worüber ich ganz erstaunte. Der erste und vornehmste aber unter ihnen, dessen Kleidung wie lauter Gold und Silber glänzte, warf mir einen leuchtenden Stein zu; so groß als ein Taubenei und so grün und durchsichtig als ein Smaragd, mit diesen Worten: »Nimm hin dies Kleinod, damit du etwas von uns und diesem See zu sagen wissest!«

Ich hatte ihn aber kaum aufgehoben und zu mir gesteckt, da wurde mir nit anderst, als ob mich die Luft hätte ersticken oder ersäufen wollen. Derhalben ich mich denn nit länger aufrecht behalten konnte, sondern herumtaumelte wie eine Garnwinde und endlich gar in See hinunterfiel. Sobald ich aber ins Wasser kam, erholte ich mich wieder und brauchte – aus Kraft des Steins, den ich bei mir hatte – im Atmen das Wasser anstatt der Luft.

Ich konnte auch gleich so wohl als die Wassermännlein mit geringer Mühe in dem See herumwebern und mich mit denselben in den Abgrund hinabtun, so mich an nichts anders ermahnte, als wenn sich ein Schar Vögel mit Umschweifen aus dem obersten Teil der temperierten Luft gegen die Erde niederlässt.

Da mein Knan dies Wunder zum Teil (nämlich soviel oberhalb des Wassers geschehen) samt meiner Verzückung gesehen, trollte er sich vom See hinweg und heim zu, als ob ihm der Kopf brennte. Daselbst erzählte er allen Verlauf, vornehmlich aber, dass die Wassermännlein diejenigen Stein, so ich in See geworfen, wieder in vollem Donnerwetter heraufgetragen und an ihre vorige Statt gelegt, hingegen aber mich mit sich hinuntergenommen hätten. Etliche glaubten ihm, die meisten aber hielten es für eine Fabel, andere bildeten sich ein, ich hätte mich wie ein anderer Empedocles (welcher sich in den Berg Aetnam gestürzt, damit jedermann gedenken sollte, wenn man ihn nirgend finde, er wäre gen Himmel gefahren) selbst im See ertränkt und meinem Vater befohlen, solche Fabeln von mir auszugeben, um mir einen unsterblichen Namen zu machen. Man hätte eine Zeitlang an meinem melancholischen Humor wohl gesehen, dass ich halber desperat gewesen wäre. Andere hätten gern geglaubt, wenn sie meine Leibskräfte nicht gewusst, mein angenommener Vater hätte mich selbst ermordet, damit er als ein geiziger alter Mann meiner los würde und allein Herr auf meinem Hof sein möchte.

Jürgen Lodemann

Hirschsprung

Da war mal ein Dorf am oberen Rhein, in dem lebten die Leute vom Fischen und vom Fährdienst, hatten aber jährlich Kummer mit dem Fluss. Der wilderte, änderte in jedem Frühjahr seinen Lauf und überflutete die Ebene zwischen Vogesen und Schwarzwald.

Als wieder mal, mit steigendem Rheinstrom, Hütten und Schuppen wegbrachen, Vieh und Vorräte fortschwammen und die Menschen sich nur mit Not ans Ufer retteten, da sagte der Lauser, dem Eltern und Geschwister ertrunken waren: »Nun reicht's.«

So redete der. »Erzählt, was Ihr wollt, ich bleibe nicht hier.« Und wollte hinauf ins Gebirge. »Mehr Unheil als hier unten wartet auch da oben nicht.« Da fingen die anderen an zu zetern und malten ihm die Gespenster aus. Die Waldberge habe noch niemand durchquert, nicht mal die Römer.

Lauser schlug sich mit der Kappe die Mücken aus dem Gesicht, hängte ein Bootsseil über seine Schulter und stapfte davon. Stieg über die vorderen, lichten Hügel geradewegs auf den obersten der schwarzen Berge zu. Da lief ihm noch sein Freund nach und beschwor ihn, er sei des Wahnsinns, er marschiere reinweg in ein Unglück, ob er nicht wisse, dass auf der höchsten Kuppe die Scheusale des Nachts ihre Grubensteine öffneten und, was an Lebendem umginge, aussaugten.

»Ich weiß«, nickte Lauser und ging weiter. Und ob er denn nicht gehört habe, dass dort oben tagsüber die Hornissen surrten und, was an Leben umginge, verfolgten und in die Moore jagten, wo sie giftgelähmt feststäken bis zur Nachtstunde, in der die Insekten wiederkämen als Vampire, um das warme Blut zu trinken.

»Ich weiß alles über den Schwarzwald«, rief Lauser zurück. »Ersauf du in deinem Rhein!« Und drang hinein, unter den dunklen Tann. Da war es fast schwarz, aber auch voller Bewegung, schreckten Wildtiere auf und flohen, Vögel flatterten hoch mit aufgeregten Schreien. Lauser stieg wie in Ruhe die düsteren, kalten Hänge hinan. Bis er dorthin kam, wo er schon von weitem die Hornissen hörte.

Da setzte er sich auf einen gefallenen Tannenstamm und lauschte. Vernahm im Forst die Klagen der Kreatur, auch das Drohen der Insekten. Sah schon die kahlen Höhen des Gebirges leuchten, geradewegs über sich.

Neben dem Tannenstamm wuchsen Beeren, schwarze und rote, von denen aß er und fand sie süß. Und wie er die gegessen hatte und so dasaß und die Sonne ihre Strahlen schräg bis in die hinteren Tiefen des Hochwalds senkte, da erblickte er auf einer Lichtung zwei Wilde. Die drehten eine Holzwinde und wickelten darauf, was sie hervorzogen aus dem Leib einer Frau. In langer Reihe ordneten sie den Darm auf die Winde, so dass Lauser sich anstrengen musste, bei Verstand zu bleiben. Und sah abermals dorthin und erkannte, dass die Wilden riesige Vögel waren, prächtig gefiedert wie Falken, die das Gewickelte aufpickten. Über dem Verschlingen gerieten sie in Streit, so dass sie aneinander hochsprangen und nicht darauf achteten, dass sie mit ihren Krallen den Leib der Frau zerhackten.

Lauser riss aus dem Baum, auf dem er gesessen, einen Ast,

der war armdick. Mit dem Ast sprang er schreiend auf die Lichtung, fand aber nur einen einsamen blauen See.

Kreisrund war der und hell wie der Himmel. Nur hinten, unter den höheren Tannen und alten Lärchen, da blieb das Wasser nachtschwarz. In der Nähe dagegen glitzerte es, murmelte und schlug in kleinen Wellen gegen das Ufer, als sei da soeben jemand hinabgetaucht.

Aus der dunklen Waldseite rumorten die zornigen, die giftigen Insekten. Da fuhr Lauser mit seinem Ast durch die Luft und schrie: »Grindeln kann auch ich! Schnurcheln und fuchtig fauchen kann ich am besten!« und wirbelte das Holz über seinem Kopf, bis es winselte und sich schwermachte und er bemerkte, dass er einen Frauenleib herumschleuderte.

Er hielt an und legte den Körper vorsichtig ins Ufergras, da rutschte die Frau halb in das Wasser hinab, aber er hatte gesehen, dass sie statt zweier Menschenbeine einen Fischschwanz hatte, mit dem plätscherte die Schöne in den Wellen. »Danke«, sagte sie mit angenehmer Stimme, obwohl sie eine Geisterfrau war, »danke, dass du mich gerettet hast vor den Darmwicklern. Und weil du so mutig bist, will ich dir zeigen, wie man sich vor den Hornissen schützt.«

Und umfing ihn mit ihren Armen und zog ihn in den See, dass es ihm war, als wäre der See gar nicht aus Waldwasser, sondern aus Mohnduft und Krautsalben und Milch und Honig. Nie meinte Lauser leichter geschwommen zu sein und mit so vieler Wonne.

Danach musste er wohl geschlafen haben, denn er fand sich am Ufer liegen, als die Sterne schon schimmerten, und er lag gerade so, wie die Wasserfrau gelegen hatte, halb noch in den Wellen, nur dass seine Beine keineswegs zusammengewachsen waren. Der Würzduft dampfte noch überall, den

Pilz- und Krautgeruch roch er an seinen Händen und gewahrte ihn in seinen Kleidern. »Dank, Murmelfrau«, rief er über den nachtschwarzen See. »Dank für die Salbung gegen die Insekten.« Aber da kam keine Antwort. In der Tiefe des Sees blieb es still.

Gestärkt zog Lauser fort, ging weiter bergauf und wünschte sich nur, eine wie die Seefrau öfter zu treffen. Wie er so fortkletterte, entdeckte er vor sich zwei Kapuzen. Die hatten jede zwei schwarze Augenlöcher und knurrten ihn aus Büschen und Gezweig an wie Hunde. Doch näherten sie sich nur auf zwei Sprünge, wichen jedesmal so viele Schritte zurück, wie er selber Schritte vorwärtsging. Und weil sie, wann immer er vorwärtsging, aufjaulten und winselten, da merkte er, dass es die Düfte der Wasserfee waren, die ihm die Unholde vom Leib hielten. »Macht Platz, Stinktiere!« schrie er. Und: »Verduftet!«

Da murrten die und begannen, junge Fichten aus der Heide zu ziehen. Die ächzten wie kranke Kinderseelen, doch das Klagen half ihnen nicht, sie wurden herausgerissen zum Schlag gegen Lauser.

Wie der noch meinte, gleichfalls einen Baum oder wieder einen Ast packen zu sollen, da flackerte aus der höchsten Höhe des Nachthimmels ein Irrlicht herab, das senkte sich zwischen den Schwarzwaldbäumen auf die beiden Kobolde herunter und zeigte dem Lauser und den beiden Kapuzen einen seltsamen Schrecken, so dass die Kapuzenkerle ihre Bäume fallen ließen und auch Lauser keinen Schritt mehr zu gehen wagte. Denn dicht neben den vier dunklen Augenhöhlen der Wilden hing da im Schimmer des Irrlichts eine Menschengestalt. Die schien gehenkt. Hing, mit einem Seil um den Hals, an einem Baum und kam dem Lauser bekannt vor – ja, die Gehenkte zwinkerte ihm zu und war die Seefrau, obwohl ihr Haar kurz und der Schwanz zu zwei Beinen verwandelt war. Die Frau baumelte zum Schabernack für die Mützengeister und zappelte plötzlich mit ihren Beinen dicht vor den Kapuzenköpfen, das schreckte die so, dass die sich duckten und heulend abwärts klabasterten, weg durch die Büsche.

»Danke, Narri Narro!« rief er. Da war auch das Irrlicht verschwunden und die Gehenkte nicht mehr zu sehen. »Dank, Narrenfrau«, flüsterte er noch mal und ging dann weiter, kletterte in den inneren Schwarzwald hinauf und hoffte, noch mehr so süßen Gespenstern zu begegnen, deren Duft ihm den Leib wärmte und der Gifttiere und Raufbolde fernhielt.

Der Finsternis zum Trotz kam Lauser rasch vorwärts, selbst aufwärts ging das jetzt leicht wie im Traum. Bis er erkannte, dass er keineswegs träumte und auch gar nicht mehr zu Fuß unterwegs war, sondern beritten. Ein Tragtier hatte sich zwischen seine Schenkel gezwängt, das ließ ihn schweben wie im Falkenflug und war kein Wahn, sondern ein Leib, mit Händen zu fassen. Vor ihm, im Dunkel, wehte eine schwarze Mähne. Und hinter ihm, im Licht der Sterne, schimmerten zwei runde Kuppen. »Soll mir recht sein«, lachte er, »Narro, du verscheuchst mir nicht nur die Hornissenhunde, du bringst mich auch vorwärts und aufwärts und so leicht, als tauchte ich wieder durch deinen See.«

Auf schlankem, auf wiegendem Rücken ritt er und sah über sich den gestirnten Himmel und fand die Sternennacht so klar, wie er sie unten im Dunst der Rheinsümpfe nie bemerkt hatte. Vom schmiegsamen Körper unter ihm atmete er mit Wonne den Duft, der stieg wie ein Dampf aus gekochtem Bilsenkraut auf und machte ihn mutig.

Da brach vor ihnen aus dem Dickicht ein Hirsch und

floh seitwärts davon. Im fahlen Nachtlicht erkannte Lauser das mächtige Geweih, das wäre ein Jagdfang, rief er und klatschte seinem Reitgeist die Hinternkuppe. Da ging ihre Fahrt sprunghaft schneller, ja, wie im Flug setzte das nun hinter dem fliehenden Tier her, über Bäche und von Fels zu Fels, dann auf den höchsten Höhen über weite Ödnisse, und vor ihnen, im blassen Sternenglanz, floh das Wild, das er mit seinem Seil zu fangen hoffte, mit dem langen Tau als Schlinge, das schleuderte er über seinem Kopf, schnalzte, trieb seinen Reitgeist, unterm Seilschwirren hetzte die Jagd, raste über die platten Heideflächen in düstere Moore hinein und wieder hinaus, dass es heulte ringsum und spritzte von schwarzem Wasser.

Plötzlich aber stand der Hirsch still, zitternd, hatte unter sich einen Abgrund, aus düsteren Tiefen rauschten fallende Wasser, schon sirrte dem Tier das Rheinseil um das Geweih, da setzte das stürzend den Steilhang hinab, sprang und rutschte, dass die Steine polterten, jagte auf die Schlucht zu, und unten, am Felstrauf – sprang es hinüber.

Heil sei der Hirsch drüben angekommen, erzählten später Holzmacher und Flößer. Und wussten noch vieles vom Lauser. Wie er nach und nach ganz betört gewesen sei von der Frau und ihren Künsten. Nur sein Ende, das blieb ungewiss. Die einen, die Lauser schon immer weniger wohlwollten, die haben ihn bei dieser ersten verwegenen Jagd dem wilden Tier nachspringen lassen über die Schlucht und wollten seinen Notschrei aufs Genaueste gehört haben.

Andere beteuerten, den Lauser habe im Winter des Jahres, in dem der neue Herr im Stall zu Bethlehem geboren wurde, ein großer Eisregen überfroren. Davon sei noch lange, wenn Nebel wehten, ein Klagen und Klirren umgegangen am Glaswaldsee.

Wieder andere – solche, die ihm schon immer eher wohlwollten, sein Freund vor allem – die schätzten die Zauberkräfte der Narren- und Geisterfrau hoch ein. Die versicherten, die Seefee habe dem Lauser geholfen, auch die Winter und den Eisregen zu überstehen, Lauser habe eine Hütte gebaut, Kinder gezogen und Tiere gejagt.

Freilich, die Ängstlicheren haben ihn noch lange wandern sehen. Wann immer später sich einer von ihnen im Dämmerlicht zu dicht beim Gebirge aufhielt, hat er deutlich den Schatten erkannt und wollte beobachtet haben, wie aus dem Wald das Dunkle auf Menschenbeinen daherkam, ja, schwarz sei es ihm geworden vor Augen. Und die wandernde Wand hätte die Beine von dem Lauser gehabt, der sei nur noch sein Geist gewesen, ein Schatten seiner selbst. Ruhelos, für immer fortschreitend auf der Suche nach seiner Zauberfrau. Und könne doch nie etwas anderes finden als den Widerschein der Sterne und der Bilder im eigenen Wirrkopf.

Nach einer alten Weiberrede aber habe der Lauser weitergelebt und zwar aus Leibeskräften. Und in einer klaren Oktobernacht, als unterm Vollmondlicht in der Ferne die eisigen Alpen geschimmert hätten und als in der Nähe alle Tiefen mit dichtem weißem Nebel gefüllt gewesen seien, da – als er auf die höchste Kuppe des Gebirges hinausgetreten sei – hätten den Waldläufer rings in der Tiefe die hellen weichen Rundungen so begeistert wie nur Lauser zu begeistern gewesen sei. Ja, weil er die Wolkenwallungen für Leiber gehalten, nur deswegen hätten sie ihn so sehr entzückt, dass er geradeso wie jenes gejagte Tier den herrlichsten Sprung getan. Und sei, für immer, in den endlosen weißen Gründen selig verschollen.

Johann Peter Hebel
Zundelfrieders Lehrjunge

Eines Tages wurde in Rheinfelden ein junger Mensch wegen eines verübten Diebstahls an den Pranger gestellt, an das Halseisen, und ein fremder, wohlgekleideter Mensch blieb die ganze Zeit unter den Zuschauern stehen und verwandte kein Auge von ihm. Als aber der Dieb nach einer Stunde herabgelassen wurde von seinem Ehrenposten und zum Andenken noch 20 Prügel bekommen sollte, trat der Fremde zu dem Hartschier, drückte ihm einen Kleinen Taler in die Hand und sagte: »Setzt ihm die Prügel ein wenig kräftig auf, Herr Haltunsfest! Gebt ihm die besten, die Ihr aufbringen könnt.«

Und der Hartschier mochte schlagen, so stark er wollte, so rief der Fremde immer: »Besser! Noch besser!« Und den jungen Menschen auf der Schranne fragte er bisweilen mit höhnischem Lachen: »Wie tut's, Bürschlein? Wie schmeckt's?«

Als aber der Dieb zur Stadt war hinausgejagt worden, ging ihm der Fremde von weitem nach, und als er ihn erreicht hatte auf dem Weg nach Degerfelden, sagte er zu ihm: »Kennst du mich noch, Gutschick?«

Der junge Mensch sagte: »Euch werde ich so bald nicht vergessen. Aber sagt mir doch, warum habt Ihr an meiner Schmach eine solche Schadenfreude gehabt und an dem Pass, den mir der Hartschier mit dem Weidenstumpen geschrieben hat, so ich doch Euch nicht bestohlen, auch mein Leben lang sonst nicht beleidigt habe.«

Der Fremde sagte: »Zur Warnung, weil du deine Sache so einfältig angelegt hattest, dass es notwendig herauskommen musste. Wer unser Metier treiben will, ich bin der Zundelfrieder«, sagte er, und er war's auch –, »wer unser Metier treiben will, der muss sein Geschäft mit List anfangen und mit Vorsicht zu Ende bringen. Wenn du aber zu mir in die Lehre gehen willst, denn an Verstand scheint es dir nicht zu fehlen, und eine Warnung hast du jetzt, und so will ich mich deiner annehmen und etwas Rechtes aus dir machen.« Also nahm er den Menschen als Lehrjungen an.

Johann Peter Hebel
Zundelfrieders Meisterstück

Als der Zundelfrieder bald alle listigen Diebsstreiche durchgemacht und fast ein Überlei daran bekommen hatte, denn der Zundelfrieder stiehlt nie aus Not oder aus Gewinnsucht oder aus Liederlichkeit, sondern aus Liebe zur Kunst und zur Schärfung des Verstandes; hat er nicht dem Brassenheimer Müller den Schimmel selber wieder an die Türe gebunden? Was will der geneigte Leser mehr verlangen?

Eines Abends, als er, wie gesagt, fast alles durchgemacht hatte, dachte er: »Jetzt will ich doch auch einmal probieren, wie weit man mit der Ehrlichkeit kommt.«

Also stahl er in selbiger Nacht eine Geiß, drei Schritte von der Scharwache, und ließ sich einfangen. Den andern Tag im Verhör gestand er alles. Wie er aber bald merkte, dass ihm der Richter fünfundzwanzig oder etwas zum Andenken wollte mitgeben lassen, dachte er: »Ich bin noch nicht ehrlich genug.« Deswegen verschnappte er sich noch ein wenig in den Redensarten und gestand bei der weitern Untersuchung nach kurzem Widerstand, wie er von jeher ein halber Kackerlak gewesen sei, das heißt ein Mensch, der bei Nacht fast besser sieht als am Tag. Und als ihn der Richter aufs Eis führen wollte, ob er nicht noch von ein paar andern Diebstählen wisse, die kürzlich begangen worden, sagte er, allerdings wisse er davon und er sei derjenige. Als ihm den andern Morgen der Spruch publiziert wurde, er müsse ins Zuchthaus, und der Stadtsoldat, der ihn in die Stadt begleiten sollte, stand schon vor der Tür, denn es war zwanzig Stunden weit, sagte er ganz reumütig: »Recht findet seinen Knecht. Was ich verdient habe, wird mir werden.«

Unterwegs erzählte er dem Stadtsoldaten, er sei auch schon Militär gewesen. »Bin ich nicht sechs Jahre bei Klebeck-Infanterie in Dienst gewesen? Könnt ich Euch nicht sieben Wunden zeigen aus dem Scheldekrieg, den der Kaiser Joseph mit den Holländern führen wollte?«

Der treuherzige Begleiter sagte: »Ich hab's nie weiter bringen können als zum Stadtsoldaten. Eigentlich wär ich ein Nagelschmied. Aber die Zeiten sind schlimm.«

»Im Gegenteil«, sagte der Frieder, »ein Stadtsoldat ist mir respektabler als ein Feldsoldat. Denn Stadt ist mehr als Feld, deswegen avanciert der Feldsoldat in seinem Alter noch zum Stadtsoldaten. Zudem, der Stadtsoldat wacht für seiner Mitbürger Leben und Eigentum, für eigen Weib und Kind. Der Kriegssoldat zieht hinaus ins Feld und kämpft, er weiß nicht für wen und nicht für was. Zudem«, sagte er, »kann ein Stadtsoldat, wenn er nichts Ungeschicktes begangen hat, mit Ehren sterben, wann er will. Unsereiner muss sich schon drum totstechen lassen. Ich versichere Euch«, fuhr er fort, »ich und meine Feinde (er meinte die Strickreiter), wir haben wenig Ehre davon, dass ich noch lebe.«

Der Nagelschmied wurde über diese ehrenvolle Vergleichung so gerührt, dass er bei sich selbst dachte, einen so gütigen und herablassenden Arrestanten habe er noch nicht leicht transportiert, und der Frieder ging immer mit großen Schritten voraus, um den Nagelschmied recht müde und trocken zu machen in der Sonnenhitze. »Darin unterscheiden sich die Feldsoldaten von den Stadtsoldaten«, sagte er, »dass sie an einen weiten Schritt gewöhnt sind von dem Marsch.«

Abends um 4 Uhr, als sie in ein Dörflein kamen und an ein Wirtshaus, »Kamerad«, sagte der Frieder, »wollen wir nicht einen Schoppen trinken?«

»Herr Kamerad«, erwiderte der Nagelschmied, »was Ihm recht ist, ist mir auch recht.«

Also tranken sie miteinander einen Schoppen, auch eine halbe Maß, auch eine Maß, auch zwei und Brüderschaft ohnehin, und der Frieder erzählte immerfort von seinen Kriegsaffären, bis der Nagelschmied vor Schwere des Weins und Müdigkeit einschlief. Als er nach einigen Stunden wieder aufwachte und den Frieder nimmer sah, war sein erster Gedanke: »Was gilt's, der Herr Bruder ist alsgemach vorausgegangen.« Nein, er stand nur ein wenig draußen vor der Türe, denn der Frieder geht nicht leicht leer fort. Als er wieder hereinkam, sagte er: »Herr Bruder, der Mond will bald aufgehen. Wenn es dir recht ist, so bleiben wir lieber hier über Nacht.«

Der Nagelschmied, schläfrig und träge, sagte: »Wie der Herr Bruder meint.«

In der Nacht, als der Nagelschmied fest schlief und alle Töne aus dem Bass in den Diskant und wieder in den Bass durchschnarchte, der Frieder aber nicht schlafen konnte, stand der Frieder auf, visitierte für Zeitvertreib des Herrn Bruders Taschen und fand unter andern das Schreiben, das wegen seiner dem Stadtsoldaten an den Zuchthausverwalter war mitgegeben worden. Hierauf probierte er für Zeitvertreib des Herrn Bruders neue Montursstiefeln an. Sie waren ihm recht. Hierauf ließ er sich für Zeitvertreib durch das Fenster auf die Gasse herab und ging des geraden Wegs fort, so weit ihm der Mond leuchtete.

Als der Nagelschmied früh erwachte und den Herr Bruder nimmer gewahr wurde, dachte er: »Er wird wieder ein wenig draußen sein.« Freilich war er wieder ein wenig draußen, und als er den Tag erlaufen hatte, im ersten Dorf, das ihm am Weg war, weckte Frieder den Schulzen. »Herr Schulz, es ist mir ein Unglück passiert. Ich bin ein Arrestant und der Stadtsoldat von da und da, der mich transportieren sollte, ist mir abhanden gekommen. Geld hab ich keins. Weg und Steg kenn ich nicht, also lasst mir auf Gemeindekosten eine Suppe kochen und verschafft mir einen Wegweiser in die Stadt ins Zuchthaus.«

Der Schulz gab ihm eine Bollete an den Gemeindswirt auf eine Mehlsuppe und einen Schoppen Wein und schickte nach einem armen Mädchen. »Geh ins Wirtshaus und zeige dem Mann, der dort frühstückt, wenn er fertig ist, den Weg und die Stadt, er will ins Zuchthaus.«

Als der Frieder mit dem Mädchen aus dem Wald und über die letzten Hügel gekommen war und in der Ebene von weitem die Türme der Stadt erblickt hatte, sagte er zu dem Mädchen: »Geh jetzt nur nach Haus, mein Kind, jetzt kann ich nimmer verirren.«

In der Stadt bei den ersten Häusern fragte er ein Büblein auf der Gasse: »Büblein, wo ist das Zuchthaus?« und als er es gefunden und vor den Zuchthausverwalter gekommen war, übergab er ihm das Schreiben, das er dem Nagelschmied aus der Tasche genommen hatte. Der Verwalter las und las und schaute zuletzt den Frieder mit großen Augen an. »Guter Freund«, sagte er, »das ist schon recht. Aber wo habt Ihr dann den Arrestanten? Ihr sollt ja einen Arrestanten abliefern.«

Der Frieder antwortete ganz verwundert: »Ei, der Arrestant, der bin ich selber.«

Der Verwalter sagte: »Guter Freund, es scheint, Ihr wollt Spaß machen. Hier spaßt man nicht. Gesteht's, Ihr habt den Arrestanten entwischen lassen! Ich seh es aus allem.«

Der Frieder sagte: »Wenn Sie es aus allem sehen, so will ich's nicht leugnen. Wenn mir aber Ihro Exzellenz«, sagte er zu dem Verwalter, »einen Berittenen mitgeben wollen, so getrau ich mir, den Vagabunden noch einzufangen. Denn es ist kaum eine Viertelstunde, dass er mir aus den Augen gekommen ist.«

»Einfältiger Tropf«, sagte der Verwalter, »was nützt dem Berittenen die Geschwindigkeit des Rosses, wenn er mit einem Unberittenen reiten soll? Könnt Ihr reiten?«

Der Frieder sagte: »Bin ich nicht sechs Jahre Württemberger Dragoner gewesen?«

»Gut«, erwiderte der Verwalter, »man wird für Euch ebenfalls ein Ross satteln lassen, und zwar für Euer eigen gutes Geld; ein andermal gebt Achtung«, und verschaffte ihm in der Eile ein offenes Ausschreiben an alle Ortsvorgesetzte, auf dass, wenn er Mannschaft nötig habe zum Streif. Also ritten der Strickreiter und der Zundelfrieder miteinander dahin, um den Zundelfrieder aufzusuchen, bis an einen Scheideweg. An dem Scheideweg sagte der Frieder dem Strickreiter, auf welchem Weg der Strickreiter reiten solle und auf welchem er selber reiten wolle. »Am Rhein an der Fahrt kommen wir wieder zusammen.«

Als sie aber einander aus den Augen verloren hatten, wendete sich der Frieder wieder rechts und machte mit seinem Ausschreiben in allen Dörfern Lärm und ließ die Sturmglocken anziehen, der Zundelfrieder sei im Revier, bis er an der Grenze war. An der Grenze aber gab er dem Rösslein einen Fitzer und ritt hinüber.

So etwas könnte hierzuland nicht passieren.

Johann Peter Hebel

Der Wettermacher

Wenn ein Zirkelschmied oder ein Hafenbinder in einem kleinen Ort zu Hause ist, können seine Mitbürger nicht das ganze Jahr Arbeit und Nahrung geben, sondern er begibt sich auf Künstlerreisen im Revier herum und geht seinem Verdienst nach, und handelt nicht mit Zirkeln, sondern mit Trug und Schelmerei, um die Leute zu berücken und sich freizutrinken im Wirtshaus.

Also erscheint er einmal in Obernehingen und geht gerade zum Schulz. »Herr Schulz«, sagte er, »könntet Ihr kein ander Wetter brauchen? Ich bin durch Euere Gemarkung gegangen. Die Felder in der Tiefe haben schon zuviel Regen gehabt, und auf der Höhe ist das Wachstum auch noch zurück.«

Der Schulz meinte, das seie geschwind gesagt, aber besser machen sei eine Kunst.

»Ei«, erwiderte der Zirkelschmied, »auf das reise ich ja. Bin ich nicht der Wettermacher von Bologna? In Italien«, sagte er, »wo doch Pomeranzen und Zitronen wachsen, wird alles Wetter auf Bestellung gemacht. Darin seid ihr Deutsche noch zurück.«

Der Schulz ist ein guter und treuherziger Mann und gehört zu denen, die lieber geschwind reich werden möchten als langsam. Also leuchtete ihm das Anbieten des Zirkelschmieds ein. Doch wollte er vorsichtig sein. »Macht mir morgen früh einen heitern Himmel«, sagte der, »zur Probe, und ein paar leichte weiße Wölklein dran, den ganzen Tag Sonnenschein und in der Luft so zarte, glänzende Fäden. Auf den Mittag könnt Ihr die ersten gelben Sommervögel loslassen und gegen Abend darf's wieder kühl werden.«

Der Zirkelschmied erwiderte: »Auf einen Tag kann ich mich nicht einlassen, Herr Schulz. Es trägt die Kosten nicht aus. Ich unternehm's nicht anderst als auf ein Jahr. Dann sollt Ihr aber Not haben, wo Ihr Euere Frucht und Euern Most unterbringen wollt.« Auf die Frage des Schulzen, wieviel er für den Jahrgang fordere, verlangte er zum voraus nichts als täglich einen Gulden und freien Trunk, bis die Sache eingerichtet sei, es könne wenigstens drei Tage dauern; »hernach aber von jedem Saum Wein, den Ihr mehr bekommt«, sagte er, »als in den besten Jahren ein Viertel, und von jedem Malter Frucht einen Sester.«

»Das wär' nicht veil«, sagte der Schulz. Denn dortzuland sagt man veil statt viel, wenn man sich hochdeutsch explizieren will. Der Schulz bekam Respekt vor dem Zirkelschmied und explizierte sich hochdeutsch. Als er nun aber Papier und Feder aus dem Schränklein holte und dem Zirkelschmied das Wetter von Monat zu Monat vorschreiben wollte, machte ihm der Zirkelschmied eine neue Einwendung: »Das geht nicht an, Herr Schulz! Ihr müsst auch die Bürgerschaft darüber hören. Denn das Wetter ist eine Gemeindsache. Ihr könnt nicht verlangen, dass die ganze Bürgerschaft Euer Wetter annehmen soll.« Da sprach der Schulz: »Ihr habt recht! Ihr seid ein verständiger Mann.«

Der geneigte Leser aber ist nun der Schelmerei des Zirkelschmieds auf der rechten Spur, wenn er zum voraus vermutet, die Bürgschaft sei über die Sache nicht einig geworden. In der ersten Gemeindsversammlung wurde noch nichts ausgemacht, in der siebenten auch noch nichts, in der achten kam's zu ernsthaften Redensarten, und ein verständiger Gerichtsmann glaubte endlich, um Fried' und Einigkeit in der Gemeinde zu erhalten, wär's am besten, man zahlte den Wettermacher aus und schickte ihn fort.

Also beschied der Schulz den Wettermacher vor sich: »Hier habt Ihr Euere neun Gulden, Unheilstifter, und nun tut zur Sache, dass Ihr fortkommt, eh Mord und Totschlag in der Gemeinde ausbricht.« Der Zirkelschmied ließ sich nicht zweimal heißen. Er nahm das Geld, hinterließ eine Wirtsschuld von zirka 24 Maß Wein, und mit dem Wetter blieb es, wie es war.

Item, der Zirkelschmied bleibt immer ein lehrreicher Mensch. Merke, wie gut es sei, dass der obere Weltregent bisher die Witterung nach seinem Willen allein gelenkt hat. Selbst wir Kalendermacher, Planeten und übrigen Landstände werden nicht leicht um etwas gefragt und haben, was das betrifft, ruhige Tage.

Johann Peter Hebel
Der Zirkelschmied

In einer schwäbischen Reichsstadt galt zu seiner Zeit ein Gesetz, dass, wer sich an einem verheirateten Mann vergreift und gibt ihm eine Ohrfeige, der muss 5 Gulden Buße bezahlen und kommt 24 Stunden lang in den Turm. Deswegen dachte am Andreastag ein verarmter Zirkelschmied im Vorstädtlein: Ich kann doch auf meinen Namenstag ein gutes Mittagessen im »Goldenen Lamm« bekommen, wenn ich schon keinen roten Heller hier und daheim habe und seit 2 Jahren nimmer weiß, ob die bayrischen Taler rund oder eckig sind.

Daraufhin lässt er sich vom Lammwirt ein gutes Essen auftragen und trinkt viel Wein dazu, also, dass die Zeche zwei Gulden fünfzehn Kreuzer ausmachte, was damals auch für einen wohlhabenden Zirkelschmied schon viel war. Jetzt, dachte er, will ich den Lammwirt zornig machen und in Jäst bringen. »Das war ein schlechtes Essen, Herr Lammwirt«, sagte er, »für ein so schönes Geld. Es wundert mich, dass Ihr nicht schon lang ein reicher Mann seid, wovon ich doch noch nichts habe rühmen hören.«

Der Wirt, so ein Ehrenmann war, antwortete auch nicht glimpflich, wie es ihm der Zorn eingab, und es hatte ihm schon ein paarmal im Arme gejuckt. Als aber der Zirkelschmied zuletzt sagte: »Es soll mir eine Warnung sein, denn ich habe mein Leben lang gehört, dass man in den schlechtesten Kneipen, wie Euer Haus eine ist, am teuersten gehalten wird.« Da gab ihm der Wirt eine entsetzliche Ohrfeige, die zwei Dukaten unter Brüdern wert war, und sagte, er soll jetzt sogleich seine Zeche bezahlen, »oder ich lasse Euch durch die Knechte bis in die Vorstadt hinausprügeln.«

Der Zirkelschmied aber lächelte und sagte: »Es ist nur mein Spaß gewesen, Herr Lammwirt, und Euer Mittagessen war recht gut. Gebt mir nun für die Ohrfeige, die ich von Euch bar erhalten habe, zwei Gulden fünfundvierzig Kreuzer auf mein Mittagessen heraus, so will ich Euch nicht verklagen. Es ist besser, wir leben in Frieden miteinander als in Feindschaft. Hat nicht Eure selige Frau meiner Schwester Tochter ein Kind aus der Taufe gehoben?!« Zu diesen Worten machte der Lammwirt ein paar kuriose Augen, denn er war sonst ein gar unbescholtener und dabei wohlhabender Mann und wollte lieber viel Geld verlieren, als wegen eines Frevels von der Obrigkeit sich strafen lassen und nur eine Stunde des Turmhüters Hausmann sein. Deswegen dachte er: Zwei Gulden und fünfzehn Kreuzer hat mir der Halunke schon mit Essen und Trinken abverdient; besser, ich gebe ihm noch zwei Gulden fünfundvierzig Kreuzer drauf, als dass ich das Ganze noch einmal bezahlen muss und werde beschimpft dazu. Also gab er ihm die zwei Gulden und noch 45 Kreuzer, sagte aber: »Jetzt komm mir nimmer ins Haus!« Drauf, sagte man, habe es der Zirkelschmied in andern Wirtshäusern versucht, und die Ohrfeigen seien noch ein- oder zweimal al pari gestanden, wie die Kaufleute sagen, wenn ein Wechselbrief so viel gilt, als das bare Geld, wofür er verschrieben ist. Drauf seien sie schnell auf 50 Prozent heruntergesunken und am Ende, wie das Papiergeld in der französischen Revolution, so unwert worden, dass man jetzt wieder durch das ganze Schwabenland hinaus bis an die bayrische Grenze so viele unentgeltlich ausgeben und wieder einnehmen kann, als man ertragen mag.

José F. A. Oliver

Das *Häs*

Das *Häs* ist Wirklichkeit und Vorstellung der Wirklichkeit. Und diese liegen wie so oft sehr nah bei- wenn nicht ineinander.

Es gab in Hausach in längst abgelegten Dorftagen in der Tat ein altes Weib – anders ist es nicht zu benennen –, verlumpt und nicht zu durchschauen. Deshalb grenzenlos die Einbildung der Menschen schürend, die es an den Vermutungspranger stellten im Nicht-Begreifen ihres Wesens. Vom Dorfleben ausgeschlossen, unter der Verleumdungsfuchtel der Ewiggerechten. Die Alte, die wahrscheinlich weiß Gott was aushecke in ihrem verlotterten Schuppen. Die Alte, deren Blick allein schon Unglück spritzte … Ganz zu schweigen vielleicht von der Walpurgisnacht, dem Teufel und den Elixieren … Die Alte, die mit ihrem letzten, spitzen Eckzahn … nicht auszumalen – aber man kann sich jene Tage bildhaft vor Augen führen. Das heutige *Häs* ist Überlieferung und Phantasiegestaltetes in einem.

Ausgestoßen und verspottet. Kartoffeln von den Äckern sammelnd und Äpfel aus dem Niemandsland. Eine alte Frau, die sich vom öffentlichen Backofen der Gemeindefrauen den Teigrest kratzte und sich vom Boden Brotkrumen klaubte. Am Tagrand lebend und aus Überbleibseln mehr recht als schlecht zusammengeflickt, mehr lebenszugefallen als selbstbestimmt in ihrem ausgefransten Dasein: Bunte Ringelsocken aus Wollresten, ein schwarzer Rock, wieder und wieder ausgebessert, der *Spättle*, kleine farbenfrohen Flicken aufs Schwarz. Bunte Lebensflecken.

Keine Kleidung nach einem vorgegebenem Entwurf, vielmehr ein Lumpenleben ehrlich spiegelnd. Immerhin ein wenig Farbe in der Not, dies Schnittmuster der ausgemergelten *Armetei*. Und Strohschuhe hatte sie wahrscheinlich auch in der Behausung. Oder ein ähnliches Billigwerk um die Füße gebunden. Einen *Päter*, wie sie die Bäuerinnen in den umliegenden Tälern als Arbeitskittel unter der Woche trugen, der Schwarzwaldumgebung entsprechend und in dunkleren Mustern. Drunter vorlugend eine wadenlange Unterhose, wie üblich weiß und schlitzoffen in der Schrittmitte – der Einfachheit halber für die Arbeit auf den Feldern, weil der Notdurft praktisch entgegenkommend. Im Winter ein Kopftuch und in der Sonnenhitze des Hochsommers ein Strohhut als Schutz. Man erzählt sich seit Generationen, ihr Taufname sei Magdalena gewesen. *Magdalee* oder *Madlee*, wie man im mittleren Kinzigtal und auf gut alemannisch zu sagen pflegt.

Die Übereinstimmung mit Maria Magdalena, der biblischen Hure, die in urchristlichen Verhältnissen den Straßentrieb der käuflichen Wollust aufgab, um sich im Glauben zu läutern, scheint mehr glücklicher Umstand zu sein als deutende Absicht ihrer Schöpfer. Es sei dahingestellt, ob *Nomen Omen est* oder einfach nur Intuition der Überlieferung. Wer weiß. Mag auch die eine oder andere Figur der Fasentsgeschichte nachbarlicher Zünfte im Kinzigtal Patin gestanden haben, um die eigene Kreativität zu beflügeln – (es gibt nichts, das nicht beeinflusst wäre) – und in der wahrnehmenden Kopie des Fremden den Blick auf die eigenen Verhältnisse zu schärfen, *d Spättlemadlee* ist ganz und gar *Huse* und einheimisch geworden …

Ich erinnere mich an ein mich wärmendes Bild, das bleiben wird. Zart und innig. Vor Jahren, an einem *Schmutzige* in Hausach, prägte es sich mir ein. Ich verstand in jenem Augenblick viel mehr, als mir seinerzeit klar wurde. Wir waren schon sehr früh am Morgen zu Gange. *Fasentskribblig*, und zu nichts anderem mehr zu gebrauchen. Den Narrenmarsch bereits im Ohr, nur Häs im Kopf und Lust auf Lust, obwohl die Schlüsselübergabe auf dem Rathaus und das Hissen des *Leck-mich-am-Arsch* ja erst am Nachmittag stattfinden sollten. Stunden bevor die Fastnacht urkundlich verkündet und wie alljährlich ausgerufen wurde, hatten wir uns, ein paar Freunde, am Vormittag, Verschworene ins Maskenritual, versammelt. Jeder nahm sein Narrengesicht schweigend in die Hand – ein vertrautes Innehalten –, streichelte es liebevoll und gab ihm einen sanften Kuss auf die Stirn. Mit der Verbundenheit des wissenden Komplizen. Irgendwo zwischen einem *Ich* und *Ich* im Seelengeviert und der Liebeserklärung an die Tage, die wir mit schwärmerischer Ungeduld erwartet hatten. Das *Häs* war schon immer mehr als nur bloßer Mummenschanz. Es war Begeisterung und Freiheitstrieb. Das Verlangen, ein anderer zu sein, ohne sich selbst in allem preiszugeben.

Berthold Auerbach
Die feindlichen Brüder

In der spärlich bewohnten Gasse, »der Kniebis« genannt, steht ein kleines Häuschen, das außer einem Stall und einem Schuppen nur drei zum Teil mit Papier zugeklebte Fenster hat; oben am Dachfenster hängt ein Laden nur an einer Angel und droht jeden Augenblick herunterzufallen. Neben dem Hause ist ein kleines Gärtchen, das noch durch einen der Länge nach hindurchlaufenden Zaun von dürren Dornen in zwei Hälften geschieden ist. In dem Hause wohnten zwei Brüder schon seit vierzehn Jahren in unabänderlicher Feindschaft. Wie im Garten, so war auch im Hause alles geteilt, von der Dachkammer bis hinab in den kleinen Keller; die Falltüre war offen, aber drunten hatte jeder seinen durch Latten abgeteilten verschlossenen Raum. Auch sonst waren an allen Türen noch Hängeschlösser befestigt, als ob man stündlich den Überfall von Dieben fürchtete; der Stall gehörte dem einen, der Schuppen dem andern Bruder. Kein Wort wurde im Hause vernommen, wenn nicht einer bisweilen laut vor sich hin fluchte.

Michel und Konradle, so hießen die beiden Brüder, waren beide schon sehr bei Jahren und beide unbeweibt. Dem Konradle war seine Frau schon früh gestorben, und er lebte nun so für sich allein; der Michel war nie verheiratet gewesen.

Eine blau angestrichene, lange, sogenannte Bankkiste war die erste Ursache des Bruderhasses. Nach dem Tode der

Mutter sollte alles geteilt werden; die im Dorfe verheiratete Schwester hatte schon ihr Pflichtteil bekommen. Der Konradle behauptete, er habe die Kiste aus seinem eigenen Gelde gekauft, das er sich als Wegknecht durch Steinschlagen auf der Straße verdient, er habe sie nur der Mutter geliehen und sie sei sein eigen; der Michel aber behauptete, der Konradle habe der Mutter Brot gegessen und habe somit kein eigenes Vermögen. Nach einem persönlich heftigen Streite kam die Sache vor den Schultheiß und sodann vor das Gericht; es wurde entschieden, dass, da die Brüder nicht übereinkommen können, alles im Hause samt der Kiste verkauft und der Erlös geteilt werden solle. Ja, das Haus selber wurde versteigert; da sich aber kein Käufer dafür fand, mussten es in Gottes Namen die Brüder behalten.

Die Brüder mussten nun ihre eigenen Sachen, ihr Bett und anderes öffentlich wieder kaufen. Das machte dem Konradle manchen Kummer, denn er hatte etwas mehr Empfindung als gewöhnlich. – Es gibt in jedem Hause mancherlei Dinge, die keinem Fremden für Geld zu haben sind; sie sind viel mehr wert, als man eigentlich dafür bezahlen kann, denn es haften Gedanken und Lebenserinnerungen daran, die für keinen andern in der Welt Wert haben.

Solche Sachen müssen sich still von Geschlecht zu Geschlecht forterben; dadurch bleibt ihr steter innerer Wert unangetastet. Muss man sie aber erst wieder aus den Händen anderer reißen und um Geld mit Fremden darum ringen, so ist ein großer Teil ihrer ursprünglichen Weihe dahin; sie sind in ihrem Geldeswerte errungen und nicht still, man möchte sagen wie ein Heiligtum, ererbt. Solcherlei Gedanken waren es, worüber der Konradle oft den Kopf schüttelte, wenn ihm ein altes Hausgerät zugeschlagen wurde; und als das in schwarzen Samt eingebundene Gesangbuch der Mutter mit den silbernen Spangen und den silbernen Buckeln zum Verkaufe kam, und ein Trödler das Silber in der Hand wog, um das Gewicht zu schätzen, schoss ihm alles Blut in den Kopf. Er steigerte das Gesangbuch um hohen Preis.

Endlich kam die Kiste an die Reihe. Der Michel räusperte sich laut und betrachtete mit einem herausfordernden Blicke seinen Bruder; er setzte sogleich eine namhafte Summe darauf. Der Konradle bot schnell einen Gulden mehr, ohne dabei aufzuschauen, und zählte die Knöpfe an seinem Wams. Der Michel aber bot, sich keck umschauend, höher: kein Fremder steigerte mit, und von den Brüdern wollte zum Hohne keiner dem andern die Streitsache lassen. Ein jeder dachte auch bei sich: du brauchst ja nur die Hälfte zu bezahlen und so gingen sie immer höher und höher, und endlich wurde die Kiste für mehr als das Fünffache ihres Wertes, für achtundzwanzig Gulden, dem Konradle zugeschlagen.

Jetzt erst schaute er auf und sein Gesicht war ganz verändert; Hohn und Spott sprachen aus den aufgerissenen Augen, dem offenen Munde und dem ganzen vorgebeugten Antlitze. »Wenn du stirbst, so schenk' ich dir die Kist', dass man dich drein n'einlegt«, sagte er zitternd vor Wut zum Michel, und das waren die letzten Worte, die er seit vierzehn Jahren zu ihm gesprochen hat.

Im ganzen Dorfe wurde die Kistengeschichte zu allerlei Spaß und Lustbarkeit benutzt, und wo einer den Konradle sah, bemerkte er, wie schändlich der Michel gehandelt habe, und der Konradle redete sich immer mehr in Wut gegen seinen Bruder hinein.

Auch sonst waren die beiden Brüder ganz verschiedener Sinnesart und gingen auch ihre verschiedenen Wege.

Der Konradle hielt sich eine Kuh, die er mit der Kuh seines Nachbarn Christian zur Feldarbeit zusammenspannte.

In der übrigen Zeit schlug er für fünfzehn Kreuzer des Tages Steine auf der Straße. Auch war der Konradle sehr kurzsichtig; er trat unsicher auf, und wenn er sich Feuer schlug, brachte er den Zunder immer nahe zur Nase, um dadurch gewiss zu sein, dass er brenne. Er hieß im ganzen Dorfe der blind' Konradle; das ›le‹ wurde ihm gegeben, weil er eine kurze, untersetzte Gestalt hatte.

Der Michel hingegen war gerade das Gegenspiel. Er war lang und hager und schritt ganz sicher einher; er trug sich vollkommen bäurisch, nicht weil er ein besonderer Bauer war, denn er war eigentlich gar keiner, sondern weil ihm das zu seinem Handel sehr förderlich war. Er handelte nämlich mit alten Pferden, und die Leute haben weit mehr Zutrauen zu einem Pferde, das sie von einem bäurisch gekleideten Manne kaufen. Der Michel war ein verdorbener Hufschmied; er verpachtete und verkaufte zum Teil seine Äcker, legte sich ganz auf den Pferdehandel und führte dabei ein Herrenleben. Er war eine wichtige Person in der ganzen Gegend. Er kannte auf sechs, acht Stunden im Umkreis, im Württembergischen, im ganzen Sigmaringer und Hechinger »Ländle« und bis ins Badische hinein den Zustand und Inhalt der Ställe so gut wie ein großer Staatsmann die statistischen Berichte fremder Staaten und die Stellung der Kabinette; und wie dieser in den Zeitungen, so sondierte Michel die Stimmung des Volkes in den Wirtshäusern. Er hatte auch in jedem Orte einen Tunichtgut als Agenten, mit denen er manche geheime Konferenz hielt, und die im Notfalle eine Stafette zum Michel sandten, nämlich sich selber, für die sie weiter nicht verlangten, als ein gutes Trinkgeld im buchstäblichen Sinne des Wortes. Dann aber hatte auch Michel geheime Helfer, die die Leute zu Revolutionen in ihren Ställen verleiteten, und so kam es, dass in seinem Schuppen, der als

Stall diente, fast immer ein Marode-Gaul war, den er für einen neuen Feldzug, für die Öffentlichkeit, also für den Verkauf auf dem Markt, zustutzte. Er färbte dem Vieh die Haare über den Augen, er feilte die Zähne, und wenn das arme Tier auch nichts mehr als Kleien fressen konnte und bei anderem Futter verhungern musste, ihn kümmerte das wenig, denn er schlug es auf dem nächsten Markte unfehlbar wieder los.

Dabei hatte er noch seine besonderen Kunststückchen: er stellte einen Helfershelfer ein, der zum Scheine einen Tausch mit ihm machen wollte; sie lärmten dabei ganz ungeheuer, dann rief aber der Michel ganz laut: »Ich kann nicht tauschen, ich hab' kein Futter und keinen Platz, und wenn ich den Gaul für eine Karolin weggeben muss, fort muss er!« Oder er machte es noch gescheiter: er stellte für ein paar Kreuzer ein dummes Bäuerchen hin, gab ihm den Gaul, ließ sich ihn vorreiten und sagte: »Wenn ein rechter Bauer das Tier hätt', da könnt' man einen schönen Gaul hinfüttern; das Gestell ist überaus, die Knochen sind englisch, dem fehlt nichts als Fleisch und da ist er seine zwanzig Karolin wert. Dann brachte er einen Käufer, bedingte sich noch ein Unterhändlergeld und erhielt beim Verkaufe seines eigenen Pferdes noch einen Nebenverdienst.

Am meisten war der Michel den gerichtlichen Urkunden feind, in denen man gegen die Hauptfehler gewährleisten musste; er ließ, wenn es drauf und dran kam, lieber noch ein paar Gulden nach, ehe er solche Verbindlichkeiten einging. Dabei hatte er aber doch manchen Prozess, der den Gaul samt dem Profit auffraß; aber es liegt in dieser Art Leben, von freiem, arbeitslosem Herumstreifen etwas so Verführerisches, und der Michel rechnete immer auch wieder eins ins andere, dass er vom Pferdehandel nicht lassen konnte. Sein

Grundsatz war: »Ich geh nicht vom Markt, gepatscht muss sein.« Damit meinte er, ein Handel muss abgeschlossen sein, wobei man die Hände schallend zusammenschlägt. Die Handelsjuden auf den Märkten waren ihm auch vielfach behilflich, und er spielte wieder mit ihnen unter einer Decke.

Wenn der Michel so zu Markte ritt, oder vom Markte heimfuhr und der Konradle an der Straße Steine schlug, da sah er seinen Bruder halb mitleidig, halb höhnisch an, denn er dachte: »O du armer Schelm! Schlägst Steine von morgens bis abends um fünfzehn Kreuzer, und ich verdiene, wenn's nur ein bissle gut geht, fünfzehn Gulden.«

Der Konradle, der das mit seinen blöden Augen doch bemerkte, schlug dann auf die Steine, dass die Splitter weit umherspritzten.

Wir wollen aber sehen, wer es weiter bringt, der Michel oder der Konradle.

Der Michel war einer der beliebtesten Unterhaltungsmenschen im ganzen Dorfe, denn er konnte Tag und Nacht immerfort erzählen; so viel Schliche und Streiche wusste er, und er kannte auch Gott und die Welt. Freilich Gott kannte er wenig, obgleich er manchmal in die Kirche ging, denn davon kann sich auf dem Lande keiner ganz ausschließen; aber er ging eben in die Kirche, wie gar viele, ohne etwas dabei zu denken und sein Leben danach einzurichten.

Der Konradle hatte auch seine Untugenden, und dazu gehörte besonders sein Hass gegen seinen Bruder und die Art, wie er denselben äußerte. Wenn man ihn fragte: »Wie geht's deinem Michel?« antwortete er immer: »Dem geht's noch so«, dabei machte er unter dem Kinn mit beiden Händen, als ob er einen Knoten schlinge, dann fuhr er nach beiden Seiten aus und streckte die Zunge heraus. Er wollte, wie leicht erkenntlich, damit sagen: der wird noch gehenkt.

Natürlich sparten die Leute diese Frage nicht sehr, und es war immer ein besonderes Hallo, wenn man den Konradle zu seiner feststehenden Antwort brachte.

Auch sonst schürten die Leute den Hass der Brüder, nicht gerade immer aus Bosheit, sondern weil es ihnen Spaß machte. Der Michel aber zuckte nur verächtlich die Achseln, wenn man von dem »armen Schelm« sprach.

Nie blieben die Brüder in einer Stube; wenn sie sich in dem Wirtshause oder bei ihrer Schwester trafen, ging immer einer von ihnen fort.

Niemand dachte mehr daran, sie zu versöhnen; und wenn zwei Leute in Feindschaft miteinander waren, hieß es sprichwörtlich: »Die leben wie der Michel und der Konradle.«

Zu Hause redeten die beiden kein Wort, wenn sie sich begegneten; ja sie sahen sich nicht einmal an. Dennoch, wenn einer merkte, dass der andere unwohl im Bette lag, ging er den weiten Weg zu der Schwester, die in der Froschgasse wohnte und sagte: »Gang nuf, i glaub, es ischt ihm et reacht«; und dann arbeitete ein jeder von den Brüdern gewiss leise und ohne Geräusch, um den andern nicht zu stören.

Außer dem Hause aber und unter den Leuten lebten sie in gleichmäßiger Feindschaft, und niemand dachte daran, dass noch ein Funke Liebe in ihnen sei.

Das dauerte nun in das vierzehnte Jahr. Dem Michel war unter dem vielen Hin- und Herhandeln das Geld von seinen verkauften zwei Äckern durch die Finger gefallen, er wusste nicht wie; der Konradle aber hatte sich von einem Auswanderer noch einen neuen Acker gekauft und fast ganz bezahlt. Der Michel gab sich nun meist damit ab, anderen Leuten beim Handel behilflich zu sein, und er dachte daran, durch den Verkauf eines neuen Ackers sich wieder flott und selbsthandelnd zu machen.

»Und es kam ein neuer König in Ägypten«, diesen Vers im zweiten Buch Moses, Kap. 1, V. 8, konnten die Leute im Dorf auf eine eigene Weise auf sich anwenden. Der alte Pfarrer war gestorben; er war ein guter Mann, aber er ließ alles gehen, wie es ging. Der neue Pfarrer, der in das Dorf gekommen war, war ein eifriger junger Mann; er wollte alles in Ordnung bringen, und er brachte auch vieles zustande, bis er endlich in ein offenbares Verhältnis zu dem Schäpflewirts Liesle kam, worauf er sich eben auch nicht mehr in die Privatangelegenheiten der Leute mischte, denn man konnte sagen: »Kehr' du vor deiner Tür!« Jetzt aber war noch alles im frischen Schwunge.

Es war an einem Sonntag nach der Mittagskirche, da saßen die Leute beieinander auf dem Bauholz vor dem neuen Feuerspritzenhaus neben dem Rathausbrunnen; auch der Michel war darunter, er saß gebückt da und kaute spielend an einem Strohhalm. Da ging der Peter, der fünfjährige Bub des Schackerle Hannes, vorbei. Einer rief das Kind und sagte, in die Tasche greifend: »Guck, Peter, du kriegst vier Nüssle, wenn du den Konradle nachmachst; wie macht der Konradle?« Der Bub schüttelte »Nein« und wollte gehen, denn er war gescheit und fürchtete den anwesenden Michel, aber er wurde festgehalten und fast gezwungen, und endlich machte er das Knotenschlingen, das Ausziehen und das Zungenausstrecken; es war ein Gelächter, dass man's durch das halbe Dorf hörte. Als nun der Bub die Nüsse wollte, zeigte sich's, dass der Versprecher keine hatte, und neues Gelächter entstand, als der Knabe mit den Füßen nach dem Betrüger ausschlug.

Der neue Pfarrer war indessen den kleinen Hügel am Rathause herabgekommen; er war stehengeblieben und hatte dem ganzen Handel zugesehen. Als nun der Knabe für seine dringende Forderung noch geprügelt werden sollte, da trat der Pfarrer schnell herzu und riss das Kind weg.

Alle Bauern standen schnell auf und rissen die Mützen vom Kopfe. Der Pfarrer nahm den Heiligenpfleger, der mit darunter gewesen war, mit durch das Dorf und ließ sich alles von ihm erzählen. Er erfuhr nun die Feindschaft der Brüder und alles, was wir bisher erfahren.

Am Samstag darauf wurde der Konradle, als er mitten im Dorf Steine schlug, auf morgen früh nach der Kirche zum Pfarrer vorgeladen. Er glotzte verwundert drein, die Pfeife ging ihm aus, und fast zwei Sekunden lang blieb der Stein unter seinem mit einem Brette besohlten Fuße unzerspalten. Er konnte sich gar nicht denken, was es im Pfarrhaus gebe; er wäre lieber gleich hingegangen.

Den Michel traf die Vorladung, als er gerade einem alten Gaul »seine Sonntagsstiefel schmierte«. So hieß er nämlich das Aufputzen der Hufe; er pfiff dann die Melodie eines unzüchtigen Liedes, hörte aber doch mitten drin auf, denn er wusste wohl, was es morgen geben würde. Er war froh, dass er sich auch noch auf eine tüchtig gesalzene Gegenpredigt vorbereiten konnte; ein paar Brocken davon murmelte er schon jetzt leise vor sich hin.

Am Sonntag morgen hielt der Pfarrer eine Predigt über den Text Psalm 133, Vers 1: »Siehe, wie gut und wie lieblich ist's, wenn Brüder beisammen sitzen.« Er zeigte, wie alles Glück und alle Freude auf Erden nur halb oder gar nichts ist, wenn wir es nicht mit denen genießen und teilen, die unter demselben Mutterherzen wie wir geruht; er zeigte, wie die Eltern diesseits nicht glücklich und jenseits nicht selig werden können, deren Kinder Hass, Neid und Bosheit trennt; er wies auf das Beispiel von Kain und Abel hin und zeigte, wie der Brudermord die erste giftige Frucht des

Sündenfalls war. Alles dies und noch viel mehr sprach der Pfarrer mit klangvoller, donnernder Stimme, so dass die Bauern von ihr sagten: »Sie druckt die Wänd' auseinander.« Aber freilich ist es oft fast noch leichter, die Wände auseinander zu drücken, als die verhärtete, verschlossene Brust der Menschen zu öffnen. Die Bärbel weinte bittere Tränen über die Hartherzigkeit ihrer Brüder und, obgleich der Pfarrer zehnmal wiederholte, er meine nicht diesen oder jenen, sondern jeder möge die Hand aufs Herz legen und fragen, ob er die echte Liebe gegen die Seinigen hege, so dachte doch eben jeder nur: »Das geht auf den Michel und den Konradle, das ist bloß auf die gemünzt.«

Diese beiden standen nicht weit voneinander, der Michel kaute an seiner Mütze, die er zwischen den Zähnen hielt; der Konradle aber hörte mit offenem Munde zu, und als sich einmal die Blicke beider begegneten, fiel dem Michel die Mütze aus der Hand und er bückte sich schnell.

Das Lied machte einen sanften, beruhigenden Schluss; aber noch ehe die letzten Töne verklungen waren, war der Michel aus der Kirche und stand vor der Türe des Pfarrhauses. Sie war noch geschlossen; er ging in den Garten. Lange stand er hier an den Bienenstöcken und sah dem emsigen Treiben der Tierchen zu: »Die wissen's nit, dass Sunntig isch«, und er dachte: »Du hast auch keinen Sonntag bei deinem Handel, denn du hast auch keinen rechten Werktag«, und er dachte wieder: »Wie viel hundert Geschwister in so einem Bienenstock beieinander wohnen, und alle arbeiten wie die Alten«, aber er blieb nicht lange bei derlei Gedanken, sondern nahm sich vor, sich von dem Pfarrer keine Trense aufsetzen zu lassen, und als er nach dem Gottesacker drüben sah, dachte er an die letzten Worte Konradles und seine Fäuste ballten sich, »Dass man dich drein 'neinlegt!«

Im Pfarrhause traf der Michel den Pfarrer und den Konradle schon in eifrigem Gespräche beisammen; der Pfarrer stand auf, er schien den Ankömmling nicht mehr erwartet zu haben. Er bot Michel einen Stuhl an. Auf seinen Bruder deutend, erwiderte aber Michel: »Herr Pfarrer, allen Respekt vor Euch, aber ich setz' mich nicht nieder, wo der da ist. Herr Pfarrer, Ihr seid erst kurz im Dorf, Ihr wisset nicht, was der für ein Lügenbeutel ist, das ist ein scheinheiliger Duckmäuser, der hat's faustdick hinter den Ohren. Alle Kinder machen ihn nach«, fuhr er zähneknirschend fort, »wie geht's deinem Michel?« Er machte nun ebenfalls die uns sattsam bekannten Manieren, dann sagte er wieder zitternd vor Wut: »Herr Pfarrer, der da ist an meinem Unglück schuldig, er hat mir den Frieden im Haus verscheucht, und ich hab' mich dem Teufel mit seinem Rosshandel ergeben. Du hast mir's prophezeit, du«, sagte er, auf seinen Bruder losfahrend; »Ich häng' mich noch an einem Rosshalfter auf – aber zuerst musst du dran!«

Der Pfarrer ließ die beiden Brüder austoben; er gebrauchte seine Würde nur so weit, als er sie von Tätlichkeiten zurückhielt. Er wusste wohl, dass, wenn der lang verhaltene Ingrimm ausgeschüttet, auch die Liebe zum Vorschein kommen müsse; aber er täuschte sich noch halb.

Endlich saßen die beiden Brüder wortlos und nur noch laut atmend da. Keiner regte sich. Da sprach der Pfarrer zuerst mit sanften Worten, er öffnete alle verborgenen Falten des Herzens, es half nicht, die beiden sahen zu Boden. – Der Pfarrer schilderte ihnen die Qualen ihrer Eltern im Jenseits, der Konradle seufzte, aber er sah nicht auf. Da fasste der Pfarrer alle seine Kraft zusammen, seine Stimme dröhnte wie die eines strafenden Propheten, er schilderte ihnen, wie sie nach ihrem Tode vor den Richterstuhl des Herrn kommen, und der Herr ruft: »Wehe! Wehe! Wehe! Ihr habt verstockten Herzens in Hass gelebt! Ihr habt die Bruderhand einander entzogen, gehet hin, aneinander geschmiedet, schmachtet ewig in der Hölle!«

Alles war stille, der Konradle wischte sich mit seinem Ärmel die Tränen ab, dann stand er auf und sagte: »Michel.«

Der Angeredete hatte seit so vielen Jahren diesen Ton nicht gehört, er musste plötzlich aufschauen. Und der Konradle trat näher und sagte: »Michel, verzeih!« – Die Hände der Brüder lagen fest ineinander, die Hand des Pfarrers wie segnend darauf.

Alles im Dorfe schaute auf und freute sich, als man den Michel und den Konradle Hand in Hand den kleinen Hügel am Rathause herunterkommen sah.

Bis nach Hause ließen sie ihre Hand nicht los. Es war, als ob sie die lange Entbehrung einbringen müssten. Zu Hause aber rissen sie schnell die Hängeschlösser ab; dann gingen sie in den Garten und stürzten den Zaun um; so viel Kohl auch dabei zu Grunde ging, dies Zeichen der Zwietracht musste fort.

Dann gingen sie zu ihrer Schwester und aßen an ein- und demselben Tisch nebeneinander.

Nachmittags saßen die beiden Brüder in der Kirche, und ein jeder hielt eine Seite von dem Gesangbuch der Mutter in der Hand.

Oberamtmann von Senger
Das Benehmen der Salpeterer

Das Benehmen der Salpeterer oder Hauensteiner nach der Rückkehr aus dem Arbeitshause ist gerade noch so, wie es vorher war. Sie verweigern die Huldigung. Den mit Zustimmung der Landstände zustandegekommenen Gesetzen verweigern sie die Anerkennung. Sie verweigern die Militärpflicht, die Schulpflicht, die Impfpflicht und die Steuerpflicht ... Wie die Erfahrungen der früheren Jahre erweisen, sind alle Zwangsmaßnahmen, um den Unterricht zu erzwingen, unzureichend. Es müssten ebenso viele Gendarmen sein als es Salpetererkinder gibt, welche die Kinder täglich in die Schule oder aus der Schule führen. Die Kinder müssen durch Gendarmen dem Impfarzt zugeführt werden. Die Steuern müssen jeden Monat durch Vollstreckungsbeamte beigetrieben werden. Sämtliche Salpeterer besuchen die Kirche nicht mehr ... Wenn derartige Salpeterer, wie man die Hauensteiner nennt, nicht freiwillig auswanderten, müssten sie zur Auswanderung gezwungen werden. Sicherlich würde eine solche Deportation unter den Zurückgebliebenen den größten Eindruck machen und unter denselben mit einem Schlag den Geist der Widersetzlichkeit bändigen ...

Ludwig Pfau

Das Badische Wiegenlied

Schlaf, mein Kind, schlaf leis,
Dort draußen geht der Preuß!
Deinen Vater hat er umgebracht,
Deine Mutter hat er arm gemacht,
Und wer nicht schläft in guter Ruh,
Dem drückt der Preuß die Augen zu.
Schlaf, mein Kind, schlaf leis,
Dort draußen geht der Preuß!

Schlaf, mein Kind, schlaf leis,
Dort draußen geht der Preuß!
Der Preuß hat eine blut'ge Hand,
Die streckt er übers bad'sche Land,
Und alle müssen wir stille sein,
Als wie dein Vater unterm Stein.
Schlaf, mein Kind, schlaf leis,
Dort draußen geht der Preuß!

Schlaf, mein Kind, schlaf leis,
Dort draußen geht der Preuß!
Zu Rastatt auf der Schanz,
Da spielt er auf zum Tanz,
Da spielt er auf mit Pulver und Blei,
So macht er alle Badener frei.
Schlaf, mein Kind, schlaf leis,
Dort draußen geht der Preuß!

Schlaf, mein Kind, schlaf leis,
Dort draußen geht der Preuß!
Gott aber weiß, wie lang er geht –
bis dass die Freiheit aufersteht!
Und wo dein Vater liegt, mein Schatz,
Da hat noch mancher Preuße Platz!
Schrei, mein Kindlein, schrei's:
Dort draußen liegt der Preuß!

Karl August Varnhagen von Ense

Das Erschießen in Baden

Montag, den 13. August 1849
In Baden neue Erschießungen, nun doch Biedenfeld und Neff. Über Kinel nichts Gewisses.

Dienstag, den 14. August 1849
Tiedemann bei Rastatt kriegsrechtlich erschossen und wie alle, Dortu, Elsenhans, Biedenfeld, Neff, mit größter Standhaftigkeit gestorben ... Der Großherzog von Baden erlässt aus Mainz ein oktroyiertes provisorisches Preßgesetz und verlängert den Belagerungszustand seines Landes. Das ist ein Fürst! ...

Mittwoch, den 15. August 1849
Das Erschießen in Baden dauert fort. Der Major Heilig ist erschossen worden. Alle sterben mit Mut und Festigkeit, wie Helden. Noch keiner hat seine Gesinnung verleugnet ...

Donnerstag, den 16. August 1849
Trützschler bei Mannheim erschossen. Preußens Brigittenau blüht!

Sonnabend, den 18. August 1849
Die schnödesten, schändlichsten Äußerungen des Generals von Hirschfeld in Freiburg kommen mir zu Ohren, der frevelhafteste Hohn über die erschossenen oder noch zu erschießenden Freiheitskämpfer, man glaubt wilde Barbaren zu hören, so roh, so gemein – ...

Joseph Viktor von Scheffel
Die Hauensteiner *oder* Im Gebiet der Rauferei

Auf der Hochebene seiner Berge, die nur durch wenige und unzureichende Straßen notdürftig mit dem Rheintal verbunden sind, und in der scharfen Gebirgsluft ist der Hauensteiner wohl konserviert geblieben; er ist von allen Schwarzwäldern derjenige, der am meisten ehrwürdigen Rost der Vergangenheit angesetzt hat. Und die Strömungen der letzten Jahrhunderte haben ihn, der so ziemlich »außer, neben und hinter der Welt« sein Dasein abspinnt, nicht angehaucht. Während unten im Rheintal, wo seit Cäsars Zeiten allerhand fremdartige Ansätze aus der Wanderung der Völker sitzen geblieben und bunte Vermischung der Stämme stattfand, blieb die hier oben sesshafte rein alemannische Volksgruppe in ihren geographisch streng abgeschlossenen Grenzen auch physisch in sich abgeschlossen. Heiraten mit Rheintalerinnen oder Schweizerinnen fanden fast nie statt. Dazu kam die strenge Einungsverfassung im Mittelalter, die dem Hauenstein das Aussehen eines politisch abgerundeten Ganzen gab, und schließlich machte der unglückliche Erfolg seiner Rebellion gegen St. Blasien und Österreich den ›Wälder‹ misstrauisch, schweigsam und in sich verschlossen. Auch ist er der einzige Schwarzwälder, dem jener Trieb des Wanderns in die weite Welt, des Handelns und Geldverdienens fehlt.

Der Neustadter und Furtwanger Uhrmacher, der Lenzkircher Strohhuthändler sind Gestalten, die, wie der Zillertaler und Pustertaler Handschuhtiroler, in der ganzen Welt bekannt sind. Dadurch kommt natürlich auch viel weltläufiger Schliff unter die Leute und jene Schwarzwälder ›Engländer‹, die in der Post zu Bonndorf oder sonst die Times lesen und sich von ihren Handelsverbindungen in der neuen und alten Welt unterhalten, haben weder Zeit noch Stimmung, in vergilbten Briefen und Pergamenten nach alten »Rechten und Privilegy« zu forschen.

Der Hauensteiner dagegen sitzt auf seinen Bergen fest; die Heimat mit ihrer Rauheit und Öde, mit ihrer winterlichen Schneelast und ihrem schwermütigen Tannendunkel ist ihm lieber als die ungewisse Fremde; höchstens fährt er einmal mit einem Wagen Holz nach Basel oder Freiburg zum Advokaten. Wenn er aber just nichts zu tun hat und einen Ausflug nach seinem Behagen machen will, so wallfahrtet er hinüber nach Maria Einsiedeln oder Maria Stein, lässt sich dort im Beichtstuhl gehörig vor dem Teufel verwarnen, der in Gestalt von geistlichen und weltlichen Neuerungen »drüben im Reich« umgehe, nimmt dann als Lektüre für lange Winterabende ein paar Paradiesgärtlein, Himmelschlüssel oder Berichte über verschiedene Wunder mit heim und tut somit, bewusst oder unbewusst, alles Erforderliche, um sich in seiner Isolierung zu erhalten.

So ist, wie die Hauensteiner Sprache und Kleidung um ein paar Jahrhunderte zurückreicht, auch in Sitte und Lebensgewohnheit manches beibehalten, was unmittelbar in das Gebiet der deutschen Rechtsaltertümer gehört und zu dessen rechtlicher Beurteilung etwa die *lex Alamannorum* aus weiland König Chlotarii Zeiten schon eben so sichere Anhaltspunkte gibt als die Gesetzgebung unseres neunzehnten Jahrhunderts. »Unter den hauensteinischen Sitten, deren Heimat freilich nur das Hochland ist, trägt noch manche ganz das Gepräge der mittelalterlichen Symbolik«, schreibt ein badischer Geschichtsschreiber.

Zu dieser »mittelalterlichen Symbolik« gehören namentlich die bedeutenden Leistungen des Hauensteiners im Gebiet der Rauferei. Der seit etlichen Jahren über das Land verhängte Kriegszustand und das Schreckbild der preußischen ›Kasematten‹ hat hierin zwar namhafte Schranken gezogen; in früheren Tagen aber fühlte man sich oft an jene im alemannischen Gesetz geschilderten Zustände erinnert, wo ein Streit zwischen zwei Männern auf der Straße oder im Feld angehoben und der eine den andern erschlagen hat, und so hernach die Vettern des Erschlagenen den Gegner in sein Haus verfolgten und ihn hinwiederum dort ebenfalls totschlagen. Und wenn's auch nicht gleich ans Totschlagen ging, wuchsen doch an Sonn- und Festtagen die einfachen und qualifizierten Prügel auf dem Wald wild wie die Rosen des Feldes.

»Isch was gange?« (gegangen) fragte der Alte seinen Sohn, wenn dieser spät abends von der Kirchweih heimkommt, und wenn der antwortet: »'s isch nüt gange«, so schüttelt der Alte das Haupt und meint, in seiner Jugend sei's anders gewesen ...

Ernest Hemingway
Im Rössle

Oberprechtal, Schwarzwald. – Wir glitten und rutschten den steilen Waldhang hinunter und traten aus dem Schatten der Fichten auf eine helle Lichtung hinaus, wo eine Sägemühle und ein weiß verputztes Gasthaus in der Sonne schmorten. Ein deutscher Schäferhund bellte uns an, ein Mann steckte seinen Kopf durch die Gasthaustür und sah herüber. Wir waren nicht sicher, ob es das Haus war, zu dem man uns geschickt hatte, und so gingen wir die Lichtung noch ein Stück weiter hinunter, um zu sehen, ob es noch ein anderes gebe, aber da war nur das Tal und die staubige Straße, der Fluss und die steilen waldigen Berge. Wir waren seit dem frühen Morgen unterwegs und hatten Hunger.

In der Gaststube fanden Bill Bird und ich den Wirt und seine Frau am Tisch sitzen und Suppe essen.

»Können wir bitte zwei Doppelzimmer haben?« fragte Bill. Die Wirtin wollte etwas sagen, aber der Wirt blitzte sie an, während ihm die Zwiebelsuppe aus dem Schnurrbart rann. »Ihr könnt hier überhaupt keine Zimmer bekommen, heute nicht und morgen nicht und nie, ihr Ausländer,« schnarrte er.

Bill wollte ihn beruhigen, indem er sagte: »Herr Trinkler in Triberg empfahl Sie uns. Wir wollen hier angeln.«

»Trinkler?« Seine Unterlippe schob sich hoch und sog die Zwiebelsuppe aus dem Bart. »Trinkler hat hier gar nichts zu sagen.« Er befasste sich wieder mit seiner Suppe.

Bill und ich, wir hatten unsere Frauen draußen auf der Lichtung. Wir sagten, die Frauen seien hungrig nach dem Sieben-Kilometer-Weg über die Berge. Ich selber hatte so großen Hunger, dass sich mir der Magen umdrehte und zu knurren anfing. Und Bill ist dünn und grazil wie von einem alten italienischen Primitiven gemalt, so dass man es ihm sofort ansieht, wenn er etwas gegessen hat, wie einem Strauß, der einen Baseball verschluckt hat. Er sah dünner aus als je, und wir waren sehr höflich.

»Wir haben Hunger«, sagte Bill, und man sah es ihm an. »Wie weit ist es denn bis zum nächsten Gasthaus?« Der Wirt haute auf den Tisch: »Das müsst ihr schon selber rauskriegen!«

Wir fanden eines nach sechs Kilometern heißer staubiger Straße, und es sah nicht besonders gut aus. Wie die meisten Gasthäuser im Schwarzwald hieß es »Zum Rössle«. Das »Rössle« ist das Lieblingssymbol der Schwarzwaldwirte, aber es gibt auch eine Menge »Adler« und »Sonnen«. Alle diese Gasthäuser sind weiß getüncht und sehen von außen ordentlich und sauber aus, aber innen sind sie schmutzig, eins wie das andere. Die Bettlaken sind kurz, die Federbetten klumpig, die Matratzen hellrot, das Bier gut, der Wein schlecht. Beim Mittagessen muss man vorsichtig sein und aufpassen, dass das Stück Brot, das man erwischt, nicht sauer ist. Der Wirt versteht nie, was man sagt, seine Frau bindet sich die Schürzenbänder, während sie den Kopf schüttelt. Arbeiter in Unterhemd und Hosenträgern schneiden sich mit dem Taschenmesser ganze Kanten von dem Schwarzbrot ab und spülen es mit dem sauren Wein hinunter. Die Deckenbalken sind schwarz vom Rauch. Die Hühner scharren im Vorgarten, und der Misthaufen dampft unter den Schlafzimmerfenstern.

Das »Rössle«, in dem wir einkehrten, verfügte über alle diese Vorzüge, und über einige mehr. Immerhin gab es hier eine ordentliche Mahlzeit aus gebratenem Fleisch, Kartoffeln, grünem Salat und Apfelkuchen, vom Wirt selber aufgetragen, der unerschütterlich wie ein Ochse aussah und mitunter mit dem Suppenteller in der Hand stehen blieb und wie abwesend aus dem Fenster starrte. Seine Frau hatte ein Kamelsgesicht, mit dieser unverwechselbaren Kopfbewegung und dem Ausdruck äußerster Stupidität, die man nur bei Trampeltieren und süddeutschen Bauersfrauen beobachten kann ...

Als wir in die Gaststube kamen, saßen am Ende des Nebentischs zwei blondhaarige Deutsche. Um sie nicht zu stören, machte meine Frau einen Bogen um den ganzen Tisch herum. Daraufhin wechselten sie die Plätze, und sie musste in entgegengesetzter Richtung um den Tisch herumgehen. Während des Essens mokierten sie sich auf deutsch laut über uns »Ausländer«. Dann standen sie auf und wollten gehen. Sie kamen auf uns zu. Ich stand auf und schob meinen Stuhl vor, um sie durchzulassen, aber es war zu eng. Sie hätten durchaus die Möglichkeit gehabt, um den Tisch herumzugehen, aber sie griffen nach meinem Stuhl und schoben ihn beiseite. Ich habe früh in meiner Ehe herausbekommen, dass die Teilnahme an Streitigkeiten in Gasthäusern nicht zu den Geheimnissen des ehelichen Glücks gehört.

Einer der beiden gab schnarrend bekannt: »Wir sind Deutsche.«

»Du bist ein Schweinehund.«

Das entsprach zweifellos nicht den Regeln der Höflichkeit, aber es schien verständlich zu sein. Bill fasste eine Flasche beim Hals. Es sah aus wie der Anfang einer internationalen Verwicklung.

Sie blieben eine Minute in der Tür stehen, aber ihre Chancen waren offenbar nicht gut, denn die Arbeiter am nächsten Tisch schienen unsere Partei zu nehmen. »Schieber!« sagte einer von denen und sah die beiden kegelförmigen Sportsmänner in der Tür an. »Schieber!«

Die Tür schloss sich. Sie waren gegangen …

Bertolt Brecht

Die schwarzen Wälder

Die schwarzen Wälder aufwärts
In das nackte böse Gestein
Es wachsen schwarze Wälder bis
In den kalten Himmel hinein.
Es schreien die Wälder vor Kummer
Von Frost und Oststurm zerstört –
Wir aber haben dort unten
Die flüsternden Worte gehört.
Die Bäche, die von dort kommen
Sind kalt, dass sie keiner erträgt
Wir aber haben uns unten
In kältere Betten gelegt.
Sie sagen, man sieht dort nur Finstres
Weil Tannen vorm Lichte stehn:
Wir aber haben dort unten
Das Schauspiel der Welt gesehn.
Sie sagen auch: Über den Wäldern
Drunten im Stein kommt nichts.
Da sind wir die Leute, hinüber-
zugehen ins Gestein, gelassnen Gesichts.

Bertolt Brecht
Die unwürdige Greisin

Meine Großmutter war zweiundsiebzig Jahre alt, als mein Großvater starb. Er hatte eine kleine Lithographenanstalt in einem badischen Städtchen und arbeitete darin mit zwei, drei Gehilfen bis zu seinem Tod. Meine Großmutter besorgte ohne Magd den Haushalt, betreute das alte, wacklige Haus und kochte für die Mannsleute und Kinder.

Sie war eine kleine magere Frau mit lebhaften Eidechsenaugen, aber langsamer Sprechweise. Mit recht kärglichen Mitteln hatte sie fünf Kinder großgezogen – von den sieben, die sie geboren hatte. Davon war sie mit den Jahren kleiner geworden.

Von den Kindern gingen die zwei Mädchen nach Amerika, und zwei der Söhne zogen ebenfalls weg. Nur der Jüngste, der eine schwache Gesundheit hatte, blieb im Städtchen. Er wurde Buchdrucker und legte sich eine viel zu große Familie zu.

So war sie allein im Haus, als mein Großvater gestorben war.

Die Kinder schrieben sich Briefe über das Problem, was mit ihr zu geschehen hätte. Einer konnte ihr bei sich ein Heim anbieten, und der Buchdrucker wollte mit den Seinen zu ihr ins Haus ziehen. Aber die Greisin verhielt sich abweisend zu den Vorschlägen und wollte nur von jedem ihrer Kinder, das dazu imstande war, eine kleine geldliche Unterstützung annehmen. Die Lithographenanstalt, längst veraltet, brachte fast nichts beim Verkauf, und es waren auch Schulden da.

Die Kinder schrieben ihr, sie könne doch nicht ganz allein leben, aber als sie darauf überhaupt nicht einging, gaben sie nach und schickten ihr monatlich ein bisschen Geld. Schließlich, dachten sie, war ja der Buchdrucker im Städtchen geblieben.

Der Buchdrucker übernahm es auch, seinen Geschwistern mitunter über die Mutter zu berichten. Seine Briefe an meinen Vater und was dieser bei einem Besuch und nach dem Begräbnis meiner Großmutter zwei Jahre später erfuhr, geben mir ein Bild von dem, was in diesen zwei Jahren geschah.

Es scheint, dass der Buchdrucker von Anfang an enttäuscht war, dass meine Großmutter sich weigerte, ihn in das ziemlich große und nun leerstehende Haus aufzunehmen. Er wohnte mit vier Kindern in drei Zimmern. Aber die Greisin hielt überhaupt nur eine sehr lose Verbindung mit ihm aufrecht. Sie lud die Kinder jeden Sonntagnachmittag zum Kaffee, das war eigentlich alles.

Sie besuchte ihren Sohn ein- oder zweimal in einem Vierteljahr und half der Schwiegertochter beim Beereneinkochen. Die junge Frau entnahm einigen ihrer Äußerungen, dass es ihr in der kleinen Wohnung des Buchdruckers zu eng war.

Dieser konnte sich nicht enthalten, in seinem Bericht darüber ein Ausrufezeichen anzubringen.

Auf eine schriftliche Anfrage meines Vaters, was die alte Frau denn jetzt so mache, antwortete er ziemlich kurz, sie besuche das Kino.

Man muss verstehen, dass das nichts Gewöhnliches war, jedenfalls nicht in den Augen ihrer Kinder. Das Kino war vor dreißig Jahren noch nicht, was es heute ist. Es handelte sich um elende, schlecht gelüftete Lokale, oft in alten Kegelbahnen eingerichtet, mit schreienden Plakaten vor dem Eingang, auf denen Morde und Tragödien der Leidenschaft angezeigt waren. Eigentlich gingen nur Halbwüchsige hin oder, des Dunkels wegen, Liebespaare. Eine einzelne alte Frau musste dort sicher auffallen.

Und so war noch eine andere Seite dieses Kinobesuches zu bedenken. Der Eintritt war gewiss billig, da aber das Vergnügen ungefähr unter den Schleckereien rangierte, bedeutete es »hinausgeworfenes Geld«. Und Geld hinauszuwerfen, war nicht respektabel.

Dazu kam, dass meine Großmutter nicht nur mit ihrem Sohn am Ort keinen regelmäßigen Verkehr pflegte, sondern auch sonst niemanden von ihren Bekannten besuchte oder einlud. Sie ging niemals zu den Kaffeegesellschaften des Städtchens. Dafür besuchte sie häufig die Werkstatt eines Flickschusters in einem armen und sogar etwas verrufenen Gässchen, in der, besonders nachmittags, allerlei nicht besonders respektable Existenzen herumsaßen, stellungslose Kellnerinnen und Handwerksburschen. Der Flickschuster war ein Mann in mittleren Jahren, der in der ganzen Welt herumgekommen war, ohne es zu etwas gebracht zu haben. Es hieß auch, dass er trank. Er war jedenfalls kein Verkehr für meine Großmutter.

Der Buchdrucker deutete in einem Brief an, dass er seine Mutter darauf hingewiesen, aber einen recht kühlen Bescheid bekommen habe. »Er hat etwas gesehen«, war die Antwort, und das Gespräch war damit zu Ende. Es war nicht leicht, mit meiner Großmutter über Dinge zu reden, die sie nicht bereden wollte.

Etwa ein halbes Jahr nach dem Tod des Großvaters

schrieb der Buchdrucker meinem Vater, dass die Mutter jetzt jeden zweiten Tag im Gasthof esse.

Was für eine Nachricht! Großmutter, die zeit ihres Lebens für ein Dutzend Menschen gekocht und immer nur die Reste aufgegessen hatte, aß jetzt im Gasthof! Was war in sie gefahren? Bald darauf führte meinen Vater eine Geschäftsreise in die Nähe, und er besuchte seine Mutter.

Er traf sie im Begriffe, auszugehen. Sie nahm den Hut wieder ab und setzte ihm ein Glas Rotwein mit Zwieback vor. Sie schien ganz ausgeglichener Stimmung zu sein, weder besonders aufgekratzt noch besonders schweigsam. Sie erkundigte sich nach uns, allerdings nicht sehr eingehend, und wollte hauptsächlich wissen, ob es für die Kinder auch Kirschen gäbe. Da war sie ganz wie immer. Die Stube war natürlich peinlich sauber, und sie sah gesund aus.

Das einzige, was auf ihr neues Leben hindeutete, war, dass sie nicht mit meinem Vater auf den Gottesacker gehen wollte, das Grab ihres Mannes zu besuchen. »Du kannst allein hingehen«, sagte sie beiläufig, »es ist das dritte von links in der elfte Reihe. Ich muss noch wohin.« Der Buchdrucker erklärte nachher, dass sie wahrscheinlich zu ihrem Flickschuster musste. Er klagte sehr.

»Ich sitze hier in diesen Löchern mit den Meinen und habe nur noch fünf Stunden Arbeit und schlecht bezahlte, dazu macht mir mein Asthma wieder zu schaffen, und das Haus in der Hauptstraße steht leer.«

Mein Vater hatte im Gasthof ein Zimmer genommen, aber erwartet, dass er zum Wohnen doch von einer Mutter eingeladen werden würde, wenigstens pro forma, aber sie sprach nicht davon. Und sogar als das Haus voll gewesen war, hatte sie immer etwas dagegen gehabt, dass er nicht bei ihnen wohnte und dazu das Geld für das Hotel ausgab!

Aber sie schien mit ihrem Familienleben abgeschlossen zu haben und neue Wege zu gehen, jetzt, wo ihr Leben sich neigte. Mein Vater, der eine gute Portion Humor besaß, fand sie ›ganz munter‹ und sagte meinem Onkel, er solle die alte Frau machen lassen, was sie wolle.

Aber was wollte sie?

Das nächste, was berichtet wurde, war, dass sie eine Bregg bestellt hatte und nach einem Ausflugsort gefahren war, an einem gewöhnlichen Donnerstag. Eine Bregg war ein großes, hochrädriges Pferdegefährt mit Plätzen für ganze Familien. Einige wenige Male, wenn wir Enkelkinder zu Besuch gekommen waren, hatte Großvater die Bregg gemietet. Großmutter war immer zu Hause geblieben. Sie hatte es mit einer wegwerfenden Handbewegung abgelehnt, mitzukommen.

Und nach der Bregg kam die Reise nach K., einer größeren Stadt, etwa zwei Eisenbahnstunden entfernt. Dort war ein Pferderennen, und zu dem Pferderennen fuhr meine Großmutter.

Der Buchdrucker war jetzt durch und durch alarmiert. Er wollte einen Arzt hinzugezogen haben. Mein Vater schüttelte den Kopf, als er den Brief las, lehnte aber die Hinzuziehung eines Arztes ab.

Nach K. war meine Großmutter nicht allein gefahren. Sie hatte ein junges Mädchen mitgenommen, eine halb Schwachsinnige, wie der Buchdrucker schrieb, das Küchenmädchen des Gasthofs, in dem die Greisin jeden zweiten Tag speiste.

Dieser ›Krüppel‹ spielte von jetzt ab eine Rolle.

Meine Großmutter schien einen Narren an ihr gefressen zu haben. Sie nahm sie mit ins Kino und zum Flickschuster, der sich übrigens als Sozialdemokrat herausgestellt hatte, und es ging das Gerücht, dass die beiden Frauen bei einem Glas Rotwein in der Küche Karten spielten.

»Sie hat dem Krüppel jetzt einen Hut gekauft mit Rosen darauf«, schrieb der Buchdrucker verzweifelt. »Und unsere Anna hat kein Kommunionskleid!«

Die Briefe meines Onkels wurden ganz hysterisch, handelten nur von der ›unwürdigen Aufführung unserer lieben Mutter‹ und gaben sonst nichts mehr her. Das Weitere habe ich von meinem Vater.

Der Gastwirt hatte ihm mit Augenzwinkern zugeraunt: »Frau B. amüsiert sich ja jetzt, wie man hört.«

In Wirklichkeit lebte meine Großmutter auch diese letzten Jahre keinesfalls üppig. Wenn sie nicht im Gasthof aß, nahm sie meist nur ein wenig Eierspeise zu sich, etwas Kaffee und vor allem ihren geliebten Zwieback. Dafür leistete sie sich einen billigen Rotwein, von dem sie zu allen Mahlzeiten ein kleines Glas trank. Das Haus hielt sie sehr rein, und nicht nur die Schlafstube und die Küche, die sie benutzte. Jedoch nahm sie darauf ohne Wissen ihrer Kinder eine Hypothek auf. Es kam niemals heraus, was sie mit dem Geld machte. Sie scheint es dem Flickschuster gegeben zu haben. Er zog nach ihrem Tod in eine andere Stadt und soll dort ein größeres Geschäft für Maßschuhe eröffnet haben.

Genau betrachtet lebte sie hintereinander zwei Leben. Das eine, erste, als Tochter, als Frau und als Mutter, und das zweite einfach als Frau B., eine alleinstehende Person ohne Verpflichtungen und mit bescheidenen, aber ausreichenden Mitteln. Das erste Leben dauerte etwas sechs Jahrzehnte, das zweite nicht mehr als zwei Jahre.

Mein Vater brachte in Erfahrung, dass sie im letzten halben Jahr sich gewisse Freiheiten gestattete, die normale

Leute gar nicht kennen. So konnte sie im Sommer früh um drei Uhr aufstehen und durch die leeren Straßen des Städtchens spazieren, das sie so für sich ganz allein hatte. Und den Pfarrer, der sie besuchen kam, um der alten Frau in ihrer Vereinsamung Gesellschaft zu leisten, lud sie, wie allgemein behauptet wurde, ins Kino ein!

Sie war keineswegs vereinsamt. Bei dem Flickschuster verkehrten anscheinend lauter lustige Leute, und es wurde viel erzählt. Sie hatte dort immer eine Flasche ihres eigenen Rotweins stehen, und daraus trank sie ihr Gläschen, während die anderen erzählten und über die würdigen Autoritäten der Stadt loszogen. Dieser Rotwein blieb für sie reserviert, jedoch brachte sie mitunter der Gesellschaft stärkere Getränke mit.

Sie starb ganz unvermittelt, an einem Herbstnachmittag in ihrem Schlafzimmer, aber nicht im Bett, sondern auf dem Holzstuhl am Fenster. Sie hatte den ›Krüppel‹ für den Abend ins Kino eingeladen, und so war das Mädchen bei ihr, als sie starb. Sie war vierundsiebzig Jahre alt.

Ich habe eine Fotografie von ihr gesehen, die sie auf dem Totenbett zeigt und die für die Kinder angefertigt worden war. Man sieht ein winziges Gesichtchen mit vielen Falten und einen schmallippigen, aber breiten Mund. Viel Kleines, aber nichts Kleinliches. Sie hatte die langen Jahre der Knechtschaft und die kurzen Jahre der Freiheit ausgekostet und das Brot des Lebens aufgezehrt bis auf den letzten Brosamen.

Wolfgang Altendorf
Mein Nachbar ließ sich einschneien

Als Anfang Dezember hier oben bei uns die ersten, andauernden Schneefälle auftraten, rief mich mein Nachbar an. »Lieber Freund«, unterrichtete er mich am Telefon, »ich lasse mich auch diesen Winter einschneien. Dazu benötige ich, wie im vorigen Jahr, wiederum Ihre Hilfe. Sie wissen schon: Die Kühltruhe ist gefüllt, ebenso der Öltank. Das Radio funktioniert, und mein Fernseher hält es gewiss die nächsten sechs Monate noch aus. Meine Post wird Ihnen gebracht. Dann und wann melde ich mich telefonisch bei Ihnen, damit Sie nicht in Sorge geraten. Würden Sie sich dieser kleinen Mühe unterziehen?«

In der Tat hatte er Ähnliches bereits im vorigen Winter getan, und deshalb waren mir auch seine vielfältigen Gründe für diese Prozedur vertraut. Vor allem verwies er auf die ökonomischen Vorteile, die er mit diesem Entschluss einzuheimsen gedachte. »Einmal habe ich die lästige Schneeschipperei gründlich satt«, erläuterte er mir. »Zum anderen möchte ich die knapp sechs winterlichen Monate der absoluten Einsamkeit genießen und schließlich – schon lange habe ich die Absicht, meine Memoiren zu schreiben. Dieser Winter, so wie er sich gegenwärtig anlässt, erscheint mir geradezu prädestiniert für mein Vorhaben.«

Und wirklich, die Schneefälle erwiesen sich, wie wir alle wissen, als erstaunlich ergiebig im vergangenen Jahr. Mein Nachbar blieb bei seinem Vorsatz, und im Nu war er eingeschneit.

Ja, der Schnee hüllte ihn und sein Haus mitsamt Garten in ein undurchdringlich weißes Gebirge. Ein übriges tat der Schneepflug der Straßenmeisterei, der das, was er von der Straße wegschob – die günstige, zeitsparende Möglichkeit nutzend – an der Gartenfront meines Nachbarn hoch auftürmte, was mich ermunterte, auch meinerseits jenen Schnee, den ich von meiner Haustür wegzuschippen hatte, einfach vor die seine zu deponieren. Er sollte es möglichst warm haben in seiner winterlichen Abgeschiedenheit.

Jeden dritten Tag klingelte das Telefon. Ich las ihm die Briefe vor, die die Post mir für ihn gebracht hatte. Er erklärte sie alle für höchst unwichtig. Einmal wurde er unpässlich, und ich war gerade dabei, die Technische Nothilfe zu alarmieren, damit sie eine Gasse durch die Schneeberge für den Doktor bahne, als er mir fernmündlich seine Genesung meldete.

Mit seinen Memoiren war er auf Seite 763 angelangt, als (im April) unter stürmischen Winden und schrägen Regengüssen die ganze Schneepracht dahinschmolz. Eines Tages klingelte es an meiner Haustür. Mein Nachbar stand davor. Er sah gesund und in höchstem Maße ausgeglichen aus. »Da bin ich wieder«, sagte er. »Es war eine schöne, geruhsame und vor allem auch nachdenkliche Zeit, wie ich sie nur meinen besten Freunden empfehlen kann. Die Schneemassen hielten«, fuhr er eifrig fort, »die Winde ab, so dass ich runde 20 Prozent an Heizkosten sparte, die Gartenwege müssen nicht repariert werden, etwa infolge eines unablässigen Schneewegkratzens, das sich mir ja erübrigte, und auch sonst bin ich prächtig auf meine Kosten gekommen. Nun geht der Stress wieder los. Da freue ich mich schon auf den nächsten Winter!«

Dieser hielt, wie wir wissen, in diesem Jahr sehr früh

seinen Einzug, und längst ist wiederum nichts mehr zu sehen von seinem Haus. Eine weiße Mauer verwehrt den Blick darauf. Und sie wächst und wächst. Ich aber schippe und schippe.

Beneidenswert still ist es dort drüben! Und wie wohl sich mein eingeschneiter Nachbar fühlen muss, er, der beim Abfassen der Fortsetzung seiner Memoiren, absolut ungestört, sparsam und geruhsam in fernen, schönen Erinnerungen schwelgen kann. Eines Winters lasse auch ich mich einschneien. Dann, wenn ich nicht mehr so unglaublich viel zu tun habe, den nächsten vielleicht. Spätestens den übernächsten!

Mark Twain
Der Schwarzwälder

Von Baden-Baden aus machten wir den üblichen Abstecher in den Schwarzwald. Die meiste Zeit über waren wir auf den Beinen. Man kann diese edlen Wälder ebenso beschreiben wie die Empfindung, die sie hervorrufen. Ein Zug dieser Empfindung ist jedoch ein Gefühl tiefer Zufriedenheit; ein anderer Zug ist eine heitere, jungenhafte Fröhlichkeit; und ein dritter und deutlich spürbarer Zug ist das Gefühl, dass die Alltagswelt weit entfernt und dass man von ihr und ihren Angelegenheiten vollkommen befreit sei.

Wir fanden die Bauernhäuser und Dörfer im Schwarzwald genau so, wie Auerbachs Schwarzwaldgeschichten sie schildern. Das erste echte Exemplar, auf das wir stießen, war der Wohnsitz eines reichen Bauern und Gemeinderatsmitglieds. Er stellte in der Gegend eine wichtige Persönlichkeit dar, und seine Frau natürlich auch. Seine Tochter war die »gute Partie« der ganzen Umgebung, und ich könnte mir denken, dass sie inzwischen bereits als Heldin eines der Romane von Auerbach der Unsterblichkeit entgegengeht. Wir werden es ja sehen, denn wenn Auerbach sie darin aufnimmt, erkenne ich sie an der Schwarzwaldtracht und an ihrer Sonnenbräune, an der rundlichen Gestalt, den fetten Händen, dem stumpfen Gesichtsausdruck, dem freundlichen Wesen, den großen Füßen …

Die ganze vordere Hälfte des Hauses schien von unten bis oben mit Menschen, Kühen und Hühnern angefüllt zu sein, und die ganze hintere Hälfte mit Zugvieh und Heu. Aber das charakteristische Merkmal dieses ganzen Hauses bildeten die großen Misthaufen, die draußen herumlagen.

Im Schwarzwald wurden wir mit diesem Düngemittel sehr vertraut. Unbewusst gewöhnten wir uns an, die gesellschaftliche Stellung eines Mannes nach diesem ins Auge fallenden Kennzeichen zu beurteilen. Manchmal sagten wir: »Hier wohnt offensichtlich ein armer Teufel.« Wenn wir eine stattliche Anhäufung sahen, sagten wir: »Das ist ein Bankier.« Wenn wir zu einem Landsitz kamen, der von einer alpenähnlichen Dungpracht umgeben war, sagten wir: »Zweifellos wohnt hier ein Herzog, jedenfalls ein bedeutender Mensch.«

Mark Twain
Der Baden-Badener

Baden-Baden liegt im Schoße der Berge, und die natürlichen und die künstlich geschaffenen Schönheiten der Umgebung bilden eine wirkungsvolle und bezaubernde Einheit. In dem ebenen Grund, der sich durch die Stadt hindurch und über die Stadt hinaus erstreckt, hat man schöne Parks angelegt, die von prächtigen Bäumen beschattet und in Abständen mit hohen, glitzernden Springbrunnen geschmückt sind. Dreimal am Tag spielt auf der Promenade vor dem Kurhaus eine gute Musikkapelle, und nachmittags und abends wimmelt dieser Ort von elegant gekleideten Leuten beiderlei Geschlechts, die an dem großen Musikpodium vorbei auf und ab wandeln und sehr gelangweilt aussehen, obwohl sie so tun, als wären sie es nicht.

Das sieht nach einem ziemlich ziellosen und stumpfsinnigen Dasein aus. Jedoch ist ein großer Teil dieser Leute aus einem triftigen Grunde da: sie werden vom Rheumatismus geplagt und sind hier, um ihn in den heißen Bädern auszuschwitzen. Diese Invaliden sahen recht melancholisch aus, wie sie auf ihren Stöcken und Krücken umherhinkten und offenbar über traurige Dinge aller Art grübelten. Es heißt, Deutschland mit seinen feuchten Steinhäusern sei die Heimat des Rheumatismus.

Der dortige Geschäftsmann betrügt einen, wenn er kann, und beleidigt einen, ob es ihm gelingt, einen zu betrügen, oder nicht. Die Pächter der Bäder geben sich ebenfalls große und beharrliche Mühe, einen zu beleidigen. Die schlampige Frau, die am Pult im Vorraum des großen Friedrichsbades saß und Badekarten verkaufte, beleidigte mich nicht nur zweimal täglich in unwandelbarer Treue ihrem wichtigen Amt gegenüber, sondern sie gab sich auch eines Tages so viel Mühe, mich um einen Schilling zu betrügen, dass sie von Rechts wegen zehn hätte bekommen müssen.

Die glänzenden Spiele von Baden-Baden sind dahin, nur seine mikroskopisch kleinen Schurken sind geblieben.

Es ist ein fades Städtchen, überall trifft man auf leeren Schein, kleinlichen Betrug und Aufgeblasenheit. Aber die Bäder sind gut. Ich habe mit vielen Leuten gesprochen, und sie waren sich alle darin einig. Drei Jahre lang hatte ich dauernd rheumatische Schmerzanfälle, aber der letzte verschwand, nachdem ich vierzehn Tage dort gebadet hatte, und ich habe seither nie wieder welche durchgemacht. Ich glaube fest daran, dass ich meinen Rheumatismus in Baden-Baden gelassen habe. Er steht Baden-Baden gern zur Verfügung. Es war wenig, aber mehr hatte ich nicht zu geben. Ich hätte gern etwas Ansteckendes zurückgelassen, aber das lag nicht in meiner Macht.

Otto Jägersberg

Der Pfarrer von Freudenstadt

Ein Einbrecher, gerade aus dem Gefängnis entlassen, stieg durch ein offenes Fenster beim Pfarrer von Freudenstadt ein und raubte ein Scheckheft und eine Bibel. Als er die Kleidung des Pfarrers auf dem Bett ausgebreitet liegen sah, probierte er sie an. Alles passte, auch das Scheckheft, in die Innen- und die Bibel in die Außentasche.

Wohin er nun kam, machte er den Pfarrer von Freudenstadt. Aber vorsichtig. So versuchte er gleich gar nicht, mit den Schecks dahin zu gehen, wo man sie erfunden hat. Einer Bank ist auch der falscheste Pfarrer nicht gewachsen, sagte sich der neue Pfarrer von Freudenstadt und suchte Einrichtungen auf, die für Wohltätigkeiten die geeigneteren Mittel haben.

»Bitte lassen Sie durch einen frommen Helfer hundertfünfzig Kerzen in der Gnadenkapelle aufstellen«, sagte er zum Beispiel dem Drogisten in Offenburg.

»Haushaltskerzen oder handgezogene?«

»Für Haushaltskerzen mach ich keine Wallfahrt ins Renchtal«, sagte der Pfarrer von Freudenstadt und wählte wie ein Kenner.

»Aber die kosten zwei Mark das Stück!«

»Nun gut, wer will da kleinlich sein, sie sind ja für die Heilige Jungfrau ... einen Kugelschreiber bitte!« Und während der Drogist die Kerzen zählte, schrieb der Pfarrer von Freudenstadt einen Scheck aus, fünfhundert Mark.

»Hundertfünfzig mal zwei Mark macht nur dreihundert«, sagte der Drogist.

»Ach Gott«, sagte der Pfarrer von Freudenstadt, »so so, dann geben Sie mir bitte noch zwei Döschen Rheila-Perlen, das Predigen macht den Hals so rau, und den Rest geben Sie mir eben bar, dann brauch ich nicht extra zur Bank, Gott gab uns zwar die Zahlen, doch von Rechnen hat er nichts gesagt.«

So kam ein ungewöhnlicher Glanz in die Wallfahrtskirche Mariä Krönung, und der Pfarrer von Freudenstadt hatte mit fast zweihundert Mark einen guten Tag.

Im Hotel machte er es so: »Ich bin der Pfarrer von Freudenstadt, potz Blitz, ich habe Mantel und Gepäck im Zug gelassen, Gott sei Dank stecken meine Schecks in der Jackentasche, ein Zimmer mit Bad bitte, ich zahle mal gleich, bevor ich auch das vergesse, ich bleibe die ganze Woche, wir bereiten hier den Landeskirchentag vor, eine Zahnbürste muss ich mir gleich kaufen gehen, einen Schlafanzug, ein Hemd, verflixt, diese heidnische Vergesslichkeit!« Und während der Hotelangestellte die Rechnung machte, hatte der Pfarrer von Freudenstadt seinen Scheck geschrieben, nie zu unverschämt hoch über den Rechnungsbetrag, so dass die Restsumme immer gern ausgezahlt wurde. Doch wusste der Pfarrer von Freudenstadt Trinkgelder zu geben.

Er blieb eine Nacht und manchmal noch einen Tag, dann zog er weiter, kaufte Bibel, Gesangbücher, Kerzen, ließ Kartenspiele und Wein in Altersheime liefern, Spielsachen in Kindergärten und sorgte für kleine Gaben im ganzen Land.

Bis ihn in Memprechtshofen der Teufel packte. PUSSY CAT hieß das Lokal. Er trank die ganze Nacht mit dem Barmädchen, aber es kamen auch nicht mehr als dreitausend

Mark dabei auf die Rechnung. Der Pfarrer von Freudenstadt schrieb einen Scheck aus über fünftausend. Aus reiner Schreibfreude. Und natürlich um den Mädchen eine Freude zu machen. Der Geschäftsführer dieser ordentlichen Wirtschaft aber wollte immer alles genau wissen, und er blätterte im Telefonbuch unter Freudenstadt und fand auch den Pfarrer und war so unchristlich anzurufen, morgens um sechs Uhr.

Georg Groddeck

Probenächte

Im Schwarzwald gibt es noch einen Brauch, der sich auch in anderen Gegenden den Liebenden empfiehlt.

Der Bursch steigt des Nachts zum offenen Kammerfenster, wo ihn das Mädchen erwartet. Einige Nächte geht es so, dass der Bursch, auf der Leiter stehend, der Zukünftigen den Hof macht. Gefällt er ihr, so fordert sie ihn eines Nachts auf, hereinzusteigen und bald nimmt sie ihn in ihr Bett.

Wird sie schwanger, so muss der Bursch sie heiraten. Wird sie es nicht, so brechen beide ihre Beziehungen ab und keinem entsteht ein Vorwurf daraus. Der Bursch sucht eine andere Frau und das Mädchen hat bald einen anderen Bewerber, denn auf dem Land schätzt man die Jungfräulichkeit nicht so übermäßig hoch ein, wie wir es tun oder zu tun behaupten.

Ich glaube nicht daran, dass der Mann so großen Wert auf die Unberührtheit seiner Geliebten legt. Meist fragt er gar nicht danach und wenn sie es ihm erzählt, pflegt er es nicht tragisch zu nehmen. Vermutlich ist das immer so gewesen und wird immer so bleiben. Ein rechter Mann ist viel zu selbstbewusst, um sich um Nebenbuhler aus der Vergangenheit zu kümmern.

Otto Jägersberg
Schwarzwaldverein

Der SCHWARZWALDVEREIN, das muss gesagt werden, ist auf Irreführung, Verdunkelung und Umwege aus. An jeder Tanne weist ein sieben mal zehn Zentimeter großes Markierungszeichen aus Email den Weg zur nächsten Tanne. Und in den dichtbewachsenen Niedriggehölzen, Schonungen und Jungwäldern sind bereits die Wegewarte unterwegs, die Rucksäcke voller neuer Schilder, den Hammer in der einen, die RICHTLINIEN FÜR BEZEICHNUNG UND LINIENFÜHRUNG DER HAUPTWANDERWEGE IM SCHWARZWALD in der anderen Hand.

Die restlichen Menschen dort oben im Wald, die sogenannten Wanderer, fühlen sich ständig verirrt. Auf den durch Rauten ausgewiesenen Hauptwanderwegen herrscht Katastrophenstimmung und auf den durch die Ortsgruppen des SCHWARZWALDVEREINS mit Kreisen, Strichen, Kreuzen, Fröschen, Eichhörnchen und Pilzen gekennzeichneten Nebenwanderwegen totale Verwirrung.

Das ist mehr oder weniger bekannt, nicht aber, woher die Millionen Mitglieder kommen. Tannen des Schwarzwaldes sind automatisch Mitglieder des SCHWARZWALDVEREINS. Die Tannen erwerben ihr Standrecht nur durch Mitgliedschaft. Ihre Ausweise stecken in den Wurzeln. Einmal jährlich finden scharfe Kontrollen statt. Wer seinen Beitrag nicht entrichtet hat, wird gefällt.

Hermann Hesse
Der Zyklon

Ein Zug fuhr auf den glänzenden Eisenbahnschienen daher und an mir vorbei, ich sah ihm nach und wünschte inbrünstig, mit diesem Zug fort und in die Welt zu fahren.

Ich hielt Umschau, ob nicht der Bahnwärter in der Nähe sei, und da nichts zu sehen noch zu hören war, sprang ich schnell über die Geleise und kletterte jenseits an den hohen roten Sandsteinfelsen empor, in welchen da und dort noch die geschwärzten Sprenglöcher vom Bahnbau her zu sehen waren. Der Durchschlupf nach oben war mir bekannt, ich hielt mich an den zähen, schon verblühten Ginsterbesen fest. In dem roten Gestein atmete eine trockene Sonnenwärme, der Sand rieselte mir beim Klettern in die Ärmel, und wenn ich über mich sah, stand über der senkrechten Steinwand erstaunlich nah und fest der warme leuchtende Himmel. Und plötzlich war ich oben, ich konnte mich an dem Steinrande aufstemmen, die Knie nachziehen, mich an einem dünnen, dornigen Akazienstämmchen festhalten und war nun auf einem verlorenen, steil ansteigenden Graslande.

Diese stille kleine Wildnis, unter welcher in steiler Verkürzung die Eisenbahnzüge wegfahren, war mir früher ein lieber Aufenthalt gewesen. Außer dem zähen, verwilderten Grase, das nicht gemäht werden konnte, wuchsen hier kleine, feindornige Rosensträucher und ein paar vom Winde ausgesäte, kümmerliche Akazienbäumchen, durch deren dünne, transparente Blätter die Sonne schien. Auf dieser

Grasinsel, die auch von oben her durch ein rotes Felsenband abgeschnitten war, hatte ich einst als Robinson gehaust, der einsame Landstrich gehörte niemandem, als wer den Mut und die Abenteuerlust hatte, ihn durch senkrechtes Klettern zu erobern. Hier hatte ich als Zwölfjähriger mit dem Meißel meinen Namen in den Stein gehauen, hier hatte ich einst die Rosa von Tannenburg gelesen und ein kindliches Drama gedichtet, das vom tapferen Häuptling eines untergehenden Indianerstammes handelte. Das sonnverbrannte Gras hing in bleichen, weißlichen Strähnen an der steilen Halde, das durchglühte Ginsterlaub roch stark und bitter in der windstillen Wärme. Ich streckte mich in die trockene Dürre, sah die feinen Akazienblätter in ihrer peinlich zierlichen Anordnung grell durchsonnt in dem satten blauen Himmel ruhen und dachte nach. Es schien mir die rechte Stunde zu sein, um mein Leben und meine Zukunft vor mir auszubreiten.

Doch vermochte ich nichts Neues zu entdecken. Ich sah nur die merkwürdige Verarmung, die mich von allen Seiten bedrohte, das unheimliche Erblassen und Hinwelken erprobter Freuden und liebgewordener Gedanken. Für das, was ich widerwillig hatte hingeben müssen, für die ganze verlorene Knabenseligkeit war mein Beruf mir kein Ersatz, ich liebte ihn wenig und bin ihm auch nicht lange treu geblieben. Er war für mich nichts als ein Weg in die Welt hinaus, wo ohne Zweifel irgendwo neue Befriedigungen zu finden wären. Welcher Art konnten diese sein?

Man konnte die Welt sehen und Geld verdienen, man brauchte Vater und Mutter nimmer zu fragen, ehe man etwas tat und unternahm, man konnte sonntags Kegelschieben und Bier trinken. Dieses alles aber, sah ich wohl, waren nur Nebensachen und keineswegs der Sinn des neuen Lebens, das mich erwartete. Der eigentliche Sinn lag anderswo, tiefer, schöner, geheimnisvoller, und er hing, so fühlte ich, mit den Mädchen und mit der Liebe zusammen. Da musste eine tiefe Lust und Befriedigung verborgen sein, sonst wäre das Opfer der Knabenfreuden ohne Sinn gewesen.

Von der Liebe wusste ich wohl, ich hatte manches Liebespaar gesehen und wunderbar berauschende Liebesdichtungen gelesen. Ich hatte mich auch selber schon mehrere Male verliebt und in Träumen etwas von der Süßigkeit empfunden, um die ein Mann sein Leben einsetzt und die der Sinn seines Tun und Strebens ist. Ich hatte Schulkameraden, die schon jetzt mit Mädchen gingen, und ich hatte in der Werkstatt Kollegen, die von den sonntäglichen Tanzböden und von nächtlich erstiegenen Kammerfenstern ohne Scheu zu erzählen wussten. Mir selbst indessen war die Liebe noch ein verschlossener Garten, vor dessen Pforte ich in schüchterner Sehnsucht wartete.

Unser zweiter Lehrbube hatte mich eines Abends beiseite genommen und mir auf dem Heimwege berichtet, er wisse mir eine schöne Liebste, sie habe noch keinen Schatz gehabt und wolle keinen andern als mich, und sie habe einen seidenen Geldbeutel gestrickt, den wolle sie mir schenken. Ihren Namen wollte er nicht sagen, ich werde ihn schon selber erraten können. Als ich dann drängte und fragte und schließlich geringschätzig tat, blieb er stehen – wir waren eben auf dem Mühlensteg überm Wasser – und sagte leise: »Sie geht gerade hinter uns.« Verlegen dreht ich mich um, halb hoffend und halb fürchtend, es sei doch alles nur ein dummer Scherz. Da kam hinter uns die Brückenstufen herauf ein junges Mädchen aus der Baumwollspinnerei gegangen, die Berta Vögtlin, die ich vom Konfirmandenunterricht her noch kannte. Sie blieb stehen, sah mich an und lächelte und wurde langsam rot, bis ihr ganzes Gesicht in Flammen stand. Ich lief schnell weiter und nach Hause.

Seither hatte sie mich zweimal aufgesucht, einmal in der Spinnerei, wo wir Arbeit hatten, und einmal abends beim Heimgehen, doch hatte sie nur »Grüß Gott« gesagt und dann: »Auch schon Feierabend?« Das bedeutet, dass man ein Gespräch anzuknüpfen willens ist; ich hatte aber nur genickt und ja gesagt und war verlegen fortgegangen.

An dieser Geschichte hingen nun meine Gedanken fest und fanden sich nicht zurecht. Ein hübsches Mädchen liebzuhaben, davon hatte ich schon oft mit tiefem Verlangen geträumt. Da war nun eine, hübsch und blond und etwas größer als ich, die wollte von mir geküsst sein und in meinen Armen ruhen. Sie war groß und kräftig gewachsen, sie war weiß und rot und hübsch von Gesicht, an ihrem Nacken spielte schattiges Haargekräusel, und ihr Blick war voll Erwartung und Liebe. Aber ich hatte nie an sie gedacht, ich war nie in sie verliebt gewesen, ich war ihr nie in zärtlichen Träumen nachgegangen und hatte nie mit Zittern ihren Namen in mein Kissen geflüstert. Ich durfte sie, wenn ich wollte, liebkosen und zu eigen haben, aber ich konnte sie nicht verehren und nicht vor ihr knien und anbeten. Was sollte daraus werden?

Was sollte ich tun?

Unmutig stand ich von meinem Graslager auf. Ach, es war eine üble Zeit. Wollte Gott, mein Fabrikjahr wäre schon morgen um und ich könnte wegreisen, weit von hier, und neu anfangen und das alles vergessen.

Um nur etwas zu tun und mich leben zu fühlen, beschloss ich, vollends auf den Berg zu steigen, so mühsam es von hier aus war. Da droben war man hoch über dem Städtchen und konnte in die Ferne sehen. Im Sturm lief ich die Halde hinan bis zum oberen Felsen, klemmte mich zwischen den Steinen empor und zwängte mich auf das hohe Gelände, wo der unwirtliche Berg in Gesträuch und lockeren Felstrümmern verlief. In Schweiß und Atemklemme kam ich hinan und atmete befreiter im schwachen Luftzug der sonnigen Höhe. Verblühende Rosen hingen locker an den Ranken und ließen müde blasse Blätter sinken, wenn ich vorüberstreifte. Grüne kleine Brombeeren wuchsen überall und hatten nur an der Sonnenseite den ersten schwachen Schimmer von metallischem Braun. Distelfalter flogen ruhig in der stillen Wärme einher und zogen Farbenblitze durch die Luft, auf einer bläulich überhauchten Schafgarbendolde saßen zahllose rot und schwarz gefleckte Käfer, eine sonderbare lautlose Versammlung, und bewegten automatenhaft ihre langen, hageren Beine. Vom Himmel waren längst alle Wolken verschwunden, er stand in reinem Blau, von den schwarzen Tannenspitzen der nahen Waldberge scharf durchschnitten.

Auf dem obersten Felsen, wo wir als Schulknaben stets unsere Herbstfeuer angezündet hatten, hielt ich an und wendete mich um. Da sah ich tief im halbschattigen Tale den Fluss aufglänzen und die weißschaumigen Mühlenwehre blitzen, und eng in die Tiefe gebettet unsere alte Stadt mit braunen Dächern, über denen still und steil der blaue mittägliche Herdrauch in die Lüfte stieg. Da stand meines Vaters Haus und die alte Brücke, da stand unsere Werkstatt, in der ich klein und rot das Schmiedefeuer glimmen sah, und weiter flußab die Spinnerei, auf deren flachem Dache Gras wuchs und hinter deren blanken Scheiben mit vielen andern auch die Berta Vögtlin ihrer Arbeit nachging. Ach die! Ich wollte nichts von ihr wissen.

Die Vaterstadt sah wohlbekannt in der alten Vertrautheit

zu mir herauf mit allen Gärten, Spielplätzen und Winkeln, die goldenen Zahlen der Kirchenuhr glänzten listig in der Sonne auf, und im schattigen Mühlkanal standen Häuser und Bäume klar in kühler Schwärze gespiegelt. Nur ich selber war anders geworden, und nur an mir lag es, dass zwischen mir und diesem Bilde ein gespenstischer Schleier der Entfremdung hing. In diesem kleinen Bezirk von Mauern, Fluss und Wald lag mein Leben nicht mehr sicher und zufrieden eingeschlossen, es hing wohl noch mit starken Fäden an diese Stätte geknüpft, war aber nicht mehr eingewachsen und umfriedet, sondern schlug überall mit Wogen der Sehnsucht über die engen Grenzen ins Weite. Indem ich mit einer eigentümlichen Trauer hinuntersah, stiegen alle meine geheimen Lebenshoffnungen feierlich in meinem Gemüte auf, Worte meines Vaters und Worte der verehrten Dichter zusammen mit meinen eigenen heimlichen Gelübden, und es schien mir eine ernsthafte, doch köstliche Sache, ein Mann zu werden und mein eigenes Schicksal bewusst in Händen zu halten. Und alsbald fiel dieser Gedanke wie ein Licht in die Zweifel, die mich wegen der Angelegenheit mit Berta Vögtlin bedrängten. Mochte sie hübsch sein und mich gern haben; es war nicht meine Sache, das Glück so fertig und unerworben mir von Mädchenhänden schenken zu lassen.

Es war nicht mehr lange bis Mittag. Die Lust am Klettern war mir verflogen, nachdenklich stieg ich den Fußweg nach der Stadt hinab, unter der kleinen Eisenbahnbrücke durch, wo ich in früheren Jahren jeden Sommer in den dichten Brennesseln die dunklen pelzigen Raupen der Pfauenaugen erbeutet hatte, und an der Friedhofmauer vorbei, vor deren Pforte ein moosiger Nussbaum dichten Schatten streute. Das Tor stand offen, und ich hörte von drinnen den Brunnen plätschern. Gleich nebenan lag der Spiel- und Festplatz der

Stadt, wo beim Maienfest und am Sedanstag gegessen und getrunken, geredet und getanzt wurde. Jetzt lag er still und vergessen im Schatten der uralten, mächtigen Kastanien, mit grellen Sonnenflecken auf dem rötlichen Sande.

Hier unten im Tal, auf der sonnigen Straße den Fluss entlang, brannte eine erbarmungslose Mittagshitze, hier standen, auf der Flußseite den grell bestrahlten Häusern gegenüber, die spärlichen Eschen und Ahorne dünnlaubig und schon spätsommerlich angegilbt. Wie es meine Gewohnheit war, ging ich auf der Wasserseite und schaute nach den Fischen aus. Im glashellen Flusse wedelte mit langen, wallenden Bewegungen das dichte bärtige Seegras, dazwischen in dunkeln, mir genau bekannten Lücken stand da und dort vereinzelt ein dicker Fisch träge und regungslos, die Schnauze gegen die Strömung gerichtet, und obenhin jagten zuweilen in kleinen dunkeln Schwärmen die jungen Weißfische hin. Ich sah, dass es gut gewesen war, diesen Morgen nicht zum Angeln zu gehen, aber die Luft und das Wasser und die Art, wie zwischen zwei großen runden Steinen eine dunkle alte Barbe ausruhend im klaren Wasser stand, sagte mir verheißungsvoll, es werde heut am Nachmittag wahrscheinlich etwas zu fangen sein. Ich merkte es mir und ging weiter und atmete tief auf, als ich von der blendenden Straße durch die Einfahrt in den kellerkühlen Flur unseres Hauses trat.

»Ich glaube, wir werden heute wieder ein Gewitter haben«, sagte bei Tische mein Vater, der ein zartes Wettergefühl besaß. Ich wandte ein, dass kein Wölkchen am Himmel und kein Hauch von Westwind zu spüren sei, aber er lächelte und sagte: »Fühlst du nicht, wie die Luft gespannt ist? Wir werden sehen.«

Es war allerdings schwül genug, und der Abwasserkanal roch heftig wie bei Föhnbeginn. Ich spürte von dem Klettern und von der eingeatmeten Hitze nachträglich eine Müdigkeit und setzte mich gegen den Garten auf die Veranda. Mit schwacher Aufmerksamkeit und oft von leichtem Schlummer unterbrochen las ich in der Geschichte des Generals Gordon, des Helden von Chartum, und immer mehr schien es nun auch mir, es müsse bald ein Gewitter kommen. Der Himmel stand nach wie vor im reinsten Blau, aber die Luft wurde immer bedrückender, als lägen durchglühte Wolkenschichten vor der Sonne, die doch klar in der Höhe stand. Um zwei Uhr ging ich in das Haus zurück und begann mein Angelzeug zu rüsten. Während ich meine Schnüre und Haken untersuchte, fühlte ich die innige Erregung der Jagd voraus und empfand mit Dankbarkeit, dass doch dieses eine, tiefe, leidenschaftliche Vergnügen mir geblieben sei.

Die sonderbar schwüle, gepresste Stille jenes Nachmittags ist mir unvergesslich geblieben. Ich trug meinen Fischeimer flussabwärts bis zum unteren Steg, der schon zur Hälfte im Schatten der hohen Häuser lag. Von der nahen Spinnerei hörte man das gleichmäßige, einschläfernde Surren der Maschinen, einem Bienenfluge ähnlich, und von der Obermühle her schnarrte jede Minute das böse, schartige Kreischen der Kreissäge. Sonst war es ganz still, die Handwerker hatten sich in den Schatten der Werkstätten zurückgezogen, und kein Mensch zeigte sich auf der Gasse. Auf der Mühlinsel watete ein kleiner Bub nackt zwischen den nassen Steinen umher. Vor der Werkstatt des Wagnermeisters lehnten rohe Holzdielen an der Wand und dufteten in der Sonne überstark, der trockene Geruch kam bis zur mir herüber und war durch den satten, etwas fischigen Wasserduft hindurch deutlich zu spüren.

Die Fische hatten das ungewöhnliche Wetter auch bemerkt und verhielten sich launisch. Ein paar Rotaugen gingen in der ersten Viertelstunde an die Angel, ein schwerer breiter Kerl mit schönen roten Bauchflossen riss mir die Schnur ab, als ich ihn schon beinahe in Händen hatte. Gleich darauf kam eine Unruhe in die Tiere, die Rotaugen gingen tief in den Schlamm und sahen keinen Köder mehr an, oben aber wurden Schwärme von jungem, jährigem Fischzeug sichtbar und zogen in immer neuen Scharen wie auf einer Flucht flussaufwärts. Alles deutete darauf, dass anderes Wetter im Anzug sei, aber die Luft stand still wie Glas, und der Himmel war ohne Trübung.

Mir schien, es müsse irgendein schlechtes Abwasser die Fische vertrieben haben, und da ich noch nicht nachzugeben gesonnen war, besann ich mich auf einen neuen Standort und suchte den Kanal der Spinnerei auf. Kaum hatte ich dort einen Platz bei dem Schuppen gefunden und meine Sachen ausgepackt, so tauchte an einem Treppenfenster der Fabrik die Berta auf, schaute herüber und winkte mir. Ich tat aber, als sähe ich es nicht, und bückte mich über meine Angel.

Das Wasser strömte dunkel in dem gemauerten Kanal, ich sah meine Gestalt darin mit wellig zitternden Umrissen gespiegelt, sitzend, der Kopf zwischen den Fußsohlen. Das Mädchen, das noch drüben am Fenster stand, rief meinen Namen herüber, ich starrte aber regungslos ins Wasser und wendete den Kopf nicht um.

Mit dem Angeln war es nichts, auch hier trieben sich die Fische hastig wie in eiligen Geschäften umher. Von der bedrückenden Wärme ermüdet, blieb ich auf dem Mäuerlein sitzen, nichts mehr von diesem Tag erwartend, und wünschte, es möchte schon Abend sein. Hinter mir summte in den Sälen der Spinnerei das ewige Maschinengetöne, der Kanal rieb sich leise rauschend an den grünbemoosten, feuchten Mauern. Ich war voll schläfriger Gleichgültigkeit und blieb nur sitzen, weil ich zu träge war, meine Schnur schon wieder aufzuwickeln.

Aus dieser faulen Dämmerung erwachte ich, vielleicht nach einer halben Stunde, plötzlich mit einem Gefühl von Sorge und tiefem Unbehagen. Ein unruhiger Windzug drehte sich gepresst und widerwillig um sich selber, die Luft war dick und schmeckte fad, ein paar Schwalben flogen erschreckt dicht über dem Wasser hinweg. Mir war schwindlig, und ich meinte, vielleicht einen Sonnenstich zu haben, das Wasser schien stärker zu riechen, und mir begann ein übles Gefühl, wie vom Magen her, den Kopf einzunehmen und den Schweiß zu treiben. Ich zog die Angelschnur heraus, um meine Hände an den Wassertropfen zu erfrischen, und begann mein Zeug zusammenzupacken.

Als ich aufstand, sah ich auf dem Platz vor der Spinnerei den Staub in kleinen spielenden Wölkchen wirbeln, plötzlich stieg er hoch und in eine einzige Wolke zusammen, hoch oben in den erregten Lüften flohen Vögel wie gepeitscht davon, und gleich darauf sah ich talherabwärts die Luft weiß werden wie in einem dicken Schneesturm. Der Wind, sonderbar kühl geworden, sprang wie ein Feind auf mich herab, riss die Fischleine aus dem Wasser, nahm meine Mütze mit und schlug mich wie mit Fäusten ins Gesicht.

Die weiße Luft, die eben noch wie eine Schneewand über fernen Dächern gestanden hatte, war plötzlich um mich her, kalt und schmerzhaft, das Kanalwasser spritzte hoch auf wie unter schnellen Mühlradschlägen, die Angelschnur war fort, und um mich her tobte schnaubend und vernichtend eine weiße brüllende Wildnis, Schläge trafen mir Kopf und Hände, Erde spritzte an mir empor, Sand und Holzstücke wirbelten in der Luft.

Alles war mir unverständlich; ich fühlte nur, dass etwas

Furchtbares geschehe und dass Gefahr sei. Mit einem Satz war ich beim Schuppen und drinnen, blind vor Überraschung und Schrecken. Ich hielt mich an einem eisernen Träger fest und stand betäubte Sekunden atemlos in Schwindel und animalischer Angst, bis ich zu begreifen begann. Ein Sturm, wie ich ihn nie gesehen oder für möglich gehalten hatte, riss teuflisch vorüber, in der Höhe klang ein banges oder wildes Sausen, auf das flache Dach über mir und auf den Erdboden vor dem Eingang stürzte weiß in dicken Haufen ein grober Hagel, dicke Eiskörner rollten zu mir herein. Der Lärm von Hagel und Wind war furchtbar, der Kanal schäumte gepeitscht und stieg in unruhigen Wogen an den Mauern auf und nieder.

Ich sah, alles in einer Minute, Bretter, Dachschindeln und Baumzweige durch die Luft dahingerissen, fallende Steine und Mörtelstücke, alsbald von der Masse der darüber geschleuderten Hagelschlossen bedeckt; ich hörte wie unter raschen Hammerschlägen Ziegel brechen und stürzen, Glas zersplittern, Dachrinnen stürzen.

Jetzt kam ein Mensch dahergelaufen, von der Fabrik her quer über den eisbedeckten Hof, mit flatternden Kleidern schräg wider den Sturm gelegt. Kämpfend taumelte die Gestalt näher, mir entgegen, mitten aus der scheußlich durcheinandergewühlten Sintflut. Sie trat in den Schuppen, lief auf mich zu, ein stilles fremdbekanntes Gesicht mit großen liebevollen Augen schwebte mit schmerzlichem Lächeln dicht vor meinem Blick, ein stiller warmer Mund sucht meinen Mund und küsste mich lange in atemloser Unersättlichkeit, Hände umschlangen meinen Hals, und blondes feuchtes Haar presste sich an meine Wangen, und während ringsum der Hagelsturm die Welt erschütterte, überfiel ein stummer, banger Liebessturm mich tiefer und schrecklicher.

Wir saßen auf einem Bretterstoß, ohne Worte, eng umschlungen, ich streichelte scheu und verwundert Bertas Haar und drückte meine Lippen auf ihren starken, vollen Mund, ihre Wärme umschloss mich süß und schmerzlich. Ich tat die Augen zu, und sie drückte meinen Kopf an ihre klopfende Brust, in ihren Schoß und strich mit leisen, irren Händen über mein Gesicht und Haar.

Da ich die Augen aufschlug, von einem Sturz in Schwindelfinsternis erwachend, stand ihr ernstes, kräftiges Gesicht in trauriger Schönheit über mir, und ihre Augen sahen mich verloren an. Von ihrer hellen Stirne lief, unter den verwirrten Haaren hervor, ein schmaler Streifen hellroten Blutes über das ganze Gesicht und bis in den Hals hinab.

»Was ist? Was ist denn geschehen?« rief ich angstvoll.

Sie sah mir tiefer in die Augen und lächelte schwach.

»Ich glaube, die Welt geht unter«, sagte sie leise, und der dröhnende Wetterlärm verschlang ihre Worte.

»Du blutest«, sagte ich.

»Das ist vom Hagel. Lass nur! Hast du Angst?«

»Nein. Aber du?«

»Ich habe keine Angst. Ach du, jetzt fällt die ganze Stadt zusammen. Hast du mich denn gar nicht lieb, du?«

Ich schwieg und schaute gebannt in ihre großen, klaren Augen, die waren voll betrübter Liebe, und während sie sich über meine senkten und während ihr Mund so schwer und zehrend auf meinem lag, sah ich unverwandt in ihre ernsten Augen, und am linken Auge vorbei lief über die weiße, frische Haut das dünne hellrote Blut. Und indessen meine Sinne trunken taumelten, strebte mein Herz davon und wehrte sich mit Verzweiflung dagegen, so im Sturm und wider seinen Willen weggenommen zu werden. Ich richtete mich auf, und sie las in meinem Blick, dass ich Mitleid mit ihr habe.

Da bog sie sich zurück und sah mich wie zürnend an, und da ich ihr in einer Bewegung von Bedauern und Sorge die Hand hinstreckte, nahm sie die Hand mit ihren beiden, senkte ihr Gesicht darein, sank kniend nieder und begann zu weinen, und ihre Tränen liefen warm über meine zuckende Hand. Verlegen schaute ich zu ihr nieder, ihr Kopf lag schluchzend über meiner Hand, auf ihrem Nacken spielte schattig ein weicher Haarflaum. Wenn das nun eine andere wäre, dachte ich heftig, eine, die ich wirklich liebte und der ich meine Seele hingeben könnte, wie wollte ich in diesem süßen Flaum mit liebenden Fingern wühlen und diesen weißen Nacken küssen! Aber mein Blut war stiller geworden, und ich litt Qualen der Scham darüber, diese da zu meinen Füßen knien zu sehen, welcher ich nicht gewillt war, meine Jugend und meinen Stolz hinzugeben.

Dieses alles, das ich durchlebte wie ein verzaubertes Jahr und das mir heute noch mit hundert kleinen Regungen und Gebärden wie ein großer Zeitraum im Gedächtnis steht, hat in der Wirklichkeit nur wenige Minuten gedauert. Eine Helligkeit brach unvermutet herein, Stücke blauen Himmels schienen feucht in versöhnlicher Unschuld hervor, und plötzlich, messerscharf abgeschnitten, fiel das Sturmgetöse in sich zusammen, und eine erstaunliche, unglaubhafte Stille umgab uns.

Wie aus einer phantastischen Traumhöhle trat ich aus dem Schuppen hervor an den wiedergekehrten Tag, verwundert, dass ich noch lebte. Der öde Hof sah übel aus, die Erde zerwühlt und wie von Pferden zertreten, überall Haufen von großen eisigen Schlossen, mein Angelzeug war fort und auch der Fischeimer verschwunden. Die Fabrik war voll Menschengetöse, ich sah durch hundert zerschlagene Scheiben in die wogenden Säle, aus allen Türen drängten Menschen hervor. Der Boden lag voll von Glasscherben und zerborstenen Ziegelsteinen, eine lange blecherne Dachrinne war losgerissen und hing schräg und verbogen über das halbe Haus herab.

Nun vergaß ich alles, was eben noch gewesen war, und fühlte nichts als wilde, ängstliche Neugierde, zu sehen, was eigentlich passiert wäre und wieviel Schlimmes das Wetter angerichtet habe. Alle die zerschlagenen Fenster und Dachziegel der Fabrik sahen im ersten Augenblick recht wüst und trostlos aus, aber schließlich war doch das alles nicht gar so grässlich und stand nicht recht im Verhältnis zum furchtbaren Eindruck, den der Zyklon mir gemacht hatte. Ich atmete auf, befreit und halb auch wunderlich enttäuscht und ernüchtert: die Häuser standen wie zuvor, und zu beiden Seiten des Tales waren auch die Berge noch da. Nein, die Welt war nicht untergegangen.

Indessen, als ich den Fabrikhof verließ und über die Brücke in die erste Gasse kam, gewann das Unheil doch wieder ein schlimmeres Ansehen. Das Sträßlein lag voll von Scherben und zerbrochenen Fensterladen, Schornsteine waren herabgestürzt und hatten Stücke der Dächer mitgerissen, Menschen standen vor allen Türen, bestürzt und klagend, alles, wie ich es auf Bildern belagerter und eroberter Städte gesehen hatte. Steingeröll und Äste versperrten den Weg, Fensterlöcher starrten überall hinter Splittern und Scherben, Gartenzäune lagen am Boden oder hingen klappernd über Mauern herab. Kinder wurden vermisst und gesucht, Menschen sollten auf den Feldern vom Hagel erschlagen worden sein. Man zeigte Hagelstücke herum, groß wie Talerstücke und noch größere.

Noch war ich zu erregt, um nach Hause zu gehen und den Schaden im eigenen Hause und Garten zu betrachten; auch fiel mir nicht ein, dass man mich vermissen könnte, es war mir ja nichts geschehen. Ich beschloss, noch einen Gang ins Freie zu tun, statt weiter durch die Scherben zu stolpern, und mein Lieblingsort kam mir verlockend in den Sinn, der alte Festplatz neben dem Friedhof, in dessen Schatten ich alle großen Feste meiner Knabenjahre gefeiert hatte. Verwundert stellte ich fest, dass ich erst vor vier, fünf Stunden auf dem Heimweg von den Felsen dort vorübergegangen sei; es schienen mir lange Zeiten seither vergangen.

Und so ging ich die Gasse zurück und über die untere Brücke, sah unterwegs durch eine Gartenlücke unsern roten und sandsteinernen Kirchturm wohlerhalten stehen und fand auch die Turnhalle nur wenig beschädigt. Weiter drüben stand einsam ein altes Wirtshaus, dessen Dach ich von weitem erkannte. Es stand wie sonst, sah aber doch sonderbar verändert aus, ich wusste nicht gleich warum. Erst als ich mir Mühe gab, mich genau zu besinnen, fiel mir ein, dass vor dem Wirtshaus immer zwei hohe Pappeln gestanden waren. Diese Pappeln waren nicht mehr da. Ein uralt vertrauter Anblick war zerstört, eine liebe Stelle geschändet.

Da stieg mir eine böse Ahnung auf, es möchte noch mehr und noch Edleres verdorben sein. Mit einemmal fühlte ich mit beklemmender Neuheit, wie sehr ich meine Heimat liebte, wie tief mein Herz und Wohlsein abhängig war von diesen Dächern und Türmen, Brücken und Gassen, von den Bäumen, Gärten und Wäldern. In neuer Erregung und Sorge lief ich rascher, bis ich drüben bei dem Festplatze war. Da stand ich still und sah den Ort meiner liebsten Erinnerungen namenlos verwüstet in völliger Zerstörung liegen. Die alten Kastanien, in deren Schatten wir unsere Festtage gehabt hatten und deren Stämme wir als Schulknaben zu dreien und vieren kaum hatten umarmen können, die lagen abgebrochen, geborsten, mit den Wurzeln ausgerissen und umgestülpt, dass hausgroße Löcher im Boden klafften. Nicht einer stand mehr an seinem Platze, es war ein schauerhaftes Schlachtfeld, und auch die Linden und die Ahorne waren gefallen, Baum an Baum. Der weite Platz war ein ungeheurer Trümmerhaufen von Ästen, gespaltenen Stämmen, Wurzeln und Erdblöcken, mächtige Stämme standen noch im Boden, aber ohne Baum, abgeknickt und abgedreht mit tausend weißen, nackten Splittern. Es war nicht möglich weiterzugehen, Platz und Straße waren haushoch von durcheinandergeworfenen Stämmen und Baumtrümmern gesperrt, und wo ich seit den ersten Kinderzeiten nur tiefen heiligen Schatten und hohe Baumtempel gekannt hatte, starrte der leere Himmel über der Vernichtung.

Mir war, als sei ich selber mit allen geheimen Wurzeln ausgerissen und in den unerbittlich grellen Tag gespien worden. Tagelang ging ich umher und fand keinen Waldweg, keinen vertrauten Nussbaumschatten, keine von den Eichen der Bubenkletterzeit mehr wieder, überall weit um die Stadt nur Trümmer, Löcher, gebrochene Waldhänge wie Gras hingemäht, Baumleichen klagend mit entblößtem Wurzelwerk zur Sonne gekehrt. Zwischen mir und meiner Kindheit war eine Kluft aufgebrochen, und meine Heimat war nicht die alte mehr. Die Lieblichkeit und die Torheit der gewesenen Jahre fielen von mir ab, und bald darauf verließ ich die Stadt, um ein Mann zu werden und das Leben zu bestehen, dessen erste Schatten mich gestreift hatten.

Hermann Bausinger

Die südlichste Stadt

Auf der Landkarte sind die südlichsten Städte des Landes Bad Säckingen und Rheinfelden. Aber Freiburg im Breisgau hat mit 10,3° die höchste durchschnittliche Jahrestemperatur in Deutschland. Und wenn südlich nicht nur die geographische Lage und den Wärmegrad meint, sondern ein Klima im übertragenen Sinn, wenn das Wort also einen bestimmten Stil und eine bestimmte Lebensart anvisiert, dann ist es vollkommen gerechtfertigt, Freiburg als unsere südlichste Stadt zu bezeichnen.

Der Markt am Fuß des Münsters – ein buntes Menschengewimmel, überladene Stände, Gemüse, Obst, Früchte in allen Farben. Breite Straßen, durch die nur die Straßenbahn fährt. Straßencafés und fliegende Händler. Schmalere Gassen, begleitet von glitzernden Stadtbächen. Große Wirtshausschilder, die in getäfelte Stuben locken. Brunnen und kleine Parkanlagen. Die bloße Aufzählung wirkt verhältnismäßig matt, wie die Beschreibung eines Nebenschauplatzes der »Schwarzwaldklinik«; aber nichts ist Kulisse, nichts nur demonstrative Heimatstaffage, alles eine ganz alltägliche, höchst lebendige Freiluftveranstaltung.

Dieses bunte Leben sticht die Universität, obwohl diese auch in Freiburg die größte Institution ist, aus. Oder richtiger: es gemeindet sie ein. Die Albert-Ludwigs-Universität hat so viele berühmte Namen aufzuweisen wie die anderen alten Landesuniversitäten. Doch mit ihr ist immer auch die

Vorstellung von Freizeit verbunden. Ein Freiburger Archäologe formulierte es so: Die Studenten kämen weniger, um in den Hörsälen »als in freier Luft Professor Schauinsland und Professor Feldberg zu hören«. Abgesehen davon, dass man bei den Professoren Schauinsland und Feldberg einiges lernen kann – es handelte sich keineswegs nur um ein Rezept für Bummelstudenten. Auch Max Weber erzählt, dass er einmal in der Woche mit Freunden in einen Landgasthof zog, und Walter Benjamin studierte in Freiburg, um dort »wundervolle Sommer« zu erleben. Arbeit und Vergnügen, im Schwäbischen noch immer wenig versöhnte Gegensätze, gehen hier Hand in Hand.

Ausgleich von Gegensätzen – dies scheint Freiburg in Geschichte und Gegenwart besonders zu charakterisieren. Freiburg ist seit 1821 Sitz eines Erzbischofs, und auch die Universität ist katholisch geprägt. Nach dem Wiener Kongress trug sich der badische Großherzog mit dem Gedanken, die Freiburger Universität einzusparen. Aber den Hof beeindruckte das Argument, dass in dem konfessionell gemischten Land auch eine katholische Universität sein müsse. Die Denkschrift »für die Erhaltung der Universität Freiburg«, in der dies vorgetragen wurde, kam aus der Feder des Geschichtsprofessors Karl von Rotteck, der später wegen seiner liberalen Haltung entlassen wurde; von ihm stammt der Ausspruch: »Lieber Freiheit ohne Einheit als Einheit ohne Freiheit«. Im badischen Kulturkampf der sechziger Jahre spielte Freiburg auf katholisch-kirchlicher Seite eine wesentliche Rolle; doch von Freiburg ging später auch das Arrangement mit dem Staat aus, das die Trennung von Staat und Kirche bestätigte, der Kirche zugleich aber neue Bewegungsfreiheit verschaffte.

Das Wahrzeichen Freiburgs ist der 115 Meter hohe Münsterturm. Wenige Jahre nach seiner Vollendung wurde das ganze Oberrheingebiet von einem fürchterlichen Erdbeben erschüttert, das in Basel das Münster zum Einsturz brachte. Der Freiburger Münsterturm blieb heil. Er überstand auch die Franzosenkriege, in denen die Stadt lange von französischen Truppen besetzt war. Und er blieb stehen, als 1944 ein Bombenangriff fast die ganze Altstadt zerstörte. Carl Jacob Burckhardt, der sich sonst mit mittelalterlichen Bauten nicht anfreunden konnte, nannte ihn »die große seelische Magnetnadel« und »den schönsten Turm der Christenheit«. Auch der feingliedrige Bau dieses Turms übersteigt alles eng oder dumpf Religiöse.

In Freiburg gibt es ein merkwürdiges Zusammenspiel von Jung und Alt. Freiburg: eine junge Stadt. Freiburg: eine Stadt der Pensionisten, der alten Menschen. Beides stimmt, und es verträgt sich miteinander. Das heißt nicht, dass Alte und Junge stets die gleichen Wege gingen. Vor einigen Jahren besetzten Hunderte von jungen Leuten Wohnhäuser im Dreisameck, die einer profitträchtigen Luxussanierung geopfert werden sollten. Sie lieferten sich Straßenkämpfe mit den »schwäbischen Besatzungsgruppen«, der aus Göppingen herbeigerufenen Bereitschaftspolizei. Als sie vertrieben waren, besetzten sie andere Häuser – die gleichen Kämpfe, das gleiche Ende. Die älteren Freiburger Bürger verfolgten die Auseinandersetzungen mit Widerwillen – aber der galt eher der Form der Auseinandersetzung als dem Anlass. Das Unbehagen über allzu flotte Modernisierungsmaßnahmen, über die Betonierung und Verstopfung der Stadt ist weit verbreitet. Freiburg hat einen besonders hohen Anteil an Wählern, die sich für die Grünen entscheiden. Es sind die Jungen, die aufgeschreckt sind durch ökologische Gefahren, und es sind Alte – zum Beispiel solche, die ihr Leben lang gewandert sind mit dem Schwarzwaldverein, der 1864 in Freiburg gegründet wurde.

Freiburg, die Stadt, deren Grenzen Schwarzwaldberge und weite Flächen in der oberrheinischen Tiefebene umschließen, geht sehr bewusst mit der Natur um. In den neuen Stadtteilen dominieren ökologische Bauweisen. Alternative Projekte sind über die ganze Stadt verteilt: die Grether Fabrik, die Fabrik in der Habsburger Straße, die Medienwerkstatt, das Kommunale Kino, die Freie Künstlergruppe. Die bildende Kunst hat ihren Platz in vielen Ateliers und Galerien. Die Geschäftigkeit der Industrie- und Dienstleistungsbetriebe ist eingebettet in eine Landschaft der Ruhe und der Besinnung. »Großstädtisches Leben im Schongang«.

Jürgen Lodemann

Europas Salon –
Kleine Geschichte der großen
Lichtenthaler Allee

Wer sich von Berlin oder Hamburg aus oder von Westdeutschland dem Schwarzwald nähert, für den ist die erste Schwarzwaldstadt das uralte Baden-Baden. Im Inneren Baden-Badens führt ihn eine 2 300 Meter lange prächtige Allee geradewegs in Richtung Gebirge. Eine Parkstraße ist das, angenehm zu begehen, da ist zu flanieren, zu bummeln, parallel zum gebändigten Wildbach Oos mit den Villen und großen Hotels. Diese Allee unter den unfasslichen Bäumen, dieser Prachtweg zwischen dem klar klassizistischen Kurhaus und dem Kloster Lichtenthal bietet nicht nur die schönsten Blicke auf alte und neue großbürgerliche Wohlhabenheit und nicht nur hinauf zu den Bergwäldern, sondern diese gut zwei Kilometer lange wunderbare Dressur der Natur bietet so etwas wie ein ambulantes Who-is-Who zweier europäischer Jahrhunderte.

Der amerikanische Erzähler Henry James nannte die Allee 1880 »einen der glänzendsten Schauplätze, der sich denken lässt«. Die Reihe der Verehrer ist groß und sie ist namhaft. Unter diesen Bäumen, von denen mehr als 80 Prozent um vieles älter sind als hundertfünfzig Jahre, in diesem grünen Salon unter freiem Himmel promenierten unter anderem Clara Schumann mit ihren Töchtern, Johannes Brahms, Otto von Bismarck, Iwan Turgenjew, Otto Flake, Reinhold Schneider, Gioachino Rossini, Ludwig Tieck, Generalfeldmarschall Friedrich Graf von Wrangel, Georg Herwegh,

Hector Berlioz, Gustav Mahler, Rolf Hochhuth, Preußenkönig Wilhelm – nachmals Kaiser Wilhelm I. –, Richard Wagner, Carl Zuckmayer, Leo Tolstoi, Generalmusikdirektor Giacomo Meyerbeer, Alfred Döblin, Nikolaj Gogol, Sebastian Brant, Gontscharow, Martin Walser, Marcel Reich-Ranicki, Mark Twain, Rudi Dutschke, Victor Hugo, Thornton Wilder, Reichsmarschall Hermann Göring, Ölmilliardär Andrej Tscherwitschenko, Werner Bergengruen, Präsident Mobutu, Fürst Menschikoff, Albert Lortzing, Kaiser Franz Josef, Lotte Lenya, Berthold Auerbach, Operettenkomponist Robert Stolz, der Tiefenpsychologe und Freudschüler Georg Groddeck, Klaus Mann, Alexander Borodin, Romy Schneider, Theodor Storm, Wolf Wondratschek, Graf Moltke, Dr. med. Christian Barnard, Dostojewski, Pierre Boulez, Kaiserin Augusta, Theodor Wiesengrund Adorno, Honoré Balzac, Felix Klee, Wolf von Niebelschütz, Clemens Brentano, Rahel von Varnhagen, Hans Arp, Peter Wapnewski, Friedrich Nietzsche, Ulrike Meinhof, Tut Schlemmer, Bert Brecht oder auch Louis-Ferdinand Celine. Selbst letzterer, der Böse, der Bittere, war ein Bewunderer: »… nirgends auf der Welt sehen Sie solche Bäume, solche Haine, solche Zartheit«. 1865 schrieb Turgenjew an Flaubert von »den herrlichsten Bäumen, die ich je gesehen«, Flaubert solle unbedingt nach Baden-Baden kommen, das tue »der Seele wohl«.

Das melden schon die ältesten Zeugnisse, dass Seelen sich hier wohlfühlten, schon 1630, also mitten im 30jährigen Krieg, zeigt eine Federzeichnung des Malers Friedrich Beutel ein Bankett im Freien, ein festliches Picknick mit Tanz beim Markgrafen Wilhelm von Baden, da erkennt man ihn schon, den langen geraden Weg durchs Schwarzwaldtal und man sieht eine noble Gesellschaft in den Auen der Oos, im

Hintergrund ist das Hügelstädtchen »Baaden« zu sehen mit dem Battertfelsen und mit dem alten und neuen Schloss.

1806 plante der erste badische Großherzog, den Ort mit den Quellen, deren Heilkraft schon Paracelsus gerühmt und empfohlen und die schon die Römer genutzt hatten, zu einer Sommerresidenz auszubauen. Solchen Plänen kam entgegen, dass Europas Romantik damals von Grund auf zu entdecken begann und zu kultivieren, was man für wilde Natur hielt, der Ort »Baaden« im Badischen verfügte ja nicht nur über heiß dampfende Verbindungen zum vulkanischen Erdinneren, von hier aus führten auch mehrere Täler wie neugierige Finger hinauf ins »Gebürg«, in den düsteren Wald, den die Römer stets sorgfältig umgangen hatten, bei *Porta* (Pforzheim) oder *Aquae* (Baden) hielten sie lieber erst mal an, erholten sich und suchten Umgehungswege durch die Ebenen. Auch das Mittelalter hielt sich vor dem unwegsamen Terrain lieber zurück, nicht umsonst liegen vorm endgültigen Anstieg in den *silva nigra* fast immer Kapellen und Klöster, das Zisterzienserkloster Lichtenthal bot hinter »Baaden« eine ähnlich letzte Einkehr wie oberhalb von Freiburg das Kloster Günterstal vorm steilen Hochschwarzwald.

1805 schreibt ein »Professor A. Schreiber« in seiner in Karlsruhe gedruckten Schrift »Baaden«: »Die Abtei Lichtenthal liegt eine halbe Stunde von Baaden, am Eingange in das Beuerner Thal, welches sich in die höheren Gebürgsketten des Schwarzwaldes verliert. Es führt eine ebene, wohl unterhaltene Straße von Baaden dahin, durch eine Eichen-Allee, und es wäre zu wünschen, dass diese Baumreihen fortgezogen würden.« Professor Schreibers guter Wunsch wurde erfüllt, der fügte sich bestens zu den Plänen des damaligen badischen Herrschers und alsdann auch zu den realen Träumen der beiden Pariser Unternehmer Jacques und Edouard Benazet, die sich Tollkühnes in den Kopf gesetzt hatten, die mit Energie und viel Geld nicht nur jene Baumreihen »fortzogen«, die nicht nur die »Eichen-Allee« ergänzten, sondern die das verschlafene Handwerkerstädtchen, in dem man sich schon immer gern dem *hasard* hingegeben hatte, dem Glücksspiel, in das zu verwandeln begannen, was der ältere Benazet dann eine *capitale d'été* genannt hat, eine Hauptstadt des Sommers: französischem Engagement ist es zu danken, dass der uralte Ort, dessen heutiger Name scheinbar einen doppelten Befehl erteilt, dass dieses Baden-Baden im neunzehnten Jahrhundert tatsächlich zur Sommerhauptstadt Europas hat werden können.

Zum Sommer-Treffpunkt unter dem nördlichen Einstieg in den Schwarzwald gehörten dank der Benazets bald weitere Sensationen, vor allem das von Weinbrenner entworfene klassizistische Kurhaus und Casino, sodann die Pferderennen in Iffezheim, das neue schöne Theater und seit der Zeit dieser Benazets immer interessantere Bewohner und Besucher, noble, aber auch Halbweltbesucher, »Glücksritter«. Ganze vierzig Sommer zum Beispiel residierte in Baden-Baden der Preußenkönig Wilhelm, der als »Kartätschenprinz« den Ort kennengelernt und der 1848 und 1849 für die Niederschlagung der Freiheitsbewegung in Berlin wie im Badischen gesorgt hatte, also für das Ende der ersten konkreten deutschen Demokratiebewegung, am Ende durch die Hinrichtung der Anführer in Rastatt. Das Oos-Städtchen freilich verehrte den rauschebärtigen König sehr, der residierte fast immer im Haus Messmer zwischen Theater und Kurhaus, und von 1871 an wohnte er dort auch als Kaiser, vom Balkon grüßte der alte Herr sehr gern und feierlich die Menge, die empört war, als am 14. Juli 1861 den Monarchen beim Spaziergang zwischen Alleehaus und Lichtenthal ein

Schuss am Hals streifte, ein Schuss von einem dieser freiheitsbewegten Alt-1848er, von einem, der, so liest man das beim Dichter Reinhold Schneider, »die Einigung Deutschlands nicht mehr erwarten konnte«, der entschlossen war, »den König zu exekutieren, vermutlich auf Befehl des Hegelschen Weltgeistes«.

Der fast zwei Meter große Reinhold Schneider fand den Weg nach Lichtenthal schon immer »ein wenig zu lang«. Noch am Abend des 14. Juli, also noch am Abend des Attentats auf den Gast aus Preußen, brachten die Badener dem Kartätschenkönig einen Fackelzug, der am Haus Messmer vorüberzog mit Hurra-Rufen, und der Herrscher grüßte vom Balkon, im frischen Wundverband. Und noch am selben Abend besuchte er im neuen Theater eine Aufführung von »Lohengrin«. Hector Berlioz hatte zur Weihe dieses schönen Hauses seine Oper »Beatrice und Benedikt« komponiert und es wird gern behauptet, mit der Uraufführung der Berlioz-Oper sei das edle Gebäude 1862 eingeweiht worden, nein, in Wahrheit war die »erste Oper in diesem Haus« schon drei Tage zuvor in Karlsruhe zu sehen und zu hören gewesen und das war nicht Berlioz, sondern Kreutzer gewesen, das Hoftheater Karlsruhe hatte im Badener Theaterhaus Konradin Kreutzers romantische Oper »Das Nachtlager von Granada« gegeben, aber die Gedächtnistafel beharrt auf Berlioz und was gelten schon die wunderbaren deutschen »Kleinmeister«.

Nicht nur für Preußen, Franzosen und Engländer, auch für Russen und Rumänen, für ganz Europa wurde Baden und seine Allee zum grandiosen Salon, zu einem Treffpunkt und Tatort, an dem man sich sehen lassen musste, und Sommer für Sommer kamen schließlich nicht nur die Noblen, sondern auch die Bourgois, die Neureichen. Kasimir Edschmid teilt mit: »Etwa dreihundert führende Familien bewohnten den Ort dauernd.« Stehende Redewendung der eleganten Welt war nunmehr: *Toutes les rivières vont à la mer et toutes les jolies femmes à Bade* (alle Flüsse gehen ins Meer, alle interessanten Frauen nach Baden). Interessante Frauen? Wiederholt melden Zeitzeugen, dass auf der Allee nicht nur Adel und Kapital flanierten, sondern auch Kokotten, »Glücksritterinnen«, so ziemlich alles, was ehrgeizige Ziele hatte. Einige Fürsten und Reiche und manche Schlotbarone aus der *classe dirigeante* erlagen hier ihren Begleiterinnen oder wurden gar ermordet, zum Beispiel der Fürst Stourdza, dessen Kapelle noch heute sehr gut von den Kurhauswiesen aus zu sehen ist, Architekt war Leo von Klenze. Ein Mordfall wie der des Rechtsanwalts Hau, der 1906 seine Schwiegermutter auf den Treppen (den »Staffeln«) hinter dem neuen Burda-Museum erschossen haben soll, ist bis heute ungeklärt. Und in der Villa Menschikoff – wenn man von der Allee aus in die Fremersbergstraße einbiegen will, dann sieht man an der Ecke links unter hohen alten Bäumen die steile Auffahrt zur Villa Menschikoff – residierte damals Alexander von Gleichen-Rußwurm, ein Urenkel Schillers, der verfasste unter den ansehnlichen Baumriesen seine »Siegfriedsage für die reifere Jugend«.

Deutschlands ältester Tennisclub – natürlich hier, an der Lichtenthaler Allee, der Club »Lawn Tennis Rot Weiß« wurde 1881 gegründet. Die Allee war nun mal mehr als hundert Sommer lang ein pikant lebendiger ständiger Korso, eine Promenade, an der nicht nur die Schönen und Reichen der *Belle Epoque* teilnahmen, sondern auch die Zwielichtigen und die Künstler. Frau Dostojewski beklagte in ihren Memoiren eindrucksvoll die Spielbank, in der ihr Mann seine Honorare verlor. Bert Brecht inszenierte in der alten (inzwischen widerstandslos abgerissenen) Stadthalle sein Drama »Mahagonny«, aber auch seinen »Lindberghflug« und »Das Badener Lehrstück vom Einverständnis«, das seinen rätselhaften Namen vom Weltbad hat. Überliefert ist auch, wie Albert Lortzing, mehr als hundert Jahre in Deutschland meist gespielter deutscher Opernmacher, häufiger inszeniert als Verdi oder Wagner, in Lichtenthal einem Freund das Tagelöhnerhäuschen zeigte, in dem er als Kind mit den Eltern fast verhungerte, weil die Schauspieltruppe der Eltern Pleite war. Von dort führte er den Freund 1845, inzwischen war Lortzing berühmt, die Allee hinab zum Kurhaus, wo die Musiker den Berliner Komponisten erkannten und ihr Programm spontan änderten und die Ouvertüre zu »Zar und Zimmermann« spielten und Ballettmusik aus »Undine«. Wenig später, 1848, schrieb Lortzing seine Arbeiter- und Fabrikoper »Regina«, ein grandioses Freiheitsdrama im Sinne der Paulskirche, bis heute unbekannt, das ließ er »im Badischen« spielen, das half nichts, dieses erstaunlich frühe Demokratie-Spiel kam authentisch bis heute nie in einen Sender, nie auf eine Platte oder eine CD.

Wer von den Außenstufen des Kurhauses auf das Städtchen hinabsieht, der überblickt, so kann man es sagen, Menschheitsepochen. Auf der Hochfläche über den Battertfelsen (zweihundert Millionen Jahre alt) gibt es prähistorische Reste einer keltischen Fliehburg, darunter erkennt man die hochmittelalterliche Ruine des Alten Schlosses, wiederum darunter dominiert Renaissance, das Neue Schloss samt Marktkirche, die alle Viertelstunde ihren melancholischen Ruf hören lässt, als klage sie nach schmachtender Operettenweise »Sa-lo-me-«, und darunter schließlich duckt sich das eng verstiegene Städtchen mit seinen Badehäusern und vielen Treppen oder Staffeln. Und unten rumort nach wie vor die jeweilige Saison, auch die neue Zeit auf der immer noch lebendigen Allee, auf der in den Jahren des »Heldenkaisers« Wilhelm einer wie Carl Egon Fürst zu Fürstenberg zu Pferde mit einem Fünferzug aufzukreuzen liebte, der Prinz von Wales sogar sechsspännig (der spätere englische König Edward VII). Und es heißt, schon im romantischen neunzehnten Jahrhundert seien in diesem edlen Allee-Foyer auch »frühreife Dirnen« tätig geworden, der reiche Großgrundbesitzer und Dichter Turgenjew berichtet gar von »rot und weiß geschminkten Gesichtern der Pariser Loretten« (Lebedamen) mit »Gold- und Stahlflitter auf ihren Hüten und Schleiern«.

Heute haben mehr als hundertundzwanzig Bäume rings um die Allee den amtlichen Status von Naturdenkmälern. Und noch heute brennen hier Nacht für Nacht mehr als 1800 Gaslaternen. Die schönsten Kandelaber aber stehen vorm Kurhaus, als Import aus Paris. Als 1962 das Theater hundert Jahre alt wurde, hörte man vom Intendanten Tannert die Erkenntnis: »Baden-Baden ist weder eine Kleinstadt noch eine Großstadt, sondern ein Zustand.« Diesen Zustand haben am treffendsten die Dichter erfasst, zum Beispiel Otto Flake, ein leidenschaftlicher Allee-Flaneur, in dessen Baden-Badener Roman-Trilogie »Lichtenthaler Allee« auf Seite 607 zu lesen ist: »Leonille wusste, dass sie zu Fuß neben einer anderen Frau keine gute Figur machte, im Landauer aber fiel diese Hemmung fort, fühlte sie sich freier.« Solch intelligentes Hineinfühlen findet sich auch bei Otto Jägersberg, etwa in seinem Gedicht »Mittag in der Allee«, daraus hier nur drei Zeilen: »Rehabilitanden an Stöcken / vom Doktor ausgeschickt tief / zu atmen«. Bernd Schroeder fand für den Fall Hau die spannendste Fassung, »Hau« heißt sein Roman, denn nicht nur die alten Realistiker oder Romantiker beobachteten genau, nicht nur Franzosen und Russen schwärmten bewegend, auch heute schreiben Gegenwartsautoren immer neu über das einmalige gesellschaftliche Wandelphänomen Lichtenthaler Allee, etwa Hochhuth, Jägersberg, Schroeder, Kuckardt, Plessen.

Viele Jahre, nachdem Richard Wagner dem Städtchen Baden in Baden ein »Festspielhaus« angetragen hatte, sind abermals solch bedeutende Häuser nicht nur geplant, sondern dann tatsächlich auch gebaut worden und haben seit langem beachtliche Erfolge. Von Beginn an fand zunächst die Staatliche Kunsthalle Beachtung, das 1909 eingeweihte Haus, in den Jugendstilzeiten erstaunlich schmucklos errichtet (Architekt war Hermann Billing), bewährte sich selbstbewusst, obwohl das »Badeblatt« Nr. 101 vom 2. Mai 1909 noch von »Scheune« gemault hatte, gar von »Kunststall«. Das Ausstellungshaus Kunsthalle – für aktuelle Kunst – wurde 2003 angemessen ergänzt durch ein Art Zwillingsbau (Architekt war Richard Meier) für die Sammlung Frieder Burda. Beide Hallen sind vom Alleeleben inzwischen nicht mehr wegzudenken, auch in der alten Halle zeigte sich früh, schon unter den Direktoren Mahlow und Gallwitz, die Neigung, über »Installationen« den musealen Rahmen zu verlassen, Horst Krügers Wort vom »Grünen Salon« ernstzunehmen und Park und Allee in die Ausstellungen einzubeziehen, diese fabelhafte Straße zum Kunstraum zu erweitern. Richard Serra schenkte seine Stahlplatten, die sich vor der älteren Halle in den Hang schneiden, Klaus Rinke leitete damals sogar die Oos durch die Kunsthalle, »Eskalation« hieß das 1969, und nicht nur die Besucherströme zur Dali-Ausstellung bildeten 1971 kilometerlange Allee-Schlangen. Klaus Gallwitz erinnert sich an die Rekordbesuche: »… gab es viele Probleme, fliegende Händler vor dem Eingang zur

Kunsthalle, die Toiletten abends immer verhascht. Mehr als dreiviertel der Besucher waren jünger als 25 Jahre.« Dali war Droge, Dali sah sich bekanntlich selber so. »Die Einnahmen waren grandios.« Direktor Gallwitz, erfolgreich auch mit seiner damaligen Gegenwartsserie »14 mal 14« (u.a. mit Kiefer, Rückriem, Dienst, Grützke, Heise, Krieg, Lüpertz, Baselitz, Ücker, Richter) hinterließ beim Weggang eine Million Mark Überschuss.

Ein nur sporadischer, ein nur zufälliger Blick in die Gästeliste all derer, die je an der Allee im feinsten aller Hotels wohnten, im Brenner's, schon ein willkürlicher Blick lässt sie ahnen, die Brisanz und Üppigkeit dieses wichtigsten Domizils unter all den interessanten Residenzen und Hotels am Rande von Oos und Allee. Im Brenner's residierten General de Gaulle, Richard Tauber, Boris Jelzin, Benjamino Gigli, die Familie Oetker, Rita Süssmuth, Helmuth Kohl, Otto von Bismarck, Konrad Adenauer, Bill Clinton, Rudolf Caracciola, Hochkommissar Francois-Poncet, Schah Reza Pahlevi, Kaiserin Soraya, Carl Sternheim, Helene Rohlfs, Aga Khan, Gerhart Hauptmann, Michael Gorbatschow, Paul Hindemith, Zar Nikolaus I, Lothar Späth, Nina Ruge, Kaiser Wilhelm II., Franz Liszt, Juan Antonio Samaranch, Frank Sinatra, Erwin Teufel, Barbra Streisand, Kaiser Haile Selassie, Enrico Caruso, Johann Strauss, Walt Disney, Herzog und Herzogin von Windsor, Napoleon III., Gunter Sachs, Franz Lehar, Präsident Arafat, der Dalai Lama, Udo Jürgens, Präsident Mubarak, Igor Strawinski, König Ibn Saud, Professor Sauerbruch, Dagmar Berghoff, Wilhelm Furtwängler, Giscard d'Estaing und Loriot. Freilich staunt man, welche Lücken diese Gästeliste lässt, Nazis scheinen in Baden-Baden nie abgestiegen zu sein. Dass Rudolf Höss, geboren 1900, dass der Kommandant des Todeslagers Auschwitz aus Baden-Baden kam, war offenbar nur eine Laune der Natur, und einer wie Göring wird zweifellos in der Jugendherberge oder in der Bahnhofsmission untergekommen sein.

Die Lichtenthaler Allee ist seit zweihundert Jahren so etwas wie ein Zufalls-Diskurs im Freien. Im wechselhaften Flanieren war und ist sie ein Forum der Künste wie der Geschäfte und der Politik, bietet sie ihr ungewöhnliches Ambiente zu immer neuem Austausch und Riskieren, zu neuem Wohlfühlen oder Zweifeln, und wer da wissen möchte, vor welchem grünen Hintergrund sich dieses oder jenes konkrete neue Kunst-Objekt präsentiert, dem bietet Bernd Weigels »Parkführer« präzise Informationen, ob also ein Wotruba oder Hajek sich vor einem »Goldtrompetenbaum« zeigt oder unter einem »Urweltmammut«, einem »Kuchenbaum«, einem »Fieberbaum« oder einem »Abendländischen Lebensbaum« – mehr als dreihundert exotische Namen nennt dieser durchnummerierte Baum-Atlas des Bernd Weigel.

Und inzwischen gibt es all solche Informationen auch wieder auf russisch, russische Speisekarten werden wieder angeboten, auch Stadtprospekte und Sauna-Regeln in kyrillischer Schrift, die neuen Ölmilliardäre Russlands kommen liebend gern dorthin, wo es zwei russische Kirchen und zwei orthodoxe Glaubensgemeinden gibt, wo nun die spendablen Oligarchen aus Russland schon in den Schaufenstern auf russisch informiert werden, so dass sie sich hier wie zuhause fühlen können und so dass von den dreihundert deutschen Städten in Russland zwei als die bekanntesten gelten: Berlin und Baden-Baden.

Schon 1814 hatte das angefangen, als eine Badenerin als Zarin Alexandra regierte. Und bereits 1836 konnte Gogol über den Ort am Schwarzwaldflüsschen Oos schreiben: »Es gibt hier niemanden, der ernsthaft krank wäre. Alle kommen hierher, um sich zu amüsieren. Die Lage der Stadt ist wunderbar.« Es sieht so aus, als würden sich die guten Ideen der Benazets und all der interessanten Geister, die hier lebten, nun, im dritten Jahrtausend, in Baden-Baden abermals erneuern, zusätzlich vitalisiert von ansehnlichen Programmen im neuen großen Festspielhaus, nicht selten unter russischer Mitwirkung – wie in den besten alten Zeiten trifft sich da nun wieder vieles unter russischen Vorzeichen in diesem denkwürdigen Ort am Eingang zum Schwarzwald, auf einem tiefen und heißen und quellenreichen Grabenbruch quer durch die Erdkruste, ziemlich exakt im geographischen Mittelpunkt des immer wieder neuen Europa.

Walle Sayer

Im Rathaus

Im Rathaus laufen die örtlichen Fäden zusammen, über die man auf Schritt und Tritt stolpert. Die Pro-Kopf-Verschuldung der Gemeinden wird dort verwaltet. Der Bürgermeister hat vor zwanzig Jahren seine erste Wahl noch mit Freibier gewonnen. Seit der Gemeindereform genügt das richtige Parteibuch. Im allgemeinen erstellt die Kommunalpolitik Sitzungsprotokolle und verfasst Beschlüsse für die Archive, die von den Volkskundlern des nächsten Jahrhunderts ausgewertet werden können. Im Gemeinderat sitzen lauter Leute, denen Thaddäus Troll mit seiner Melancholie keine Furcht einflößen könnte. Mit dem Bau der Umgehungsstraße für die Umgehungsstraße kann noch in diesem Jahr begonnen werden.

Walle Sayer
Betrachtung

Eine Scheunenwand, die vollgehängt ist mit Plakaten, einem Flickenteppich aus Veranstaltungen. Einfach, im Lauf der Zeit, die aktuellen auf die alten draufgekleistert, später hingetuckert. Ein Gemisch aus Verkaufsmessen, Preisbinokelabenden, Rockkonzerten, Sichelhenken, die sich von Woche zu Woche zudecken. Bis dann ein Sturmwind über Nacht ein paar Schichten abreißt, und darunter, wie ein Nimmerleinstag, übermorgen vor zehn Jahren, ein Tanz in den Mai angekündigt ist, bei dem Zwei, die vielleicht schon wieder auseinander sind, sich zum ersten Mal sehen werden.

Walle Sayer

Panoptikum 41

Der alte Melkeimer,
hier oben also steht er rum
auf seine letzten Tage,
auf der Dachbodenmitte
unterm angefaulten Balken,
fängt das Vertropfende auf
einer Regenarie, merkt sich
den ungenauen Takt
und zählt die
Stille an.

Matthias Kehle
Herrenschwand, Hochschwarzwald

Ein Dorf,
Testgelände fürs letzte Jahrhundert.

Gibts hier Schwarzwälder?
Gibts einen Aussichtsturm?

Wer sich hierher verläuft,
hat keine Gegenstimmen im Funkloch.

Klaus Nonnenmann

Einmal Wildbad und zurück

Gesetzt den Fall, der gütige Leser unserer Reiseskizze ist Landeskenner, Regionalfachmann und, zufällig, Feinschmecker in Sachen Nordschwarzwald, Sektion oberes Enztal: Was wird er akzeptieren, ja als einen Akt höherer Gerechtigkeit voraussetzen?

Sehr richtig, das ernste Wort: Die Pforte des Schwarzwaldes heißt Pforzheim.

Nicht Karlsruhe (noch halb zur Seite), nicht Baden-Baden (so elegant es sich einkuschelt), weder Bühl, Offenburg, das sehr geliebte Freiburg, weder Lörrach noch Basel seien genannt, von den Gebirgsrandstädten Württembergs, zumal im Osten, ganz abgesehen. Sie sind alle nicht das legitime Tor zum Wald, korrekt nach Süden geöffnet (da doch jede vernünftige Sehnsucht, meine ich, dorthin zu weisen hat). Diese Städte sitzen nicht auf dem Kopf der lobenswerten Landfigur, heißen nicht Porta, werden nicht gespeist von drei Flüssen zugleich, aus denen veritable Hirsche trinken; wer auch entlässt drei hochberühmte Wanderwege, die sich spreizen nach Süden, den Flüssen gleich, und hinaufführen nach Basel, nach Waldshut, nach Schaffhausen? Wer hat mit Gold zu tun, exzeptionell, dem Anfang und Ende?

Ergo: Man reise über Pforzheim. Schon sind wir soweit.

Beschwert durch Schmutz und Lärm einer irrsinnig schaffigen Industriestadt, die aus glänzenden Folien Broschen stanzt, flüchtet man gerne, auch von hier aus, nach dem schönen Bad. Man weiß: Wildbad ist in der Nähe. Wenn es schlimm wird bei uns, fährt man hinauf.

Ich will es mir leisten. Wie früher, jeden Samstag. Auf Bahnsteig vier. Ich löse eine Karte.

Einmal Wildbad und zurück.

Im Enztal, vierundzwanzig Kilometer südwestlich der Goldstadt, liegt, nicht eben weitflächig ausgebreitet, da überall Berge stören, das Heil-, das Kur-, das Staatsbad, von dem die Sage geht, ein weidwunder Eber, verfolgt von seinen Peinigern, sei plötzlich ins Gebüsch gebrochen und habe sich, alter Pfadfinder, in einer warmen Quelle gelabt. Zu besichtigen noch heute auf dem Relief der Neuen Trinkhalle: Wildschwein, Pfeil in der Flanke, badet. Zwei Jäger, gebeugten Hauptes, bedenken, scheint es, ihren Beitritt zum Tierschutzverein.

»Die Nymphe ist's, die helle,
  Die sonnenwarme Flut,
  Des Wildbad's heil'ge Quelle,
  Die tausend Wunder tut.«

Seit langem schon sorgen sich Gefühlsstilisten und Leute vom Fach um Wildbads alten Bahnhof, dieses Kleinod aus geblümtem Gusseisen. Nicht ohne Grund sind wir ängstlich: Radolfzell, zum Beispiel, eine ähnlich schöne Anlage, gar mit Fußgängerbrücke und Blick über den See, bis hinüber nach Konstanz, ist auf den Müll gekommen zugunsten eines Neubaus, der aussieht wie eine unglückliche Kunstdüngerfabrik. Noch steht auch, es ist ein Trost, auf der Enzstrecke der Hauptbahnhof Neuenbürg. Man sollte in den Krieg ziehen für alte Eisenbahnschlösser und sie schützen, wie Rolandseck.

Hier allerdings: neuer Verputz, auch weinrote Deckenfarbe, gutes Grau. Und überall Blumen. Das lässt hoffen. Ich frage den Stationsvorsteher, der beruhigt mich: »Ja was moinet Sie? Wenn mer's abreiße dädet, wär's dann frisch ong'malt?«

Ein gutes Dutzend Gastarbeiter. Vormittags! Sie schauen auf die Schienen – nach Norden also. Auch ihre Sehnsuchtsstraße nach Süden führt über Pforzheim; erst ab dort knickt sich die Strecke. Im Vorraum wird eine Wanderfibel angepriesen, bei Aufschlag: mit Reliefkarte. Schon fühlt man sich als Alpinist, doch es geht zivil her, 430–950 Meter überm Meeresspiegel.

Ich suche das Auto. Mein Schwager hat es, auf dass ich, wie geplant, mit der Bahn fahre, irgendwo bei der Station geparkt. Alles sehe ich mir an. Seit Jahren bin ich nicht mehr mit dem Zug gekommen. In der Toilette steht, unter dem Hinweisschild »Bitte größte Reinlichkeit«, der bedeutungsschwere Satz: »Anlässe sofort beim Bahnhof vorbringen.«

Die alte Eisenbahn! Streng, aber selbstbewusst.

Es gibt, vergewissere ich mich, Direkt-Service ab Hamburg und dem Ruhrgebiet. Man sieht sie im Geist rangieren, die Kurswagen, bei Sonnenglast, zuletzt in Karlsruhe und Pforzheim. Dort wartet stets schon ein Eil-Zubringer aus Stuttgart.

Ich finde das Auto.

Auch die Bahnhofsgaststätte, so sehe ich im Vorbeifahren, gibt der modernen Zeit ein kleines Präsent. Ihr Nebenraum hat ein Strohdächlein, dunkel gefärbt, über der Außentür und heißt »Schwarzwaldstube«.

Wie er alles daransetzt, der alte Bahnhof, um näher ans Kurviertel zu kriechen!

Ich sehe die Drehscheibe. Sie ist eingerostet. Kein Hilfsheizer namens Bott, im Netztrikot, plagt sich mehr an der

Kurbel. Als Junge durfte ich einmal mitherumfahren, neben der schwitzenden Lokomotive, und Herr Bott schwor bei seinem Leben: Das merke er schon deutlich, die eine Person mehr drauf.

In Chroniken der Umgebung ist häufig von »Wildbädern« die Rede, worunter, ganz allgemein, Akroto-Thermen zu verstehen sind, griechisches Wort: warme Quellen. Was den nördlichen Schwarzwald angeht, so werden genannt: das Markgrafenland (Baden-Baden), das Zeller Land (Liebenzell), und eben Wildbad.
 Teinach, nahe gelegen auch dieses, führt nur kaltes Wasser. Daher wohl das blaue Etikett auf der Sprudelflasche.
 Zur Genugtuung aller Schulkinder und gebildeten Stände war Wildbad vor dem Jahre 1345 nicht vorhanden. Wo, indessen, nichts geschrieben steht, wuchert die Phantasie. Irgend etwas musste doch gewesen sein! Auch die Römer, alte Freunde, sonst stets und gern zur Hand, verfehlten unsere Quellen. In der Civitas Aurelia Aquensis, am Oos-Bach drunten, heute Baden-Baden, saßen sie, auch schriftlich gemeldet!, am warmen Nass. Kein Wunder, dass man hier, an der Enz, der klugen Wildsau dankbar gedenkt, obwohl sich, im vierzehnten Jahrhundert, auch endlich der historische Markstein findet: die erste schriftliche Erwähnung des Bades.
 Trist, wie ringsum der Urwald, muss es ausgesehen haben im Flecken. Alte Stiche zeigen wenig – ein paar Häuschen. Und viel Wald. Schon das enge Tal bot auf Luxus keine Vorleistung.
 Aus geschichtlichen Bedingungen des heutigen Wohlstandes lässt sich mancherlei Ergötzliches, auch Handfest-

Derbes mittelalterlicher Badesitten zusammentragen, doch bringt das nichts Spezifisches. Gebadet wurde allenthalben, und gescherzt dabei, wir schonen unser Publikum.

Nicht selten rührt einen das Bemühen gewissenhafter Heimatforschung, das geschichtlich Kleine, wie es sich hier nun einmal bietet, mit Kleinigkeiten aufwerten zu wollen. Ob diese Therme da, ob diese »Urquelle« tatsächlich durch eine Überschwemmung oder einen Erdrutsch zugeschüttet worden sei; wie lange wohl; wann genau, und wer sie dereinst angelegt habe? Der nachweisbar technischen Meisterschaft wegen doch sicherlich Laienbrüder, Steinmetze vom Kloster Hirsau! Woher die vermoderte Zimmermannsaxt und die Tonscherben? Wer trank aus dem zerbrochenen Krug? Wie lassen sich die Intervalle des Badebetriebes auf unseren Ort begründen oder einordnen in politische Machtverschiebungen von Rang?

Es fehlen große Fakten in Wildbad, auch die höchsten Namen. Aber ist das schlimm? Will man bestehen neben Baden-Baden und seinem Glanz, warum nur?

Ich fahre, geschützt ab Drehscheibe von der grünen Hinweistafel »Kurgebiet«, in die Stadt. Am frühen Vormittag, wie bemerkt – aber: Wer spricht vom Fahren? Ich *stehe* mich durch die schmale Einbahnstraße, Richtung Süden, am Fluss entlang. Ich suche einen Parkplatz, wie jedermann vor und hinter mir. Nicht aus Pforzheim, nicht mit dem Zug bin ich gekommen, sondern, sagen wir, mit dem Wagen aus Berlin. Über Nürnberg. Überzeugter Nachtfahrer bin ich. Meine Frau neben mir; im Fond die rheumatische Schwiegermutter, zwei überdrehte Kinder und ein empörter Pudel. Ich suche mein Gästehaus. Will ich, die Scheibe herunterkurbelnd, nach der Informationsstelle fragen, muss ich brüllen, denn links tobt ein Bach namens Enz. Nur zur Rechten sind Häuser. Endlich stoppt meine Frau eine Frau mit Einkaufstüte. Diese Frau ist Schwäbin, schon um neun Uhr früh hat sie es eilig, muss immer schaffen, der Mann kommt pünktlich nach Haus, punkt elf Uhr dreißig steht das Essen auf dem Tisch. Die Auskunft, zwar herzlich, aber unverständlich, missachtet die Gesetze der Automobilwelt. Von hinten wird gehupt. Ich flüstere meiner Frau zu: »Sag danke! Und nix wie weg.« Ich suche weiter.

Wenig gesegnet mit Parkplätzen ist Wildbad, auch wenn das Reisebüro eine Stadtkarte bietet mit großen und mit kleinen »P«s, soweit das Auge schweift. Das Tal ist schuld! Beim Informationszentrum, im Herzen der Stadt, auch ein Berliner. Ein ernster Ratschlag: auch Autofahrer – ab Bahnhof umsteigen ins Taxi. Es garantiert den Kurerfolg.

Womit ich, wieder frei geworden und Kenner des Milieus, rasch einen Parkplatz finde, gleich neben der Bergbahn, in einem alten Heuschuppen. Der gehört Wilhelm Bott, dem schon betagten Schwiegersohn des verstorbenen Hilfsheizers. In Wildbad heißt man Bott.

Nicht wenige Städte sprechen von einem politischen, meist militärischen Lokalereignis mittels Schlagwörtern, die den Fremden irritieren. So, um in der Nähe zu bleiben, heißt in Pforzheim die Katastrophe des 23. Februar 1945: »Der Angriff«. In Feldrennach wird der schlimme Artilleriebeschuss, ebenfalls kurz vor Kriegsende, »Der Einmarsch« genannt.

Und was hat Wildbad – wenn auch vorwiegend unter Schulkindern und gebildeten Ständen?

»Den Überfall«.

Nur zögernd sei die Frage gestellt, ob nicht, letzten Endes, der Krieg der Vater aller Dinge bleibe? Jedenfalls, nicht selten diente er den Überlebenden, den Erben, wir bieten humanitären Argumenten mutig die Stirn.

»Der Überfall« in Wildbad, daran kann nicht gezweifelt werden, brachte Licht in den Wald und Ruhm ins Dorf. Plötzlich kannte man die verwunschene Heilquelle. Empörung unter Hochadel, Kleinadel, Bürgern, Bauern, Land und Leuten. Und allgemeines Wohlwollen mit unserem Bad. Was war geschehen?

In schönen Sommertagen, wenn lau die Lüfte wehn,
Die Wälder lustig grünen, die Gärten blühend stehn,
Da ritt aus Stuttgarts Toren ein Held von stolzer Art,
Graf Eberhard der Greiner, der alte Rauschebart.

Mit wenig Edelknechten zieht er ins Land hinaus,
Er trägt nicht Helm noch Panzer; nicht geht's auf
                                   blut'gen Strauß.
Ins Wildbad will er reiten, wo heiß ein Quell entspringt,
Der Sieche heilt und kräftigt, der Greise wieder jüngt.

Zu Hirsau bei dem Abte, da kehrt der Ritter ein
Und trinkt bei Orgelschalle den kühlen Klosterwein.
Dann geht's durch Tannenwälder; ins grüne Tal gesprengt,
Wo durch ihr Felsenbette die Enz sich rauschend drängt.

Zu Wildbad auf dem Markte, da steht ein stattlich Haus,
Es hängt daran zum Zeichen ein blanker Spieß heraus.
Dort steigt der Graf vom Rosse, dort hält er gute Rast.
Den Quell besucht er täglich, der ritterliche Gast.

Wann er sich dann entkleidet und wenig ausgeruht
Und sein Gebet gesprochen, so steigt er in die Flut.
Er setzt sich stets zur Stelle, wo aus dem Felsenspalt
Am heißesten und vollsten der edle Sprudel wallt.

… folgen noch zwölf Strophen eines melodramatischen Geschehens. Alle Kinder längs der Enz, ist zu vermuten, lernen noch heute Ludwig Uhlands Ballade. Sie ist ernst genug:
Während der gutmütige Graf Eberhard, dem in Strophe zwei ausdrücklich bestätigt wird, er trage nicht Helm noch Panzer (beim Baden auf keinen Fall), harmlos an der Quelle sitzt, erdreisten sich zwei Raubritter, üble Ganoven, versteht sich, einer derer von Eberstein und sein Bruder Wunnenstein, genannt »der reißend Wolf«, den Wirttemberger zu kassieren, trocken oder nass, zwecks Erpressung und Lösegeld.

Graf Eberhard gelingt im letzten Augenblick, selbstverständlich mit Hilfe eines quasi patriotischen Hirten, der ihn, wie weiland Christophorus unseren Herrn, auf dem Rücken trägt, die Flucht durch den Urwald rechts der Enz und hinüber zur Burg Zavelstein bei Teinach. Dort, so lesen wir noch heute in diversen Heimatkommentaren, habe es Schwierigkeiten gegeben, Einlass zu finden, da sich ein flüchtender Graf, nur notdürftig verhüllt, vor den Pächtern seiner Burg nicht standesgemäß ausweisen konnte.

Diese Episode vom Jahr 1376 – sie ist verbürgt! – hat mit den Geschehnissen des Schwäbischen Bundes zu tun und denen der sogenannten »Schlegler«: der gutmütige Leser möge sich durch einschlägige Lektüre weiterbilden – unser schönes Wildbad aber hat seit 1376 *seine* Geschichte.

Dass dann, rund fünfhundert Jahre später, der wackere Romantiker aus Tübingen, Ludwig Uhland, den »Überfall«

so populär machte, dankt ihm die Stadt aufs wärmste: überall findet man seinen Namen; wie auch den des illustren Badegastes.

Meinem Vorsatz, erst das Kurviertel zu besuchen, werde ich untreu. Ich *muss* so handeln. Denn während ich mit Frau Bott, Frau Riexinger und Frau Schönthaler, die alle pünktlich kochen, ein paar Worte wechsle, Dank auch für den Autoplatz, sehe ich sie herunterkommen. Sie steht am Hang, aber ich kenne den Trick, nämlich sie fährt, kein Zweifel, größer wird sie, zittert ein wenig auf den Schienen, sie ist auch zu hören. Schon bin ich um die Ecke. In einer halben Stunde, höre ich, fahre man wieder hinauf.

Ich bleibe in der Nähe, überquere den Fluss und gehe hinter den Häusern der Hauptverkehrsader, der Wilhelmstraße, entlang, soweit das möglich ist. Dieses Spiel trieben wir schon als Kinder: durch Gässlein, Winkel und Wege laufen, mit frechem Blick in den ängstlichen Augen, da man nicht eben auf das Entzücken der Bewohner stieß, deren Intimleben man streifte.

Da wohnen, könnte man sagen, die Ur-Botts, sich wehrend noch gegen das Große Geschäft oder es aufnehmend mit tüchtiger List gegen den Berg, den Steilhang und die Baupolizei. Haus an Haus, ein Brandweg dazwischen. Noch kleben zuweilen wie Schwalbennester die Klokabinen an der Rückwand. Kanalisiert, kein Zweifel, aber der Platznot wegen in der Luft hängend wie im alten Paris. Wer bauen will in Wildbad, muss erst abreißen, da wird ihm nichts geschenkt. Sechsmal, denke ich, hat die Stadt gebrannt. Kein Wunder, dass ein richtiger Bott immer ein Fässchen Most im Keller hat.

Jetzt sehe ich vom Kurplatz aus drüben am Gegenhang meine Kinderbahn hinaufklettern, »über den moosigen Waldboden«, wie man uns so drollig belehrt – aber doch auch auf einem verschmierten Mauerbett, dem Zugseil folgend, widerwillig, da es über schwarze, fette, schmatzende Rollen läuft. Schwer ist das Seil, sonst spannte es sich wohl und schnellte die Kutsche in den Himmel. Uns Geschwistern ist das oft durch den Kopf gegangen: Warum bleibt das Zugseil liegen, obwohl die Neigung der Schiene immer gewaltiger wird – kurz vor der Bergstation gar zweiundfünfzig Prozent?

Hält das Seil? Und wenn es nicht hält?

Nicht ohne Genuss am Dozieren pflegte dann mein Vater das Seil zu erklären, das sogenannte geschnittene Stück, droben vor dem Schaukasten. Den Kern. Die gefochtenen Beiringe, viele; klug dosiert. Und den Mantel.

Es reißt niemals, sagte er. Und wenn es reißt?

Dann bleibt sie stehen, sagte er.

Einfach stehen?

Einfach, ja.

Wie denn?

Nach zwei Metern. Sie klammert sich in die Schiene.

Schade, dass es nicht mal reißt. Nur so.

Wer oben, auf der Aussichtsterrasse, warten kann, bis die Dämmerung kommt, wird belohnt: Er sieht, wie es »blaut« über dem Tal. Die Nähe ist schwarz, die Ferne wird blau. Nicht selten geht ein Frösteln über die Kurgäste, sie erschrecken vor der Faltung des Abendlichts und brechen auf zur Bergstation, nach unten.

So schwarz will ihn keiner, den Wald.

Das ist dann im Winter, an Sonntagabenden, die Stunde des Violett, der kleinen Angst und der großen Ängstlichkeit, wenn der Skilift steht, wenn es still wird am großen Hang über der Sprungschanze, wenn man sich, unter Bekannten, ein saloppes Grußwort zuwirft, das so groß hat nicht klingen wollen. Wenn der Nachtfrost in die Ohren greift. Und gerne, bei der Schussfahrt ins Tal, sieht man unten die Lichter. Eine Groß-Stadt ist Wildbad, lebendig und warm.

Jetzt kreuzen sich die Wagen auf halber Strecke. Man wird winken, verdutzt ein wenig die Fremden. Darauf waren sie nicht gefasst.

Noch im siebzehnten Jahrhundert ist Wildbad ein winziger Ort; ummauert nur der Kurbezirk. Man hatte Glück gehabt, was die großen Miseren betrifft: Weder der Dreißigjährige Krieg, noch, Ende des Jahrhunderts, die sogenannten Franzosenkriege, denen zum Beispiel Calw, Liebenzell und das unbeschreiblich schöne Hirsau zum Opfer fielen, trafen das Bad direkt. Nur: die Gäste, die Fremden blieben aus. So etwas wirft die Einheimischen zurück in ein Dasein ohne Mehrwert, in kärgliche Naturalien: Holz, halbschattige Wiesen, Hirse, Gerste, wenig Vieh.

Noch schwimmen keine Flöße die Enz hinunter, von bärtigen Halbsklaven über Steine geschoben, ans Ufer gezerrt, dort entlanggetragen und wieder ins Wasser gestoßen. Pforzheim, erst im Jahre 1767 mit dem Beginn der Uhren- und Bijouteriefabrikation erwachend, greift erst später zu niedrigen Arbeitskräften, zu Kleinbauern, den Pendlern und Rasslern der nahen Orte. Wildbad bleibt ein Provisorium. Es findet seine Größe nicht.

1742 hat der sechste, der »große« Stadtbrand alles vernichtet, auch die Bäder. Zwar wird, wie immer schon zuvor, sofort und vor Einbruch des Winters der Ort wieder aufgerichtet. Ohne Schutzmauer diesmal, aber die alten Badehäuser, mit Änderungen, stehen weiterhin: Man kann es sehen, überall auf Bildern. Sie zieren die Moderne.

Endlich erlässt König Wilhelm der Erste von Württemberg die »Königliche Kabinettsordre« über den Ausbau Wildbads. Der Text war ein fürstliches Versprechen. Es wurde gehalten, obgleich es ein heutzutage heikles Datum trägt: 1824 – den ersten Mai.

Wildbad fand den Anschluss.

Das Kurviertel, das »eigentliche«, macht mir Schwierigkeiten, wie lässt sich das erklären? Ein Sommer-Sonnen-Vormittag, kann er sich schöner präsentieren? Die Kuranlagen, das Spielzeug auch Karl Eugens, »Schöpfer des Lustwandels« (Schillers Feind) –: sie sind ein Märchenwald. Viel exotische Bäume; Lichtgespinst aus hellen Blättern. Der Fluss: dunkles, forellenreiches Sprudelwasser, als wär's zum Trinken. Wer pflegt das Riesenwerk? Wer bezahlt es?

Und wer führt Regie?

Atemtraining. Das Dienstaggespräch. Die Neue Trinkhalle: gedämpft natürlich. Man füllt auch kleine Kanister.

Die Wirbelsäule als Ursprungsort rheumatischer Beschwerden.

Dienstags: spielfreier Tag des Kurorchesters. Daher bunte Unterhaltungsmusik. Weaner Madeln, Walzer. »Goldene Tonfilmzeit«. Schon sucht man günstige Plätze. Leute mit Krückstock und Hörgerät sind penibel.

Kirchenkonzert. Atemtraining. Das Leben meistern – aber wie?

Die neue Ladenzeile ist vorbildlich. Schon größere Welt.

Man hat Platz, man kann kaufen und gesehen werden. Rollstühle stören nirgendwo.
Atemtraining. Meditationsübungen.
Auch hier liegen, schon vom Ästhetischen her, drei Kategorien an der Spitze: Schmuck – Wolle – Leder.
Heiterer Bewegungstanz unserer Kurgäste. Atemtraining.
Überall Bänke. Und weiße Plastikstühle. Man trägt auch Bademantel, eine legere Uniform. Ich sehe, auf halber Höhe, die sechseckige Glaswabe des Thermal-Bewegungsbades liegen, das Glanzstück der Stadt. Ich sehe das neue Rheumakrankenhaus und die riesenhafte Betonstützmauer hinter dem abgerissenen Katharinenstift. Das Geld ging aus, man kann nicht weiterbauen.
Ich weiß seit meiner Kindheit: Wildbad hat vier Quellen, 35 bis 41 Grad. Einige werden in isolierten Röhren umgeleitet, der Bedarf wächst. Elf Sekundenliter. Nachts wird ein Reservoir gefüllt. Etwa eine Million Liter Heilwasser pro Tag. Der Überlauf fließt in die Kanalisation.
Das Leben meistern – aber wie?

Susanne Fritz
Schwarzwaldhimmel

Vater, Mutter. Ich habe euren Himmel gesehen, ein gleichmäßig gespanntes Tuch voll Licht über endloser Ebene. Der Schwarzwaldhimmel ist anders als der Himmel über Posen. Er trägt den Wald in sich, die Ränder der Felder und Äcker wie Nähte, in seinen Wolken wachsen Kartoffeln. Wolkenschatten breiten ihr bewegtes Fell über die dunklen Bergrücken, verwandeln sie mal in ruhende, mal in kräftesammelnde, zum Sprung bereite Tiere.

Ihr habt von der Kindheit her das Rauschen von Schilf und Weizen im Ohr, in meinen Ohren heult es dunkelgrün, heult es dreißig Meter hoch, heulen die Fichten; bis in ihre Wipfel hinein sind wir geklettert (wir sagten *Dolden*), bald harziger als der Baum selbst. Haben uns Auge in Auge mit dem Bussard gesehen, der die Welt unter sich nach Mäusen absucht. Sind mit ihm geflogen ein Stück, haben uns mit ihm in den Himmel geschraubt, eingenistet in seine Schwingen.

Und dann habe ich hinabgeschaut, habe den Abgrund unter mir gesehen. Noch einmal einen Blick über die sonnenbeschienene Landschaft geworfen, hellgrün, dunkelgrün, ackerbraun, himmelblau, dazwischen Dächer wie Fingernägel und Straßen wie Bindfäden, und habe meinen letzten Abstieg aus solcher Höhe vollzogen. Ich wurde erwachsen, und die Bäume, auf die ich mich traute, wurden immer niedriger, bis ich das Klettern nur noch im Kopf vollführte.

Noch immer kommt es vor, dass ich aus heftigem Schwindelgefühl heraus plötzlich aufwache ...

Susanne Fritz
Der schwarze Hund

Sobald ich von meiner Heimat erzähle, ernte ich irritierte, schockierte, auch angewiderte Blicke. Ich übertreibe, heißt es, dramatisiere mal wieder, fröne meiner Lust am Makabren, ja am Primitiven, Geschmacklosen. Doch was kann ich dafür? Mein Landstrich müsse ein besonders hässlicher, ein negativer Winkel sein, höre ich. Seine Bewohner seien erstaunlich rückständig, unglücklich und anmaßend in Einem, wahrscheinlich seien wir allesamt krank oder pervers. Wieder hebe ich die Schultern, bereue schon, dass ich etwas erzählt habe: Wie rette ich jetzt die Würde meiner Mitmenschen und mit ihr meine eigene, die, ob es mir gefällt oder nicht, mit ihnen verbunden ist? Mir kamen sie immer ganz normal vor, sage ich zu unserer Verteidigung. Vielleicht sind wir etwas starrköpfig und verschlossen. Das liegt an der Höhenlage, den langen Wintern mit ihren Schneemassen, die uns über Monate hinweg von der Außenwelt abschirmen; am lichtlosen Fichtenwald, der unsere Orte einfasst wie ein Trauerrand, an der Zeit, die oft stillzustehen scheint hier oben in der Uhrenwelt:

Ein Glasträger, heißt es in einer Quelle, hätte eine hölzerne Stundenuhr von einer Handelsreise nach Hause gebracht, diese wäre dann hundertfach nachgebaut worden. Einem anderen Bericht zufolge sollen unsere Waag- und Unruhuhren von Vorbildern unabhängig direkt vor Ort entworfen und hergestellt worden sein. In jedem Fall verlegte man sich von der Glasmacherei einerseits und der Bewirtschaftung kärglichster Äcker und Felder anderseits vor mehr als drei Jahrhunderten auf die Fabrikation von Zeitmessern, die, neben dem fortbestehenden Flechthandwerk, einen schmalen Verdienst zu sichern versprach. Einfache Holzuhren in beachtlicher Stückzahl, Holzmessinguhren, Lackschilduhren, Kuckucksuhren, Wecker, vielfältige Spiel- und Automatenuhren entstanden hier über zwei Jahrhunderte hinweg in selbständiger Heimarbeit. Die Heimstatt war zugleich auch Werkstatt, der verfügbare Raum begrenzt, die Uhrmachermeister nächtigten mit ihren Familien gewissermaßen unter den Werkbänken. In zeitaufwändiger Feinarbeit drehten sie Zahnräder, schreinerten Uhrenkästen, gossen Zeiger, schnitzten Verzierungen und Motive ins Holz, bemalten und lackierten Schilder, montierten die Kleinteile zum Uhrwerk. Couragierte Uhrenträger und geschäftssinnige Großhändler, die *Packer*, vertrieben die tickenden Holzkästen erfolgreich in alle Welt hinaus, erwiesenermaßen in vier Erdteile, als noch nicht alle Menschen allerorts ans selbe engmaschige Zeitmaß gebunden waren, als eine Temporalstunde an einem Wintertag kürzer dauerte als an langen Sommertagen, als einer sich noch nach der Erdumdrehung richtete, nach den Mondphasen, dem Auf- und Untergang der Sonne, einer die Zeit in den Gläsern der Sanduhren verrinnen sah, geweckt wurde vom Scheppern der Kerzenuhr, der inneren Uhr gehorchte oder nackter Not, den Jahreszeiten, dem ersten Hahnenschrei, dem Schlag der Kirchturmuhr, seinem Hunger folgte, einer günstigen Gelegenheit … Doch solche Lebensführung war allzu schwankend und launisch, und wertvolle Arbeitszeit wurde verschwendet, so wurden allen Menschen Uhren verordnet und unser Landstrich erlebte einen unvergleichlichen Aufschwung.

Leistungsfähigere Drehbänke und Metallwerkzeuge zogen in die Schuppen ein, die ersten Uhrenfabriken entstanden, die Bevölkerung wuchs. In den Werkhallen wurden nun Zeitmesser industriell unter dem Zeitdiktat produziert, mit der Quarzuhr, ein Jahrhundert später, war es dann endgültig vorbei mit dem mechanischen Antrieb, den Verzahnungsautomaten, mit dem von Menschenhand zusammengefügten Uhrwerk. Heute produzieren wir elektronische Zeitmesser, Codiergeräte, Zähler, Pumpen, digitale Spielzeuge, Kommunikationssysteme, Mikrochips, wir spielen mit im Global Play ...

Nein, für mich sind diese Unglücklichen überhaupt nicht seltsam, sondern geradezu vorbildlich. Ich wurde in ihre Welt gesetzt und habe nach und nach die Augen zu jedem Einzelnen von ihnen aufgeschlagen. Jeder Mensch, dem ein Kind begegnet, ist für das Kind absolut, nie käme es darauf, dessen Wesen, Geschichte, dessen Sosein anzuzweifeln ...

Dass in meiner Heimat eine statistisch außergewöhnlich hohe Zahl von Menschen Hand an sich legten, sich selbst entleibten, Selbstmord, Suizid oder Freitod (wie sagt Ihr dazu?) als Lösung wählten, was wussten wir Kinder von solchen Zahlen? Hätte das Wissen uns verändert? Nebenbei halte ich diese Statistik für ein Gerücht, dem man schon allein deshalb Glauben schenkt, weil es sich so hartnäckig hält. Es entspricht dem Bedürfnis, mit dem Finger auf etwas zu zeigen, sich zu winden vor Ekel, Erstaunen und Verachtung und sich im Verhältnis besser zu fühlen, sich über die niedrigen Sitten anderer selbstbewusst zu erheben. Angenommen, wir hielten tatsächlich jenen traurigen Rekord, was hieße das für den Einzelnen? Es ist und bleibt ein einsamer Vorgang, eine persönliche Tat. Was kümmert es den zum Tode Entschlossenen, dass man unweit von ihm ein weiteres Opfer auffinden wird, dass sie sich vielleicht gekannt (und den Schritt des anderen dennoch nicht vorhergesehen) haben? Dass er mit dem, was ihn im Innersten quält, was ihn insgeheim antreibt, dass er mit seiner Wut, seinem Hunger, mit seinem Schmerz, von dem er für immer Erleichterung sucht, nicht allein auf der Welt ist? Er ist doch und bleibt es selbst dann, wenn er sich mit anderen dazu verabredet, gemeinsam Vorbereitungen trifft und nun mit bis eben noch unbekannten Gleichgesinnten auf hoher Klippe steht und in den Abgrund schaut, wovon man in letzter Zeit immer wieder hört: Ein Grüppchen von Aussteigern trifft sich zu einer letzten, vielleicht erstmalig befreienden Handlung im Internet, sie tauschen Informationen aus, Know-how, verständigen sich auf Ort und Zeit, springen, sprengen, stechen, schlucken, schneiden auf ein Zeichen hin sich gleichzeitig in den Tod, simultan. In unserer Gegend ist noch kein vergleichbarer Fall bekannt geworden. Vielleicht sind wir tatsächlich etwas rückständig und gehen die letzten Schritte lieber allein. Kommunikation ist unsere Sache nicht, wir fürchten das Wort wie Spritzen und Skalpelle der Ärzte. Auch wenn Hunderte, Tausende mit dir zusammen den gleichen Weg gehen, gibt es von jenem erreichten Ziel doch keine Rückkehr. Dass unsere Toten uns zusammenhalten, jeder auf seine Weise, leugne ich dabei nicht ...

Gegenwärtig ist es ja *en vogue*, es vergeht kein Tag, ohne dass Menschen als lebende Bomben oder als Bomben in Menschengestalt andere mit sich in den Tod reißen. Ich frage mich, ob meine Landsleute dazu im Stande wären, ob sie zu

Helfern ideologischer oder religiöser Gruppen taugen würden. Ob sie ihre Leben, die sie ohnehin zu beenden planen, einem Gott opfern würden, einer Idee, ob sie es für ein Leben im Paradies hingeben würden, für Trost und Lohn im Jenseits und ihre sofortige Anerkennung im Hier und Jetzt als Märtyrer. Ein doppeltes Versprechen, für das der Einsatz des eigenen, gegenwärtig vielleicht bescheidenen Lebens sich schon lohnen würde, so man an dessen Erfüllung tatsächlich glaubt. Je zahlreicher, hilfloser, unschuldiger und ungläubiger die mitgerissenen Opfer, desto größer der Triumph, gelungener die grausame Tat, sinnvoller der eigene Tod, veredelt durch das Sterben, die Wunden, den Riss im Leben anderer Menschen. In meiner Heimat stirbt man für nichts und niemanden. Wir glauben an keinen höheren Sinn und nicht daran, dass unsere Taten in fernen Himmeln Früchte tragen. Wir sind auch nicht wie Samson mit übermenschlichen Kräften ausgestattet, der die Säulen seines Gefängnisses eigenhändig einriss und mit sich dreitausend verhasste Philister unter den Trümmern begrub ...

Und wenn – erneut – einer käme, uns solches glauben machen würde? Die letzten Schritte vieler zum Tode Entschlossener in *eine* Richtung lenken, die Reihen schließen zum großen Todesreigen, uns choreografieren und synchronisieren würde zum gemeinsamen Marsch auf ein gemeinsames Ziel, ein gemeinsames Ende zu? Unseren Untergang? Den Untergang des Feindes, in dessen Mitte wir uns zündeten?

Wir leben hinterm Berg. Im Augenblick wäre keiner in Sicht, der uns derart zu zähmen wüsste. Wir sterben, wenn wir sterben wollen. Das Unglück eines anderen Menschen kann uns weder dazu verführen noch auf Dauer davon abhalten. Die womöglich dramatischen Folgen für unsere

Nächsten nehmen wir billigend in Kauf. Sie sind der Preis unserer Freiheit.

*

Sie gehören zu meinen ersten Erinnerungen: Menschen, die von eigener Hand aus dem Leben scheiden. Ich kann nicht behaupten, dass die durch ihren letzten Entschluss in Gang gesetzten Ereignisse, die durch ihren Tod geschaffenen Bilder meine Kindheit schöner machten. Doch SO WAR EBEN UNSERE WELT. Die toten Aussteiger gehörten so selbstverständlich zu meinem Erwachsenwerden wie unsere ersten Fächer Schreiben, Rechnen, Heimatkunde, Religion und Leibeserziehung. Sie waren Bestandteil unseres täglichen Lebens, das uns mal mehr, mal weniger Lust bereitete.

Vielleicht gab es einmal eine Zeit, in der Gewalt und Tod für mich noch nicht alltäglich waren und blutige Tragödien noch nicht zum selbstverständlichen Repertoire meiner Vorstellungswelt gehörten. Leider habe ich keinerlei Erinnerung an eine *reine Idylle*. Ich habe immer mit schlimmen Vorfällen gerechnet, die mich und meine Familie erschüttern, die uns unsanft stolpern lassen könnten über die listigen Stricke, die das Schicksal quer über unsere Wege spannt. Ein Leben ohne Tragödie erscheint mir jedenfalls überirdisch. Unglaubwürdig. Unheimlich. Ohne Schatten wären wir Engel oder Vampire, jedenfalls wohl keine Menschen.

Etwas Entscheidendes fehlt den Schönen, Blutleeren, Schattenlosen. Das verletzte Herz. Die zunichte gemachte Hoffnung. Die einseitige Liebe. Die eigene, vielleicht wahnsinnige Wahrheit. Einer, der die schwarze Seite der Dinge nicht kennt, ist nicht von dieser Welt, er teilt nicht dieselben Gesetze wie wir. Er ist eine Ausnahmeerscheinung, ein Lebewesen im Larvenstadium, ein *unvollendetes Projekt*. Er hat den Tod nicht mit eigenen Augen gesehen, nicht in den Augen eines anderen. Hat noch nicht seine eigene Ohnmacht kennen gelernt, ist noch nicht in die Rolle des Gewalttätigen geschlüpft und hat sie gar bis zur Besinnungslosigkeit ausgekostet. Er ist noch nicht unter Aufbietung all seiner Kräfte vor anderen Menschen geflohen und erneut in ihren Armen gelandet. Hat nie vergeblich darauf gewartet, dass es Tag wird und mit dem Tageslicht alles in Ordnung kommt, vergeblich gehofft, vergeblich gewartet, nicht länger hoffen und warten können, nicht länger standgehalten, es nicht wollen, es nicht können …

Was hat der zu erzählen, was mir zu sagen, wie kann er mich trösten, mir raten, mich gar lieben? Ich brauche ihm nichts zu erzählen, er wird mich nicht verstehen. Eher wird er mich krankhafter Ideen beschuldigen, als trüge ich allein die Verantwortung an der Welt, über die ich berichte, als hätte ich sie mir ausgedacht! Er wird lächeln und mich zum Wurm erklären. Er wird mit den Schultern zucken, das war's. Soll er sein schönes Leben doch einem anderen vorgaukeln! Ein Mensch ohne Nacht ist ein Luftikus, vollkommen abgehoben, künstlich, geschnitten und amputiert, ausgewechselt und verjüngt und hart gemacht. Er fällt nicht ins Eigengewicht der Welt, denke ich, und nichts wird er hier bewegen, nichts ausrichten mit seiner fleisch- und schattenlosen, schmerzfreien Art. Er ist ein Produkt infamer Schönheitschirurgen, die Fleisch und Knochen mit Silikon und künstlichem Knorpel ersetzen, Störendes verflüssigen und absaugen, Furchen auffüllen, Haarwurzeln umsetzen, einsetzen, wahlweise veröden. Ein Wesen von noch geringerer

Körperlichkeit als Nachrichten und Spiele im digitalen Netz, im Fernsehen oder auf der Leinwand. Substanzlos, flacher noch als Fahrstuhlmusik, ein Singsang, der glatt an uns vorbeigeht und bestenfalls ein wenig nervt.

Ich verstehe nicht, warum ausgerechnet meine Geschichte so bizarr sein soll. Wir wurden doch alle einmal in die Welt gesetzt, und damit beginnt es, nicht?

*

Mein Stand der Unschuld endete mit etwa drei Jahren. Ich begann gerade, mir meiner selbst bewusst zu werden, da tauchte ein großer schwarzer Hund auf, der niemandem zu gehören schien und unsere Straße unsicher machte. Seine Existenz zwang mich zu äußerster Vorsicht, zur Anpassung meines Verhaltens an die Gefahr. Keinen Schritt konnte ich fortan tun, ohne die Möglichkeit in Rechnung zu ziehen, gebissen und tödlich verwundet zu werden. Der schwarze Hund bedeutete eine erste Einschränkung meines bis dahin selbstverständlichen, unbewussten Daseins. Das umherstreunende Tier, dessen Angriffslust wir nicht anzweifelten, versetzte uns Kinder in ständige Alarmbereitschaft und Angst. Im Gegenzug wollten wir ihm gewachsen sein, es mit ihm aufnehmen, ihm im offenen Kampf gegenüber stehen, das Tier auslöschen für alle Zeit und Welt. Lieber noch hätten wir uns mit ihm befreundet: An seiner Seite wären wir selbst Furcht einflößend, in seinem Schutz unbesiegbar gewesen, andere wären vor uns in die Knie gegangen, hätten zu uns aufgeschaut! An Tagen, an denen der große Hund sich nicht zeigte, spürten wir seine ungeheure Macht noch stärker. Der Unsichtbare hielt uns gefangen, sein ungewisser

Aufenthalt ließ ihn uns überall vermuten. Oder könnte es sein, dass die Bestie, die uns beherrschte, für immer verschwunden war, dass sie fern von uns ihre Runden drehte? Wir wurden mutiger, wagten uns weiter, tanzten und sangen auf die Straße hinaus. Wir sind frei! Doch bald tauchte der Vermisste wieder auf und wir fühlten uns vollkommen lächerlich. Der Hund hatte uns im Griff. Er bestimmte unser Leben, unsere Bewunderung für ihn war vielleicht noch größer als die Angst, die er uns einjagte, vielleicht liebten wir ihn insgeheim mehr als die Freiheit, die er uns raubte. Schwer zu sagen, auf wen oder was wir leichter verzichtet hätten: auf den schwarzen Hund oder auf uns selbst.

Otto Jägersberg

Himmelheber oder der Schwarzwald als Spanplatte

1951 wurde ein Verfahren patentiert, das die Herstellung von Kunstholz aus wässerigen Aufschlämmungen organischer Fasern oder Spänen revolutionierte. Idee war: Naturholz zu schonen und aus Abfallholz ein stabiles, billiges, haltbares, tausendfach verwendbares Kunstholz zu schaffen. Kurz – die Spanplatte. Sie entsteht, indem man Holz schnitzelt, schreddert oder sonstwie zerkleinert und in eine Art Brei verwandelt, der in die für den Verwendungszweck günstigste Form gebracht und mit Harz oder anderen Klebmitteln unter gewaltigem Druck gepresst wird. Die Stabilität hängt ganz von der Laufrichtung, Dichte und besonderen Beschaffenheit der Späne ab. Alle sollten gleich lang, gleich breit, gleich dünn und in Faserlängsrichtung geschnitten sein. Ein reines Naturprodukt, das auch unkompliziert wieder recycelt oder kompostiert werden kann. Im Schwarzwald erdacht, im Schwarzwald gemacht, Heimat der Spanplatte war Baiersbronn, ihr Erfinder hieß Max Himmelheber. Er war ein erstaunlicher Mann: Erfinder, Philosoph und Pfadfinder. Und konnte Flugzeuge steuern und Lokomotiven und Schiffe – einfach alles, wofür man einen Führerschein erwerben muss.

Der Schreinersohn Max Himmelheber aus Karlsruhe lernte als Kind beim Spielen in der kleinen Möbelfabrik seines Vaters, dass von einem Baum kaum 40 Prozent im fertigen Möbelstück erscheinen, der Rest bleibt als Abfall zurück. Es sollte doch möglich sein, eine Technik zu entwikkeln, um aus diesen Abfällen wiederum einen verwertbaren Werkstoff zu machen. Mit seinem Schweizer Freund Alfred Schmidt – sie kannten sich aus der bündischen Jugend, Himmelheber war Wandervogel und Pfadfinder, Schmidt Führer einer Gruppe, die sich »Graues Corps« nannte –, mit Schmidt entwickelte Himmelheber aus Holzabfällen ein Kunstholz, das sie »Homogenholz« nannten und bis zur Industriereife brachten. Der Ausbruch des 2. Weltkriegs hinderte Himmelheber am Aufbau einer eigenen Fabrik, er wurde Jagdflieger, über England abgeschossen, geriet in Gefangenschaft und wurde 1943 über Schweden gegen englische Gefangene ausgetauscht.

Er ging nach Baiersbronn und gründete ein Konstruktionsbüro und eine Versuchsanlage für die industrielle Spanplattenproduktion. In der Folge erwarb er mit seinen »kunstholzbegeisterten« Mitarbeitern mehr als 70 Patente über Verfahren und Maschinen zur Herstellung von Spanplatten. Dazu realisierte sein Unternehmen über 80 Lizenzwerke in aller Welt. Spanplatten überall – täglich werden davon aus Abfallrecycling so viele hergestellt, dass man für die gleiche Menge Bretter aus Naturholz einige 100 000 Bäume schlagen müsste.

Kunstholz – ein Wort wie Kunsthonig und Kunstbutter. Als die erfunden wurde, erschien sie vielen auch besser als Butter. Die Spanplatte aus Kunstholz ist ein Produkt des Mangels, ein typisches Produkt der Kreislaufwirtschaft für die schnell wachsenden Märkte in der Bau- und Möbelindustrie. Der Energieaufwand, der für ihre Herstellung notwendig war, wurde nicht hinterfragt, die toxischen Folgen angewendeter Klebstoffe waren noch nicht bekannt, und die bei der Verarbeitung entstehenden Dämpfe galten für Mensch und Umwelt als nicht gefährlich oder wurden in Kauf genommen. Wenn auch alle schädlichen Faktoren bei der Herstellung von Spanplatten heute ausgeschaltet werden können, bleibt der ästhetische Aspekt. Die Spanplatte schmeichelt nicht der darüberstreichenden Hand, sie ist nicht beseelt wie gewachsenes Holz, sie bleibt Ersatz. Sie ist in der profanen Welt des Nützlichen zu Hause. In ihr begegnet die Spanplatte wieder dem Schwarzwald: auch dessen Fichten stehen soldatneng für die industrielle Nutzung. So gesehen ist der Schwarzwald tendenziell Spanplatte.

Sein durch die Patente erworbenes Vermögen verwandelte der Unternehmer Himmelheber in eine Stiftung, die u. a. bis heute eine Jahresschrift für »skeptisches Denken« herausbringt, die »Scheidewege«.

Scheidewege überprüft die im Umlauf befindlichen technologischen und ideologischen Gebrauchsanweisungen und legt in Essays, Polemiken und Beschreibungen Einwände und Einsichten vor, die nicht immer Weg und Ziel, aber doch eine Richtung anzeigen, die »Rückkehr zum menschlichen Maß«. Ganz im Sinne des skeptischen Erfinders und »Ökosophen« Max Himmelheber, der das Auseinanderfallen von Aktion und Kontemplation, von Schaffen und innerem Erleben aufheben wollte und den Sinn des Lebens darin sah, »tätig die Schöpfung und uns in ihr zu erleben, und in der Einheit von Tun und Erleben die Würde des menschlichen Seins als Auftrag zu erfüllen.«

Max Himmelheber wurde sehr alt, aber er blieb dem Gedanken des »Bündischen« auf der Fährte, dem »magischen Erleben«, der Einheit von Tun und Erleben. Nach dem Krieg gehörte er dem Bund Deutscher Pfadfinder an, leitete deren Zeitschrift »Das Lagerfeuer« und war ihr »Bundesbeauftragter für Führerbildung«. Als der Pfadfinderbund zusehends von alten Idealen abrückte und sich den Zeitströmungen anpasste, zog sich Himmelheber zurück und äußerte sich nur noch gelegentlich zu Fragen der Jugendbewegung. Im Leben aber blieb er aktiver Pfadfinder.

Noch als über 90jähriger leitete er in Baiersbronn eine Jungengruppe, mit der er – neben regelmäßigen Treffen – Fahrten unternahm, Wanderungen in Korsika und Segelturns im Mittelmeer. Wie er es schaffte, bei einem Altersunterschied von über 70 Jahren vor seinen Jungen nicht zum komischen Alten zu werden und zur Karikatur eines ewigen Wandervogels zu verkommen, sondern seine Glaubwürdigkeit als Pfadfinder – und als Philosoph und als Erfinder – zu bewahren, bleibt sein Geheimnis.

Martin Heidegger

Schöpferische Landschaft

Neulich kam dort oben eine alte Bäuerin zum Sterben. Sie schwatzte oft und gern mit mir und kramte dabei alte Dorfgeschichten aus. Sie verwahrte in ihrer starken, bildhaften Sprache noch viele alte Worte und mancherlei Sprüche, die der heutigen Dorfjugend schon unverständlich geworden und so der lebendigen Sprache verloren gegangen sind. Noch im vergangenen Jahr kam diese Bäuerin – als ich wochenlang allein auf der Hütte lebte – öfters mit ihren 83 Jahren zu mir den Steilhang hinaufgestiegen. Sie wollte da, wie sie sagte, jeweils nachsehen, ob ich noch da wäre oder ob mich nicht »Einer« unversehens gestohlen hätte. Die Nacht ihres Sterbens verbrachte sie im Gespräch mit ihren Angehörigen. Noch anderthalb Stunden vor dem Ende hat sie ihnen einen Gruß an den »Herrn Professor« aufgetragen. – Solches Gedenken gilt unvergleichlich mehr als die geschickteste »Reportage« eines Weltblattes über meine angebliche Philosophie.

Die städtische Welt kommt in die Gefahr, einem verderblichen Irrglauben anheimzufallen. Eine sehr laute und sehr betriebsame und sehr geschmäcklerische Aufdringlichkeit scheint sich oft um die Welt des Bauern und sein Dasein zu kümmern. Man verleugnet aber so gerade das, was jetzt allein nottut: Abstand halten von dem bäuerlichen Dasein, es mehr denn je seinem eigenen Gesetz überlassen; Hände weg – um es nicht hinauszuzerren in ein verlogenes Gerede der Literaten über Volkstum und Bodenständigkeit. Der Bauer braucht und will diese städtische Betulichkeit gar nicht. Was er jedoch braucht und will, ist der scheue Takt gegenüber seinem eigenen Wesen und dessen Eigenständigkeit. Aber viele der städtischen Ankömmlinge und Durchkömmlinge – nicht zuletzt die Skiläufer – benehmen sich heute im Dorf und auf dem Bauernhof so, als »amüsierten« sie sich in ihren großstädtischen Vergnügungspalästen. Solches Treiben zerschlägt an einem Abend mehr, als jahrzehntelange wissenschaftliche Belehrungen über Volkstum und Volkskunde je zu fördern vermögen …

Neulich bekam ich den zweiten Ruf an die Universität Berlin. Bei einer solchen Gelegenheit ziehe ich mich aus der Stadt auf die Hütte zurück. Ich höre, was die Berge und die Wälder und die Bauernhöfe sagen. Ich komme dabei zu meinem alten Freund, einem 75jährigen Bauern. Er hat von dem Berliner Ruf in der Zeitung gelesen. Was wird er sagen? Er schiebt langsam den sicheren Blick seiner klaren Augen in den meinen, hält den Mund straff geschlossen, legt mir seine treu-bedächtige Hand auf die Schulter und – schüttelt kaum merklich den Kopf. Das will sagen: unerbittlich *Nein*!

    Wälder lagern
    Bäche stürzen
    Felsen dauern
    Regen rinnt

    Fluren warten
    Brunnen quellen
    Winde wohnen
    Segen sinnt

Christoph Meckel

Schwarzwälder Ferien im Krieg

Schwarzwälder Sommerferien während des Kriegs. Mit Leiterwagen, Rucksäcken, Eimern und Gläsern und der festverpackten *Grundnahrung* für sechs Wochen (Zucker, Graupen, Nudeln und Haferflocken) traf man im Bahnhof Littenweiler ein. Der Lokalzug trödelte durch das Höllental, durchquerte Tunnels und hielt an jeder Station. Himmelreich, Höllsteige, Hirschsprung, dann stieg man aus – Hinterzarten! – und zwängte sich in das Gepäck, der Rucksack drückte, die Tasche schlug gegen das Knie. Das Dienstmädchen Lucie, die Mütter, zwei Brüder und ich. Man wanderte durstig und tapfer durch die steigende Hitze und machte im schwarzen Schatten der Tannen halt. Die Straße zog sich schmal an den Hängen entlang, an Postkästen, Milchtischen, hölzernen Höfen vorbei, durch taunasse Kurven, an offenen Windbrüchen hin, im Schatten der Vogelbeerbäume nach Albersbach.

Am zwölften Milchtisch bog man zum Steigerhof ab, betrat die Küche, nahm einen Schlüssel mit, ging weiter am Löschteich vorbei auf dem steinigen Viehweg, durch Weidezäune und Weizen zum oberen Wald. Dort stand die Hütte klein unter lastenden Tannen (Nadelbesen scheuerten über das Dach), ein rustikaler Verschlag aus Brettern und Schindeln, von Menschen behauste, enge Kuckucksuhr, mit dem Blick auf Weideland und verstreute Höfe – das Gasthaus zur Esche, der Engel, die Behringerhäuser, unter schweren Dächern aus Schiefer und Schindeln, mit Futtergang und weißer Fensterfront und sommerlang offener Einfahrt in das Dach. Sauerkirsche, Wacholder und bauchige Pappeln, Brennesseln, Kuhfladen, wilde Möhre im Wind. Misthaufen – Fäulnis aus Stroh über öliger Gülle, auf dem Brett die Schubkarre und darauf der Hahn. Quellgebiete zogen sich breit zu Tal, Wassermusiken in Morast und Moos, Gurgeln in grün und bunt gequollenen Polstern, Rieseln und Schmatzen, Gesicker in lichtlosen Höhlen, Triefaugenteiche, die Viehspuren an der Tränke. Der lange Bach fing alles Wasser auf. Das stürzte durch Tobel und Gruben, bemooste Senken, schäumte durch Klusen und feilte die Ritzen der Steine, blankes, kaltes, von Eschen verschattetes Strömen, Reichtum des Flutens und Zwitscherns an allen Tagen, herrlicher Schwall in jeder Jahrzeit, Geprassel, Geleier, Geschütt, in ruhigen Nächten, wenn der Wind aus dem Himmel fiel und im Tal verschwand.

Dort standen Sägemühlen an ihren Rädern, Schaufelräder im Wehr mit tropfenden Bärten, in schwerer Umdrehung ächzend und finster vor Nässe, untertauchende, saufende, spuckende Schaufeln, in Schleiern aus Wasser, das weit in den Büschen zerstob. Dort lagen geschälte Stämme auf queren Böcken, biegsame Rinde wie gepresste Schlangen, dort schnurrten Antriebsräder an ledernen Riemen, dort rasten die Zähne der Sägen durch saftiges Holz. Dort stand der Sägebauer im blauen Kittel, dort watete ich verboten im Sägemehl herum.

Hinter dem Hüttenfenster begann der Wald. Steilhänge voller Tannen und Felsgeröll, abgestorbene braune Nadelgespinste, ein lebloser stiller, glanzloser Innenraum, sonderbar knackend im Wind, eine Sprache aus Holz. Buchholz, Farne und Zapfen in kopfhohen Dschungeln, Hexenbärte am Astwerk aus grünlichem Silber, rutschige Nadelböden und morschende Rinden und der große, gewitternde, balzende Auerhahn. Der fiel über Pferde her und schrie im Geäst, der war so bunt wie der Teufel im Paradies. In diese Wälder ging kein Kind allein, obwohl es im Schutz vertrauter Geräusche blieb: Stimmen der Beerensammler und Kuhglockenläuten, Sägen und Holzfuhrwerke im Hölltäler Loch. In diese Wälder schlich ein Kind sich ein, verirrte sich und machte die Hosen voll, stand weltverlassen, in herzzerreißendem Schauder und wurde am Nachmittag von Frauen entdeckt, stinkend, tränennass und vier Jahre alt, ein Ausreißer, ein Naturfreund, ein strafbares Kind.

In heißen Tagen und Nächten verschwand die Zeit. Wie viele Wunder nahm ein Sommer auf. Peitschenknallen und Viehhütten an den Halden, das Heu, der Staub und der Heustaub auf den Tennen, die Milcheimer in den Brunnen, das Melken der Kühe, das Schnitzen der Schindeln, die Kornernte und die *Strau*. Ich holte Brot und Milch vom Steigerhof, die Post kam gegen Mittag im Pferdegespann. Ich nahm die *Feldpost* meines Vaters mit, der war in Polen und dort war der Krieg. Ich lernte melken, misten, füttern und hobeln, dengeln, sicheln, binden, verladen und fluchen; striegeln, satteln, tränken und Peitschen knüpfen; ich hackte, schnitzte und schaufelte wie der Knecht.

In Balkenskeletten der Höfe, in heuheißen Speichern, in Schobern und Kellern verlor ich die eigene Spur. Der Raum der Bauern verwahrte Geruch und Licht. Viehgeruch in der Knechtskammer, Wäsche im Flur, Speck, Obst und Kartoffeln im heißen Küchenbetrieb: das spritzende Fett in den Pfannen, die lauernden Katzen, der Herrgottswinkel, die Astern, die tickende Uhr. Zwölf Kinder waren lebendig im Steigerhof, erwachsene Töchter mit Zöpfen und leuchtenden

Backen, ein kleiner heulender, barfuß laufender Franz, die anderen hießen Vreneli oder Marie. Beim Fußballspielen zog ich die Schuhe aus, Gerechtigkeit nackter Füße auf Gras und Stein. Ich lernte barfuß über den Erdball laufen und ohne Angst durch Blitz und Hagel gehen.

Nachts fauchte der Wind in den Tannen, als schüre er Feuer. Windfeuer in den Ohren, ich brauchte kein Auge.

Das Vreneli ging in den Löschteich, der Peter verkrachte, der eine versoff, der andere erbte nichts. Der letzte, kleinste, wurde dem Papst geschenkt, und Hans, der Viehhirt, verblödete ohne Grund.

Der Sommer war nicht nur zur Freude da. Man tat sich mit Nachbarn und ihren Kindern zusammen (Kopftücher, Kniestrümpfe, Hosenträger) und ging in die Beeren, endlose Tage lang. Heiße, himmeloffene Himbeerschläge, Brombeerwildnis am Hang über steilen Schluchten, Blaubeeren, Preiselbeeren und kostbare Pilze, Pfifferlinge und Steinpilze, essbare Wunder, Teufelspilze und Schirmpilze an den Wegen, Triumphe in Kinderhänden, zerstampft im Gras. Legenden entsetzlicher Tode gingen um. Sturz aus dem Apfelbaum und Hitzschlag im Himbeer, Vergiftung ganzer Familien durch Tollkirsch und Pilze.

Man schlug Haselnüsse mit Steinen auf, man kämmte mit Gabeln Holunder in einen Topf. Ich schnallte meine Büchse am Gürtel fest, sie füllte sich mit Beeren, Blättern und Würmern, weiße dicke Maden im Fleisch des Himbeer, Fliegen und Wespen, gerötete Kindergesichter, rosig-purpurn, geröstete Nasen, schweißige Haare und verstaubte Hälse, zerstochene Arme, zerkratzte Beine, Jod oder Spucke auf verkrusteten Wunden, Schimpfen, Maulen und Greinen – *Ich kann nicht mehr!* Acht schwere Wassereimer waren gefüllt, wenn der Nachtschatten aus den Wäldern kam.

Verwüstete Himbeerschläge blieben zurück. Taumelnd zwischen Eimern, mit knickenden Beinen, kam ich halbtot in der Hütte an. Die Mühe wurde mit Milch und Wasser belohnt. Kaltes Bergwasser wusch die Erschöpfung weg.

Wolfgang Duffner
Die Geschichte vom fliegenden Mönch

Um sechzehnhundert lebte im Kloster vor dem Wald ein Mönch namens Caspar Mohr, der eine Flugmaschine konstruiert hatte, die den Vogelschwingen nachgebaut war. Doch der Abt verbot ihm, die Maschine auszuprobieren, weil er in ihr ein Teufelswerk sah. Da dachte der Mönch: Ich warte. Denn der Abt war schon ein sehr alter Mann. In der Zwischenzeit vervollkommnete er des Nachts in seiner Zelle seine Maschine. Und der Tag kam, auf den der Mönch so lange gewartet hatte, und es war im Herbst und ein Tag mit viel Wind und Licht, und der Abt lag noch nicht einmal unter der Erde, da holte der Mönch seine Flugmaschine aus der Zelle, stieg damit auf den Berg, nahm einen Anlauf und erhob sich einem Vogel gleich in die Lüfte. Und der Wind trug ihn weit hinaus über den Hang und die Wiese, und als er hinunterschaute, sah er im Abendlicht die vom Gottesacker heimkehrenden Brüder, und er lachte und winkte zu ihnen hinab, und die unten blieben stehen und starrten zu ihm hinauf. Er aber fliegt über den Gottesacker hinweg, übers Dorf, über den Wald, und jetzt steht ein anderer Tag über der Welt, und sein Herz jubelt, und er fliegt und fliegt, fliegt durch den Himmel, fliegt zum Himmel hinaus in alle Milchstraßen; er hat viel nachzuholen.

Wolfgang Duffner

Amerika

Der Vater meiner Großmutter war ein unruhiger Mensch, an keinem Ort hielt es ihn länger als zwei, drei Jahre, dann packte er seine Sachen, lud seine Kinder auf den Wagen – am Ende waren es dreizehn – und fuhr mit ihnen zum nächsten Schwarzwalddorf. Er war ein penibler Dorfschullehrer, gefürchtet von seinen Schülern, mit dem Dorfpfarrer, für den er sonntags die Orgel spielte, in dauerndem Streit liegend. Kamen Nachbarsfrauen, um seiner Frau einen Besuch abzustatten, vergewisserten sie sich erst, ob er auch nicht zuhause war, weil sie sonst nicht gewagt hätten, das Haus zu betreten, eine solche Scheu hatten sie vor ihm.

Zu den wenigen Habseligkeiten, die dieser verschlossene Mann den Erben hinterließ, gehört das Buch »Amerika« von einem Bruno Schmölder, das 1849 in Mainz erschien und den Untertitel trägt »Neuer praktischer Wegweiser für Auswanderer nach Nordamerika«, versehen mit 1 gestochenen Porträt von General Sutter, 4 gestochenen Tafeln mit Ansichten von San Francisco, St. Louis und Neu-Helvetien, 1 lithographierten Plan von Suttersville und 1 mehrfach gefalteten und kolorierten lithographischen Karte von Iowa. Das Buch riecht nach billiger Zigarre und anhaltendem Fernweh. Keine Seite ohne Anstreichungen, Randbemerkungen. Vergilbte Buchzeichen verweisen auf Gewichtiges. In diesem Buch hat einer nicht gelesen, sondern gelebt.

Kein Zweifel, dass sich dieser so beengt fühlende, vereinsamte, unglückliche Dorfschullehrer mit dem Gedanken der Auswanderung ernsthaft beschäftigt hat. Aber wie? Er hatte dreizehn Kinder und keinerlei Ersparnisse. Der Gedanke einer Auswanderung muss ihn nie verlassen haben, das Buch – eine Art Bibel der Tagträumer – zeugt davon. Irgendwann einmal muss er diesen Traum begraben haben, doch er zerbrach nicht daran. Offensichtlich erfreute er sich einer guten Gesundheit, denn er überlebte die meisten seiner dreizehn Kinder und ging nach dem Tod seiner Frau noch immer hoch aufgerichtet, wenn auch in völliger Isolation.

Wolfgang Duffner

Mein Großvater und
der Hartmannsweiler Kopf

Mein Großvater, der den Krieg für ein bedenkliches Unternehmen hielt, inszeniert von gerissenen Rüstungsindustriellen und deren Lakaien, den Politikern, überlegte eine Nacht lang, als die Franzosen im August vierzehn den Rhein zu überqueren drohten, ob es Situationen gebe, wo die Stimme der Vernunft der Stimme der Pflicht nachzugeben habe. Mein Großvater entschied sich für die Stimme der Pflicht, zog über den Rhein und nahm an den Vogesenkämpfen teil, die ihm einen Orden und ein Grab auf dem Soldatenfriedhof in Sennheim einbrachten, wo die Kreuze so niedrig sind, dass man die Namen nur in tiefgebückter Haltung lesen kann.

Wolfgang Duffner
Was ein Hundertjähriger sagt

An mir, sagt der Hundertjährige, haben Sie einen, der noch Hindenburg erlebt hat und Doktor Zeppelin und Richard Tauber und Max Schmeling und all die anderen Koryphäen des Jahrhunderts, aber was glauben Sie, wer der Größte war? soll ichs Ihnen sagen? der Größte war ich und warum? ich habe sie alle überlebt, auch den Führer und den Krieg und alle vier russischen Winter und den Hunger gleich noch dazu, und ich habe die Angst überlebt und die Alpträume und die unerwiderte Liebe (gleich mehrfach, mein Freund), und ich habe überlebt: meine diversen Herren Vorgesetzten, meine vier Katzen, die Ehefrau nebst Kindern, und jetzt fragen Sie, wozu das alles gut war, und ich kann es Ihnen nicht sagen, so, und jetzt werde ich Ihnen eine Platte auflegen, die Sie vielleicht nicht kennen, und die Stimme, die Sie hören werden, ist die Stimme von Marika Rökk, hören Sie? »Eine Nacht im Mai«, das war meine Lieblingsnummer, ich kann sie heute noch nachsingen, aber besser ist es, wenn Marika Rökk singt, ich habe das Lied morgens beim Rasieren gesungen, beim Marsch auf Minsk (Sie haben recht gehört), in der Gefangenschaft (lauter denn je), ich habe es bei der Heimkehr gesungen und auf meiner Lok, ich bin nämlich Lokführer von Beruf, Diesel und E-Lok mit Verlaub und Dampflok gleich nach dem Krieg, als man mit verschlackter Kohle feuerte und ohne Signale und Zugfunk und all diese Sachen, fuhr den Südwesten auf und ab, hin und her, Karlsruhe, Offenburg, Villingen, Donaueschingen, Singen, Konstanz, Freiburg, Titisee, Seebrugg, Basel Badischer Bahnhof, was Sie wollen, bis sie mich aussortierten, weil mein Gehör kaputt war, und auf einmal war ich nur noch Schaffner, und jetzt bin ich Rentner und lebe vom Rest meiner Gesundheit (oh, die Ärzte drohen mir mit langem Leben!), von Erinnerungen (die weniger erfreulichen nehmen überhand), von meinen Platten, von »Einer Nacht im Mai« (hören Sie?), und jetzt wollen Sie wissen, was es mit dem Lied auf sich hat, und ich werde es Ihnen sagen, weil es ja auch kein Geheimnis ist, dass es Stunden gibt, wo sich geheime Türen öffnen und die Welt in einem etwas anderen Licht erscheint, und mehr brauche ich Ihnen dazu nicht zu sagen, und jetzt wollen Sie hören, was ich von der Zukunft halte, und da kann ich nur sagen: unerreichbar.

Wolfgang Duffner
Nachrichten von unten

Unter den vergilbten Schriften der Fürstenberger Hofbibliothek befinden sich die handschriftlichen Notizen eines Thomas Brendle, der sich bis zum Dorfschulmeister und Sakristan brachte. Im Jahr 1698 – da ist er ein alter grübelnder Mann – schreibt er nach einigem Zögern nieder, was ihm zu seinem Leben einfällt und wie er sich in der Welt »als Fremdling schwerlich und wundersam« hat durchgebracht. Es ist nicht die hartnäckige Not, die dauerhafte Wanderschaft, die göttliche Willkür (»Ist alles Gott befohlen, oder ist Gott selbst ein Schalk?«), die ihn am Sinn solchen Lebens rätseln läßt, sondern die alles beherrschende Frage der Vergeblichkeit, die ihm und uns keine Ruhe läßt und die ihn am Ende zu dem Schluss kommen lässt: »Umbsunst, umbsunst!«

Heinrich Hansjakob
Freiburgs Nachtkönig

… ließ ich meinen alten Schulkameraden von 1847, der wie ich einige Monate die Freiburger Volksschule besuchte, den Maurer Josef Schnetzler, heute zu mir aufs Zimmer kommen. Er ist um fünf Monate jünger als ich. [Das war 1916, beide sind 79, Hansjakob stirbt 1916] Ich sagte ihm, es werde für uns zwei alte Kerle nächstens Zeit sein zum Abreisen aus dieser Welt. Er meinte, er wäre froh, wenn unser Herrgott ihn heimholte. Das überraschte mich, da er sich sonst lebenslustig geäußert hatte. Ich fragte ihn, warum er so lebensmüde sei und erfuhr als Gründe die folgenden köstlichen. Erstens habe man ihm einen Regenschirm weggenommen, den ihm die Albertine Schell, eine Jugendgespielin von ihm, vor ihrem Tod geschenkt habe unter der Bedingung, dass er hie und da zwei Vaterunser für sie bete in der Kapelle. Er habe aber wochenlang täglich *drei* Vaterunser verrichtet und doch habe ihm die Schwester Anthelina den Schirm weggenommen. Des weiteren habe sie ihm die gute Matratze, die er gehabt, und die dicke Wolldecke genommen, beide einem jüngeren »Kartüsler«, dem Maler Pfeffer, gegeben und ihm schlechteres Geliegen.

Deshalb sei ihm das Leben entleidet. Ich hätte lachen mögen über die Gründe, die dem Schulkameraden Josef solchen Weltschmerz machen, aber sein kindlicher Pessimismus rührte mich. Ich beneidete ihn um seine Genügsamkeit, die ihn befähigte, in einem Regenschirm, einer Matratze und einer Wolldecke Grund zu Lebensüberdruss zu sehen. Ich würde mit Vergnügen auf Stroh schlafen, wenn dann meine Schlaflosigkeit und meine seelischen Plagen schwänden, und ich ginge bei Regenwetter gern ohne Schirm spazieren, wenn ich noch so leichtfüßig wie der Josef in die Stadt hinunter und zurücklaufen könnte. Ich versprach ihm, bei der Oberin seinen Lebenskummer zu vertreten (bei dieser erfuhr ich, dass niemand dem guten Mann zu nahe getreten sei und er offenbar mit einer fixen Idee kämpfe).

Dann holte ich noch einiges aus seinem Leben heraus. Bisher hatten wir fast immer nur von unserer Schulzeit anno 1847 und von dem damaligen Freiburg gesprochen. Jetzt sollte ich mehr erfahren.

Sein Urgroßvater war in den zwanziger Jahren des 18. Jahrhunderts als Hirtenbub des Gutsbesitzers Böhringer aus dem Kanton Uri nach Freiburg gekommen, wo er als Tagelöhner sich niederließ, ein Beruf, dem auch sein Sohn sich ergab, der Großvater des Mannes, der um eines Regenschirms willen Weltschmerz bekommt.

Der Josef hat diesen Großvater noch gut gekannt, denn er musste den blind gewordenen Neunzigjährigen in seiner Knabenzeit jeden Morgen an die Ecke des Münsterplatzes beim Kaufhaus Kapferer stellen, wo er von Vorübergehenden Almosen bekam, und am Mittag, wenn er aus der Schule kam, wieder mitnehmen.

Ich habe den blinden Mann damals sicher auch gesehen, denn ich nahm meinen Weg in die Knabenschule in der Pfaffengasse (jetzt dummerweise Herrengasse) stets über den Münsterplatz.

Das Josefle hatte aber als Schulknabe noch viel anstrengendere und schwierigere Dienste zu leisten. Er war zunächst mal Kegelbub geworden im »Kaffee Kopf« und musste jeden Nachmittag, wenn frei oder die Schule zu Ende war, den Studenten die Kegel aufsetzen und ebenso am Mittwoch Abend von 8 bis 10 Uhr für einen Kegelclub besserer Bürger, wenn sie »Rambo« und »Lafinette« spielten.

Von seinem zwölften Jahre an kam aber ein noch schwererer Dienst über den Josef. Sein Vater, ein Maurergeselle, gehörte zu den Kloakenräumern der Stadt, eine Arbeit, die in der Zeit von nachts elf Uhr bis vier Uhr des Morgens vorgenommen werden musste.

Am Sonntag, wenn Josefle in die Kirche sollte, um die Predigt anzuhören und nachher für den Katecheten die Predigt aufzuschreiben, kommandierte der überstrenge Vater einen Marsch hinaus auf die Dörfer, um die Bauern zu bestellen, welche den Inhalt der Kloaken holten und bezahlten. Und wenn dann gegen Mitternacht die Bauern in Freiburg anrückten, musste der Knabe mit und helfen den Eimer ziehen. Schöpfte dieser nimmer selber, weil es unten im Abort zu dick war, so musste er auf einer Leiter hinabsteigen in die Kloake und den Eimer bedienen und führen. Das war eine lebensgefährliche Arbeit. Ein Licht, das oben an der Öffnung in umgekehrter Stellung, die Flamme nach unten, angezündet wurde, sollte für den in der Grube Arbeitenden ein Zeichen sein, ob noch genügend Lebensluft vorhanden wäre.

Drum musste er von Zeit zu Zeit nach der Flamme schauen. Aber, wie mir der alte Josefus erzählte, auch am eigenen Leib gab es ein Barometer. Wenn es im Gehör rauschte, als ob ein Wagen über der Diele hinführe, so war es höchste Zeit auf den Eimer zu springen und sich hinaufziehen zu lassen.

Von seinem 12. bis zum 25. Lebensjahr, in welch letzterem Pumpen eingestellt und so die Arbeit der Kloakenleerer unnötig wurde, hat der Josef Schnetzler jeden Winter und jedes Frühjahr in der Tiefe gearbeitet und mehr als einmal haben sie ihn leblos ans Licht gezogen. Er selbst hat auch Kollegen, die von allein nicht mehr herauskamen, geholt und gerettet und Staatsprämien erhalten.

»Wenn einmal«, so sagt er heute noch, »der Donner übers Land ging, durfte keine Kloake mehr gereinigt werden, dann war es zu gefährlich.«

Die meisten Kloaken wurden nur alle zwei bis drei Jahre, die in den Herrschaftshäusern alle zehn bis zwanzig Jahre geleert. In manchen Häusern so lange nicht mehr, dass niemand mehr lebte, der wusste, wo der Eingang war.

Die »Nachtkönige«, so nannte der Freiburger Volksmund die braven Kloakenräumer, die fanden einmal zu Josefs Zeiten in einem Patrizierhaus den Eingang unter dem Herd in der Küche. Ja, es gab Kloaken, die überhaupt nicht geleert wurden, so groß waren sie …

Für die »Nachtkönige«, deren es drei gab in Freiburg, alle drei Maurer, und denen die erwachsenen Familienglieder, selbst die Wibervölker, helfen mussten, brachten die braven Bauern ober- und unterhalb Freiburgs jeweils Schnaps oder Wein und Schweinefleisch mit, und nach Mitternacht, wenn der erste Wagen geladen war, setzten sich die Nachtkönige und ihr Gefolge und die Bauern entweder in den Hof oder in den Hausgang oder auf die Deichseln der Wagen und auf die steinernen Treppen der Häuser und nahmen bei trübem Laternenschein eine Erwärmung in der kalten Herbst- oder Winternacht. Der in der Tiefe Arbeitende stieg oft nicht einmal herauf, man sandte ihm im leeren Eimer sein Brot, Schnaps und Speck hinab. Prosit!

So war auch ein Stück Poesie bei der prosaischsten aller Arbeiten. Und nur die gute alte Zeit konnte solche Poesie hervorbringen, wie sie der glänzendste illuminierte Tramwagen nicht erzeugt und die nur ein Rembrandt malen könnte.

Aber noch eine Arbeit musste das Josefle leisten in seiner Knabenzeit. Sein Vater war im Nebenamt auch Sauringler in Freiburg, wo die Leute heute so kultiviert sind, dass ein Saustall ein verboten Ding ist von wegen Hygiene und Bazillenfurcht. Das Sauringeln war eine, wie ich jetzt höre, mit Recht verbotene Tierquälerei aus menschlichem Eigennutz.

Die Schweine sind von Natur aus getrieben, mit ihrem Rüssel nach Nahrung zu wühlen oder zu »nuhlen«, zu nagen. Auch in ihrer Gefangenschaft nagen sie gerne, zum »Zeitvertreib«. Da nun die armen Tiere in Städten und Städtchen die meiste Zeit ihres Lebens in engen, dumpfen Ställen zubringen müssen, so nagen sie an den Brettern des Stalles oder am Fresstrog, wenn er von Holz ist, und mit ihrem Rüssel wühlen sie die Bodenbretter auf, um auf Erdboden zu kommen.

Und diesem saumäßigen »Unfug« zu steuern, erfand der »Herr der Schöpfung«, der Mensch, das Ringeln. Den armen Tieren, die mörderlich schreien, wurden rechts und links des Rüssels Eisendrähte eingestochen und über dem Rüssel gedreht – geringelt –, damit die Drähte festhielten. Dann wurden den armen Tieren die vorderen Zähne oben und unten bis auf den Grund mit einer Zange »abgepfetzt«.

Die Ringe machten nun Schmerz beim »Nuhlen«, und zum Nagen fehlten die Zähne. Die armen Tiere lagen ruhig im Stall und wurden fett zu Ehren des menschlichen Verdauungsapparats.

Der junge Schnetzler musste dem Vater helfen; er musste dem Tier ein Seil ins Maul stopfen, bis die schmerzhafte Operation vorbei war. Der Operateur bekam pro Schwein einen Sechser (18 Pfennige) und der Gehilfe natürlich nichts. Nur wenn sie beim Brauereibesitzer namens Gramm ringelten, der ein Schulkamerad seines Vaters war, erhielt Josefle ein Glas Bier und sein Papa, der nie Bier trank, einen Schnaps. Später hat der Sohn nicht bloß das Nachtkönigtum von seinem früh verstorbenen Vater übernommen, sondern auch diese Sauringelei.

Der Schule entlassen, wurde er als Handlanger zu den Maurern beordert, was ihm nicht recht behagte. Er meldet sich beim Rheinisch-Hofwirt Fiedel Müller als Hausbursche, ward angenommen, half dem Hausknecht und putzte die Schuhe, Stiefel und Kleider der Reisenden, die übernachteten. Das Trinkgeld war sein Lohn und dieses fiel so reichlich aus, dass der Josef am Samstag Abend mehr Geld heimbrachte als sein Vater, der Maurer, der 42 Kreuzer (eine Mark und 26 Pfennige) pro Tag verdiente.

Das erste Zimmermädchen, die Luise – sie war aus dem weinreichen Dorfe Ebringen – hatte so vielen Gefallen an dem fleißigen kleinen Hausburschen, dass sie ihm in der freien Zeit in Gesellschaft der anderen dienenden Wibervölker Tanzstunde gab. Er belohnte sie dafür, indem er als Liebesbote Dienste tat.

Da kamen alljährlich drei Franzosen, Brüder, aus Paris, wohnten einige Wochen im Rheinischen Hof und machten Ausflüge auf den Schwarzwald. Sie waren im Trinkgeld des Hausburschen beste Kunden. Eines Tages fragte ihn nun einer der Franzosen, ob er nicht wisse, ob die Luise, ein bildschönes Mädchen, Lust zum Heiraten habe. Er hätte Lust sie zu nehmen.

Der Josef fragte sie, aber sie winkte ab, da der Franzos sie nur verführen wolle. Der Bote meldet das jenem. Aber der und seine zwei Brüder versicherten, es sei ernst gemeint und die Trauung sollte in Freiburg stattfinden. Nun holte der Josef die Luise und es fand eine Unterredung statt, deren Resultat die Zustimmung der schönen Ebringerin war. Bald ist die Hochzeit im Rheinischen Hof, der kleine Josef ist Ehrengast, und er hat dabei den ersten und einzigen Champagner seines Lebens getrunken. Im folgenden Jahr kamen die Franzosen wieder nebst der glücklichen Ebringerin. Sie belohnt den Josef mit einem Goldstück. Als sie später wieder kamen, war der Hausbursche nimmer da.

Denn sein Vater war 1856 gestorben und die Mutter bestand darauf, dass der achtzehnjährige Sohn ein »ehrliches Handwerk« erlerne. Zeitlebens Hausbursche sein sei kein Beruf. Er schwankte zwischen Schuhmacher und Maurer, entschied sich für den letzteren, weil der erstere zu viel sitzen müsse.

Drei Jahre lernte er und bekam 24 Kreuzer (70 Pfennige) Taglohn und als er Geselle geworden, einen Gulden (1,80 Mark). Redlich teilte er seinen Lohn mit der Mutter, die noch Geld verdiente mit »Rebenschaffen«.

Jeden Sonntag Nachmittag holte er als Geselle mit dem besseren Lohn der Mutter einen Schoppen Wein beim Burger-Basche in der Eisenbahnstraße, der seinen eigenen Wein »vergässelte«, das heißt, der ihn über die Straße verkaufte.

Bei diesem Weinholen stieß den jungen kleinen Maurer die Liebe an, und der Gegenstand derselben war die Magd des Rebmanns und Verkäufers Sebastian Burger, ein Verwandter des Zisterzienserpaters Konrad Burger vom Kloster Thennenbach, der das große Verdienst hat, uns seine Erlebnisse während des Dreißigjährigen Krieges hinterlassen zu haben.

Die Magd hieß Rike (Henrike) und war aus der Neckarstadt Heilbronn. Fortan kam der Maurergeselle auch unter der Woche nach Feierabends öfters in die Eisenbahnstraße, also nicht nur am Sonntag. Wie es recht und billig ist bei »Bekanntschaften«, lud der Josef eines Abends die Rike zu einem Tanz auf den kommenden Sonntag ein. Sie muss aber nicht so scharf in den kleinen unscheinbaren Murersmann verliebt gewesen sein, wie er in die Schwäbin. Denn sie schlug zu ihrem eigenen Unglück vor, auch eine Freundin mitzubringen, die beim Kürschner Wezel in der Kaiserstraße diente.

Obwohl der Murer lieber allein mit seiner Angebeteten gegangen wäre, erklärte er sich einverstanden. Der Abend kommt. Beim Hause der Burger-Basche in der Eisenbahnstraße treffen sich die drei. Und das Unglück schreitet schnell. Kaum sieht der kleine Murer und mein einstiger Schulkamerad die Freundin, so fliegt sein Murersherz von der schwäbischen Rike weg und zu deren Freundin – denn, so erzählte er mir fast ein halbes Jahrhundert später, »sie war viel schöner und postierter«. So sind die Mannsleute!

Fortan suchte er der Schwäbin aus dem Weg zu gehen und der Franziska, einer Schwarzwälderin aus Ebnet, in den Weg zu stehen.

Er wusste, dass sie von der Kaiserstraße jeden Abend über den Münsterplatz gehe, um Milch zu holen in der Konviktstraße. Drum stellte er sich unter den Münsterturm, der schon manches Liebespaar von oben herab gesehen hat im Laufe der Jahrhunderte, und wartete dort auf die »schöne und postierte« Magd des Kürschners Wezel.

Sein Vetter, der Rebmann Ferdinand Braun, der später die Reben vom Schlossberg baute, traf den Murer einst, als der wieder Wache hielt auf dem Münsterplatz, bis das Maidle kam, welches aber dem Ferdinand bestimmt war. Der meinte: »Josef, die bekommst du nicht, die findet noch andere als du bist.«

Die ließ sich aber rühren von der Geduld des Männleins auf dem Münsterplatz, fragte jedoch erst, ob er sich mit der Rike des Burger-Basche auseinandergesetzt habe. Sie war also ehrlich ihrer Freundin gegenüber, sonst schnappen ja die besten Freundinnen, wenn's gilt, einander die Ehestandskandidaten weg.

Mit der Rike hatte der Kleine gut abrechnen. Er traf sie eines Abends, wie sie mit einem Küfergesellen aus dem nahen Städtchen Emmendingen aus dem »Schwabentor« herausging ins Freie. Das gab dem Murer willkommenen Anlass zu sagen: »Ab und fertig mit der Rike!« Jetzt holte die von Ebnet, die Franziska, noch die Einwilligung ihres Vaters, der Schuhmacher und Polizeidiener in Ebnet war. Seine Antwort: »Einen Murer kannst heiraten, aber keinen Schuhmacher.« Und zugleich stellte er ihr 80 Gulden Vermögen in Aussicht.

Ehe es aber zum Heiraten kam, passierte dem Murer ein Unglück, das ihm fast das Leben gekostet. Er fiel bei der Schwabentorbrücke von einem Baugerüste ab und blieb totenähnlich liegen. Der Arzt wird gerufen und erklärt, man solle den Mann gleich auf den Kirchhof tragen, der sei tot.

Auf einer Bahre des Schreiners Trub, an dessen Haus der Fall geschehen, tragen sie ihn dem Friedhof zu. Als sie über den Karlsplatz kommen – es ist Frühjahr – fängt der Tote zu reden an und meint: »Aber nun blühen die Kastanienbäume sehr schön.«

Jetzt tragen sie ihn ins nahe Hospital, wo vom Professor Hecker ein Armbruch und ein Bruch des Schienbeins konstatiert wird und eine teilweise Skalpierung der Kopfhaut. Der Josef liegt lange im Spital. Es geht ihm zu lang. Und er brennt durch und lässt sich von seiner Mutter vollends mit Walwurz ausheilen.

1866 führt er seine »schöne und postierte« Schwarzwälderin heim und wird und bleibt vierzig Jahre lang, so lange seine Franziska lebt, der beste und glücklichste Ehemann der Welt und befolgte dazu das beste Rezept, er war seinem Weibe gehorsam, legte am Zahltag seinen Lohn auf den Tisch und ließ sich am Morgen, wenn er zur Arbeit ging, ein Stück Brot und einen Sechser alten Geldes und später zwanzig Pfennige neuen Stils von ihr geben zu einer Flasche Bier um neun Uhr und die gleiche Summe zum Vieruhrtrunk.

Wenn er im Sommer nach Feierabend heimkam, fragte sie ihn, ob er noch Durst habe. Bejahte er es, was sicher jeder Mann tut, so holte sie ihm noch eine Flasche Bier zum Nachtessen.

An Sonntagen gingen sie nach dem Mittagessen stets spazieren »um die Stadt herum«. Heimgekommen holte die Fränz dem braven Mann wieder eine Flasche Bier.

Im Winter, wenn es zu kalt war zum Muren, suchte der Josef sein Brot als Laternenanzünder. War er früher in die finsteren Kloaken der Stadt gestiegen, so stieg er jetzt an den Gaskandelabern hinauf und sorgte für Licht in der Stadt. Und nachdem er ein Vierteljahrhundert Maurer gewesen, suchte er ein ständiges Brot für Sommer und Winter und wurde wieder eine Art Nachtkönig als ständiger Laternenanzünder. Da bekam er 2 Mark 50 Pfennige Tagelohn fürs Laternenputzen und 1 Mark 20 Nachtlohn für das Anzünden und Auslöschen der Stadtlaternen.

Ein hartes Brot – tagsüber auf der Leiter stehen, Gas schlucken und Laternen putzen, und nachts besonders wenig Schlaf haben. Kommt die Nacht, so muss der Laternenmann mit seiner Lichtstange springen und alle Lichter anzünden. Wurde es Mitternacht, so musste ein Teil der Lichter ausgelöscht werden, und wenn's tagte, alle. Wenn der Diener Leporello im »Don Juan« singen muss: »Keine Ruh bei Tag und Nacht, nichts, das mir Vergnügen macht«, so könnte das auch der Laternenanzünder.

Aber ein nützlicher Mann ist er. Er bringt mehr Licht in die dunklen Straßen der Städte als unsere gesamte Wissenschaft in die Welträtsel gebracht hat. Und doch gelten die Männer der Wissenschaft viel in der Welt, die Laternenanzünder aber sind verachtete Leute. Und damals, sage ich, waren die Menschen glücklicher, weil zufriedener, als es noch keine Leuchten der Wissenschaft und keine Laternenanzünder gab, als sie weder lesen noch schreiben konnten und nachts daheim bleiben mussten. Nur wer einen »Arzet« oder einen Priester holen musste, durfte sich von den Wächtern der mittelalterlichen Städte ungestraft treffen lassen, musste aber mit einer Laterne bewaffnet sein.

Siebzehn Jahre, von 1882 bis 1899 diente der Josef als Laternenanzünder, als ihm ein Missgeschick passierte. Er putzte eines nachmittags die Laterne am Amthaus, wo die Polizeiwache residiert. Eben hatte er seine Flasche Bier getrunken und war wieder auf die Leiter gestiegen, als ihm schwindlig wurde und er von der Leiter herab aufs Pflaster fiel und sich schwer verletzte. Ein Schutzmann begleitete ihn, da er noch gehen konnte, ins Spital. Als er geheilt war, hieß es, der Schnetzler sei betrunken gewesen. Aber der Schutzmann bezeugte ihm das Gegenteil.

Zwar gesteht mein Schulkamerad heute noch, dass er seit jenem schweren Fall nichts mehr vertragen könne. Wenn er drei Schoppen Bier trinke, gehe alles bei ihm »im Ringel rum«. Auch die Flasche Bier um vier spürte er als Laternenmann, da ein solcher das von Haus mitgenommene Brot dazu nicht wohl essen könne, weil es nach dem Spiritus rieche, das er zum Lampenputzen in der Tasche trage. Bei jenem Unfall habe ihn das aus dem Zünder strömende Gas betäubt.

Er wurde freigesprochen vom Betrunkensein, aber die

Nachtarbeit, das Anzünden und Auslöschen, ihm abgenommen. Das wollte er nicht, weil er dadurch zu viel Lohn verlöre. Er arbeitete nun, was kam, ging jeden Wintermorgen in die Stadt und suchte Arbeit. Bekam er keine, so ging er heim und half seinem braven Weib »Perlen auffassen« für die Fabrik vom Risler. Auch seine zwei Kinder halfen den Eltern Perlen »für die wilden Völker« auf Schnüre fassen. So geht es bis zum Jahre 1906 in unverdrossener Arbeit. Da stirbt ihm sein Weib. Seine Kinder sind längst in Amerika.

Der Alte steht allein und nähert sich den Siebzigern. Er meldet sich in der Kartause, wo der kleine alte Mann mit dem roten gebogenen Näschen, den kleinen, gutmütig in die Welt schauenden Augen, dem raschen Schritt und dem melancholischen Schnurrbart bald meine Aufmerksamkeit erregt. Ich rede mit ihm und bald stellt sich raus, dass wir anno 1847 zu gleicher Zeit beim Lehrer Strohmeier in die Schule gegangen sind. Seitdem sind wir gut Freund und ich habe ihn schon oft beneidet um die Raschheit, mit der er an freien Tagen in die Stadt schreitet.

Ich fragte ihn auch, welche politische Stellung er einst, da er noch in der Stadt gelebt, eingenommen, wie er gewählt und welche Blätter er gelesen. »Wie ich getauft bin, so hab ich immer gewählt – schwarz.« Hier haben wir den Schlüssel für die Treue der Wähler des Zentrums. Sie halten diese Partei für eine religiöse. Gelesen aber hat er kein Zentrumsblatt, sondern immer das billige, neutrale »Pfennigblatt«. Den Tod fürchtet er nicht, er ist ihm schon zu oft begegnet im Leben, in dem er ein verachteter Nachtkönig gewesen ist.

Heinrich Hansjakob

... und die Frauen

Keine Zeit hat es in der Emanzipation des Weibes so weit gebracht wie die unserige; aber es war auch in dem Punkte keine verrückter als sie. Dass die Wibervölker Blumen malen und blutarme und bleichsüchtige Bücher schreiben, ist eine alte Geschichte. Aber dass sie ein Gymnasium absolvieren, Maturitätsprüfungen (Abitur) machen und Medizin, Naturwissenschaften und Philosophie studieren, ist die Narrheit und Unnatur zu Pferd. Da aber, wo die weiblichen Geschöpfe Gottes unter den Menschen vorab hingehören – in die Küchen, in die Kinderstuben, an die Waschzuber und zu den Stricknadeln – da fehlen sie, und weibliche Wesen, die noch ein Hauswesen leiten, kochen und Kinder erziehen wollen und können, werden immer seltener ... Wenn die Männerwelt weiter dazu hilft, dass die Frauenwelt immer emanzipierter wird, so kommt die Zeit, wo die gutmütigen Mannsleute waschen, stricken, kochen und Kinder hüten müssen, während die Damen Rad fahren, zu Gericht sitzen, Advokaten und Professoren spielen, predigen und kurieren ...

Es ist ein schweres Armutszeugnis für die emanzipationssüchtigen Wibervölker, dass zwei Funktionen, zu denen die Frau eigentlich geboren ist, in ihren besseren Formen von Männern ausgeübt werden müssen, wenn was Rechtes dabei herauskommen soll. Diese zwei Berufe sind das Kleidermachen und das Kochen. Die elegantesten weiblichen Modekleider werden bekanntlich in Paris von Männern nicht nur gemacht, sondern auch für die ganze Welt erfunden. Und wer gut und fein auftischen will, muss einen Koch nehmen. Selbst das Spinnrad musste ein Mann erfinden für die Frauenwelt. Und ein solches Geschlecht, das nicht einmal seine eigenen Kleider erfinden und machen und nichts Rechtes von sich aus kochen kann, maßt sich an, Gymnasien und Universitäten zu besuchen, den ärztlichen und juristischen Beruf auszuüben und die Männer in der Gehirnarbeit aus dem Felde zu schlagen! ...

Wenn ich es machen könnte, würden sämtliche Weibsleute, die Rad fahren, für vogelfrei erklärt, und Metzgerburschen bekämen unbeschränkte Freiheit, sie zu beschimpfen und mit Steinen zu bewerfen, bis sie diesem groben weiblichen Unfug entsagen ... Ich lasse mir Radfahren gefallen als ein praktisches Vehikel im Berufsleben für Geschäftsleute; aber Dutzende von Kilometern über staubige Straßen dahinzurasen ist selbst bei Mannsleuten ein die Gesundheit schädigender Unsinn, bei Wibervölkern aber in allweg ein Unfug und eine Frivolität. Mit Vorliebe fahren hässliche Weiber und Mädchen, weil sie einiges Aufsehen machen wollen und sonst kein Hund nach ihnen bellt! ... Wie einst der Hexenglaube alle Köpfe verwirrte, so heutzutag die Radfahrerei, die sich zu einer ansteckenden Krankheit ausgewachsen hat ...

In einem kürzlich erschienenen Büchlein ... habe ich in ein Wespennest gestupft, weil ich einem Bauersmann recht gab, der da meine: »Die Wibervölker seien alle gleich und eine wie die andere.« Verschiedene Briefe, in denen gegen diese Bauernweisheit Front gemacht wurde und die alle anonyme Unterschriften trugen: »Eine wie die andere« kamen mir zu.

Was mir an diesen Briefen missfiel, war ihre Anonymität. Aber das ist ja echt weiblich. Unter hundert anonymen Schreiben, die in die Welt gehen, sind sicher neunzig von Wibervölkern.

Es wäre mir leicht, für meine Übereinstimmung mit dem Schwarzwälder Bauern klassische Zeugen zu bringen. Zunächst die heilige Schrift selbst, die an vielen Stellen für mich spricht. Ich will nur drei derselben von Jesus Sirach anführen zum Beweis, was ich für Waffen hätte. Das eine Mal sagte er: »Jede Bosheit ist klein der Bosheit des Weibes gegenüber.« Und an einer anderen Stelle: »Die Ungerechtigkeit eines Mannes ist noch besser als die Wohlthat eines Weibes.« Und ein drittes Mal: »Alle Bosheit ist Bosheit des Weibes.« … Ich könnte ferner den heiligen Kirchenlehrer Hieronymus zitieren, der da schreibt, das lateinische Wort *femina* (Frau) bedeute soviel als Inbegriff der Sünde …

Heinrich Hansjakob
... und die Juden

Das internationale Judentum zieht heute aus den europäischen Völkern mehr Millionen als der Militarismus, und seine Macht ist größer als die aller europäischen Armeen zusammen. Die Juden sind zum Kampf ums bessere Dasein, welcher die Parole unserer Zeit ist, eben besser organisiert als wir Arier, die sie rücksichtslos unterkriegen in diesem Kampfe, wo immer sie mit ihnen konkurrieren.

Franz Zimmermann

Kreuze und Kanonen in Horben

Die Wegkreuze sind Wahrzeichen christlichen Lebens, in denen die Stifter das Gedenken an Schicksalsschläge ihrer Familie bewahren, wie überstandene schwere Krankheit, Tod eines Familienmitglieds durch Unfall oder Krieg.

Als in früheren Jahren die Leute noch keine Fahrzeuge hatten und meistens zu Fuß unterwegs waren, grüßten sie im Vorbeigehen die Wegkreuze, indem sie das Kreuzzeichen machten.

Auch bei Sterbefällen spielten die Wegkreuze eine bestimmte Rolle. Verstorbene wurden ja bis zum Zeitpunkt der Beerdigung im Sterbehause aufgebahrt, von wo sie dann im Sarg auf einer Bahre von vier der Nachbarn in Begleitung der Angehörigen und der übrigen Trauergäste zur Kirche und zum Friedhof getragen wurden. Dies war von all den entlegenen Gehöften bei schlechten und steilen Wegen sehr beschwerlich. Stand dann ein Kreuz am Wege, dann gab es für die Träger eine Verschnaufpause. Der Sarg wurde abgestellt, und der Trauerzug betete drei Vaterunser und das Glaubensbekenntnis. Dies wiederholte sich bei jedem am Weg stehenden Kreuz. Im übrigen wurde auf dem ganzen Weg bis zur Kirche der Rosenkranz gebetet.

Im Mai 1937 schaffte die Gemeinde dann einen mit Pferden bespannten Leichenwagen an. Damit nahm das beschwerliche Tragen ein Ende. Der Leichenwagen tat bis um die Mitte der 70er Jahre seinen Dienst. Seitdem werden die Verstorbenen gleich nach dem Tode von einem Bestattungsinstitut aus Freiburg abgeholt, in einer Leichenhalle aufgebahrt und zur Beerdigung wieder zur Kirche heraufgefahren.

Sehr feierlich wurde das Fronleichnamsfest begangen. Da wurde um fünf Uhr früh mit Böllerschüssen geweckt, ab Mitte der Dreißiger Jahre mit einer Salutkanone. Die Schüsse wurden beim Zusammenläuten zum Gottesdienst, zur Wandlung und bei der Segensspendung an allen vier Straßenaltären wiederholt. Dabei waren auch die Wegkreuze einbezogen, die den Mittelpunkt der Altäre bildeten.

Jürgen Lodemann

Dutschke im Weltbad

Die betagte faltenreiche Dame Baden-Baden hatte, wie jede Lady, auch ihre wilderen Zeiten und selbst die Belle-Époque-Witwe mit dem eleganten Äußeren des romantischen Jahrhunderts hatte 1968 eine Studentenbewegung, ja, die APO tummelte sich auch zwischen Kolonnaden und Spielcasino, freilich, die einen haben es verdrängt und die anderen haben es erst gar nicht bemerkt.

1968 gab es dort einen Buchhändler, der dafür sorgte, dass Jugendliche, sofern sie den Ort noch nicht geflohen hatten, abends nicht grübeln mussten, wo an der Oos was los sei – allabendlich gab es »Teach-Ins« und die Lehrer hießen Günter Amendt oder Rudi Dutschke oder Ulrike Meinhof. Ich weiß nicht, wie es der so liebenswürdige, der hochgewachsene blonde Buchhändler Bernhard W. Wette geschafft hat, nahezu jeden Unruhegeist aus Berlin oder Frankfurt in das Städtchen zu locken, in dem man sonst eher das Geruhsame suchte und fand. Nein, nicht der böse Rotfunk »auf der Funkhöhe« oder gar das Fernsehen dort oben mischten unten im Tal auf, all diese sonderbaren Gäste hatte allein dieser Bücherfreund herbeigezaubert, etwa zu Veranstaltungen im LÖWEN in Lichtenthal, wo von Brahms oder Stolz (Robert) keine Rede war und kein Ton, statt dessen etwa von diesem bürgerschrecklichen Günter Amendt und seiner SEXFRONT. Dem Amendt ging es nicht nur um Befreiung von Schul-Fron, Eltern-Druck und übler Adenauer-Last, sondern an anderen Tagen ging es im LÖWEN auch um Berliner Kommunarden wie Teufel, Kunzelmann und das schöne Fräulein Obermeier und dann auch um Beate Klarsfeld, jene »Watschen-Beate«, die den Kanzler der Großen Koalition öffentlich und schlagartig an seine Nazi-Vergangenheit im Reichs-Außenministerium erinnert hatte.

Stammlokal war freilich DA PIETRO, wo man selten Gefahr lief, von allzu viel Eleganz erdrückt zu werden. Wer Glück hat, trifft dort noch heute diesen oder jenen roten Großvater und der beginnt zu erzählen aus Zeiten, in denen das älteste Stadtoberhaupt der Republik Baden-Baden regierte, was hieß, dass er vieles verbot, zum Beispiel ein Stück von Brecht (der in den Zwanzigern hier Uraufführungen hatte inszenieren können). Weil Oberhaupt Schlapper Linkes und Gottloses sehr dicht beieinander sah, verbot er dann auch eine Versammlung mit Rudi Dutschke. Da war es regnerisch gewesen und kühler November, im Kurhaus hatte Rudi den vielen jungen Leuten erklären wollen, was ihn so zornig machte und umtrieb, aber die Jungen und der Dutschke durften nicht hinein in das feine Haus des wunderbaren Weltbads, statt dessen tagte in dieser Eins-A-Adresse die rechtsradikale, die altneue Nazipartei.

Bei dieser Wetterlage zögerte der rote Rudi aus Berlin keine Sekunde, der bestieg vor dem Kurhaus die Konzertmuschel, nutzte eine Flüstertüte und erklärte den im Regen Versammelten, was diese Bevorzugung und dieses Verbot bedeute, er sprach von »faschistoid«, dies Wort hörte ich damals zum erstenmal, auch Wörter wie »Charaktermasken« liebte der Redner und das Wort »Großkapital«, nie waren so raue Töne aus der edlen Hohlform gedrungen, in der sonst Stolz (Robert) und anderes Süßes erklang. Im Regen hielten die Zuhörer lange aus und bewunderten, wie Dutschke aus der »frustrierenden« Situation das Beste machte, nämlich eine Lehr- und Beweisstunde für seine aufregenden Meinungen.

Im Regen sehe ich noch einen neben mir stehen, der hatte den grauen Hut tief ins Gesicht gezogen und war unter so viel Jugend offenbar der Älteste. Der wich nicht, der johlte aber auch nicht, denn das war der Fernsehdirektor des Senders: Günter Gaus. Wenig später präsentierte der in seiner Reihe ZUR PERSON einen ungewöhnlichen Gast, einen, der einen dicken, einen quergestreiften Pullover trug: Rudi Dutschke.

Aber an jenem nassen November-Abend, als Schranken und Polizei dem, der bei Gaus Fernsehgast wurde, das Kurhaus versperrten, da war der Theologie-Student doch noch losgezogen, wie ein Rattenfänger zu Baden ging der voran, hinter ihm drein der lange Zug der jungen Begeisterten, zweifellos verführt von diesem gewitzten und beredten Menschen, den wenig später die am Ende tödlichen Schüsse trafen von einem, der nach ausführlicher Bildzeitungslektüre diesen Dutschke ebenfalls für eine Art Teufel hielt. Damals jedenfalls zog der die Menge vom Kurhaus in die Villenstraßen hinauf, da marschierte Rudi in der ersten Reihe, und dazu wurde gesungen, ja, man sang schlicht den Namen des Stadtoberhauptes und fügte im Chor hinzu, dass man nunmehr zu kommen gedenke. Auch Süverkrüp, Degenhardt, Mossmann und viele andere solcher Sangesgesellen waren um 1968 ebenfalls »Kurgäste« gewesen, die sangen ihre Lieder im alten Kaiser-Bahnhof, der heute den Eingang bildet zum Festspielhaus. Der muntere Musikzug im Unterwanderstiefelschritt jedenfalls, der geriet dann schon in der unteren Bismarckstraße vor eine endgültige Polizeisperre, da ging nichts mehr, da konnte der Mann aus Berlin nur noch eine der Gartenmauern besteigen und den Jugendlichen ein letztes Mal mitteilen, was von all dem zu halten und zu lernen sei. Und der Buchhändler hat auf solche Weise, ich bin sicher, einiges erreicht.

Walter Mossmann

Renitent

Vor der Gewissenskommission,
der neuen Großinquisition
stand Thomas M. und hatte wahrlich nichts zu lachen.
»Wenn einer kommt und der ist rot
und dich und Weib und Kind bedroht«
so fragten sie »dann, Thomas M., was wirst du machen?«
Er sprach: »Gewiss ich schütze mich
vor Dieb und Feuer, Hieb und Stich,
wer hat schon Sehnsucht, wenns ihm gut geht, nach den Toten
Allein, was brauch ich Schwert und Schild?
Wo geht der Löwe um, der brüllt?
Die Teufel seh ich nicht, besonders nicht die roten!«

> Dann ging er heim auf seinen Hof
> und schaute nach, ob etwas brennt –
> ihr seht: der Mann ist ohne Zweifel renitent.

Es ging ein schönes Jahr ins Land,
da kam ein Schutzmann angerannt:
»Der Thomas M. soll kommen mit zu den Soldaten!«
Der greise Vater trat herfür
und schloss ihm freundlich auf die Tür,
dann ließ er ihn in seiner Jauchegrube baden.
»Mein lieber Schutzmann« sprach er dann,
»erinnerst du dich nicht mehr dran,
dass wir zusammen unser Volk geschützt in Polen?

Wir waren dünne Heimkehrer
und sagten NIE MEHR MILITÄR!
und jetzt erfrechst du dich, mir meinen Sohn zu holen!«

 Er nahm die Flinte, ging ins Korn,
 wo immer mal ein Hase rennt –
 ihr seht: der Alte ist auch ziemlich renitent.

Es brach die nächste Woche an,
da kam ein Jeep und fast sechs Mann:
»Der Thomas M. soll kommen mit zu den Soldaten!«
Die Bienenkörbe trafen gut
dank Weibeskraft und Weibesmut,
und auch die Bienen, die vollbrachten große Taten.
Die Mägde krischen minniglich:
»So spüret denn bei jedem Stich,
was wir von euren kleinen Bordkanonen halten!
Wir wünschen, dass euch etwas schwillt,
das dann als nicht mehr passend gilt,
dass eure Weiber in der Wartezeit erkalten!«

 Sie sangen Lieder dann im Chor,
 doch nicht Choräle zum Advent –
 ihr seht: die Weiber sind besonders renitent.

Sie haben in derselben Nacht
aus ihrem Hof ein Fort gemacht,
das, wer da wollte, konnte lange Zeit berennen,
die Bäume auf den Weg gefällt,
Heuwagen um das Haus gestellt
als Barrikaden, die im Sommer lustig brennen.
Der Traktor ward bestückt als Tank,
dahinter Säue mit Gestank,
so machten sie noch in der Nacht Patrouille-Fahrten.

Die jüngste Magd hat sehr gewitzt
des Bullen Hörner zugespitzt,
die braven Hühner legten Kugeln und Granaten.

> Der treue Hofhund hielt die Wacht,
> wie sich's gehört, die ganze Nacht –
> im Vorfeld schlichen Katzen sacht, ganz sacht.

Der graue Morgen graute schon,
da lag ein ganzes Bataillon
in Schützengräben um den Hof von Thomas M.
Ein krummgedienter Hauptmann schrie:
»Ergebt euch, ihr gewinnt das nie!«
und aus Trompeten spritzte feucht ein TÄTERÄTÄM.
Da kam ein Bote hoch zu Pferd,
der sang: »Ihr Leute, halt und hört!
Die Amnestie bring ich – drei Wochen vor den Wahlen.
Von wegen seiner Magerkeit
wird Thomas M. vom Dienst befreit,
er soll nur eine kleine Ordnungsstrafe zahlen ...«

> Ob er bezahlt hat, weiß ich nicht,
> ich frage euch, die ihr ihn kennt:
> Ist Thomas M. dazu nicht viel zu renitent?

Walter Mossmann

Liebeslied auf 101 Megahertz

Schau, die Sonne fällt in die Vogesen,
und die Nebel steigen aus dem Rhein.
Es wird Nacht, mein Schatz, du komm, wir lösen
diesen Tag ein bisschen auf in Wein.
Heute wolln wir uns was Bessres gönnen,
darauf hab ich mich schon lang gefreut,
komm, wir spitzen unsere Antennen,
denn im Dreyeckland ist Radiozeit:
    Am Freitag oder Samstag,
    dreiviertel Acht U-K-W,
    Hunderteins Megahertz, das merk dir,
    mit Radio Grün gegens KKW!

Irgendwo auf einem hohen Berge,
irgendwo versteckt im tiefen Wald,
sorgen unerkannte grüne Zwerge,
dass die Wahrheit aus dem Radio schallt.
Kam einmal ein Paragrafenreiter,
hat's gesehn und Radio Grün geklaut –
doch die Stimme der Region tönt weiter,
und sie klingt auch schon gefährlich laut.
    Am Freitag …

Wenn in Fessenheim der Ofen kalt bleibt,
weil der teure Schrott nicht funktioniert,
wenn die Mafia an der Macht »Gewalt!« schreit,
weil in Goesgen jemand demonstriert,
wenn geheime Technokraten-Pläne
unters Volk geraten in Malville,
wenn du wissen willst, was macht der schöne,
heiß umkämpfte grüne Platz in Wyhl:
    Am Freitag ...

Und in Colmar dann die große Sache,
eine Live-Sendung aus der Fabrik,
wo die Arbeiter in ihrer Sprache
Klartext redeten an einem Stück,
denn sie hatten auf der Fahnenstange
die Antenne RADIO GRÜN gehisst –
sowas geht in der Fabrik, solange
sie von Streikenden besetzt ist.
    Am Freitag ...

In den blauen unzensierten Äther
lasset hunderteins Antennen blühn,
dass im Chefbüro der Schreibtischtäter
seine Schande hört von Radio Grün.
Denn es stirbt in diesen finstren Zeiten
auch die Wahrheit zentimeterweis,
darum müssen wir sie selbst verbreiten,
was ich weiß, das macht mich heiß!
    Am Freitag ...

Il y a tant d'barrages sur la terre
mais l'athmosphère au-dessus est très ouverte.
Nous sommes séparés par les frontières
mais unis dans la voix RADIO VERTE.
Unsri Schproch fliagt allewil iiwer d'Gränze,
häsch en Schrei im Mül, no lossen halt
uff de Radio-Wälli Walzer danze
zwische Fässene un Wyhlerwald.
    Am Fritig …

Schau, die Sonne fällt in die Vogesen,
und die Nebel steigen aus'm Rhein!
Es wird Nacht, mein Schatz, du komm, wir lösen
diesen Tag ein bisschen auf in Wein.
Und aufs Tonband singen wir paar Lieder
aus dem badischen, dem Hecker-März,
nächste Woche hörn wir sie dann wieder
auf Hunderteins Megahertz.
    Am Freitag …

Walter Mossmann

Lied vom Goldenen Buch

Ins Goldne Buch in Freiburgs Rektorat
schreibt sich ein, wer Rang und Namen hat,
was da als Bonze, Boss und Staatsautorität
zur rechten Zeit am rechten Fleck im Buche steht,
das zeigt den Wind, nach dem die Universität
den muffigen Talar beflissen dreht.
    Ministerpräsidenten,
    Regierungspräsidenten,
    Industrie- und Handelskammer-
    Präsidenten,
    Alt-PG und CDU,
    Menschen grad wie ich und du,
    Kreisleiter,
    Gauleiter,
    Reichsminister
    undsoweiter –
    was schließlich wird,
    wer brav studiert
    und dann das niedre Volk
    zur Arbeit führt.
Wenn aber da
im Goldenen Buch
dieser Staatssekretär
der Blutrichter und Mörder
ROLAND FREISLER

wär? Was dann?
                    Kann
nicht sein. Ist aber
doch. Auf Seite
Siebenundsechzig. Und das
nicht zufällig,
Nein!

Es haben sich die deutschen Universitäten
nie mit dem potenten Staat verkracht,
besonders geil aber haben sie ungebeten
für die Reaktion die Beine aufgemacht.
Ob sie Unzucht trieben mit den Imperialisten
bis ins Blut- und Eiterbett von Langemarck,
oder masochistisch mit der Peitsche der Faschisten,
oder mit dem Kapital im goldnen NATO-Sarg.
Warn sie mit dem Arsche auch zum Großen Krieg bereit,
blieb der Kopf doch unberührt, und das heißt:
Unberührt blieb die Wissenschaft, die WERTFREIHEIT,
und das heißt
   der Geist,
      der GEIST! Der GEIST!
         geistgeistgeistgeistgeistgeistgeistgeistgeist
            geiiiiiiiiiiiiiiiiiiiiiist!

Ins Goldene Buch in Freiburgs Rektorat,
schreibt sich ein, wer Rang und Namen hat,
was an Gesabber- und Geschwätz-Autorität
zur rechten Zeit am rechten Fleck im Buche steht,
zeigt den Gestank, der in der Universität
den muffigen Talar so riesig bläht.
   Katheder-Täter,

Dichter & Denker,
Richter & Henker.
Ach, der Mist,
den sie geschrieben,
ist nicht folgenlos
geblieben –
Nein!
Denn die deutschen Universitäten
haben all die Jahre über produziert,
und was sie so in die Köpfe säten,
hat sie, als die Ernte kam, doch geniert:
Biologen als Rassisten, Chemiker als Spezialisten
für das Gelbe Kreuz und für den Judenmord,
Lehrer, Richter, Bürokraten, welche ihre Pflichten taten –
»Pflicht« ist zweifellos dafür ein schönes Wort.
Dass die Universität den Mördern diente, tut ihr leid,
aber rein geblieben ist sie doch, das heißt:
Unberührt blieb die Wissenschaft, die WERTFREIHEIT
Und das heißt,
   der Geist,
      der GEIST! Der GEIST!
         geistgeistgeistgeistgeistgeistgeistgeistgeist
         geiiiiiiiiiiiiiiiiiiiiiiiist!

Im Goldnen Buch in Freiburgs Rektorat
gibt's einen Platz, wo's keine Namen hat:
     5 Seiten nach der Nazizeit –
     die sind leer.
     5 Seiten der Bewältigung –
     die sind leer.
     5 Seiten
     betreten

verlegen,
peinlich
berührt.
Neue Lage?
Neue Lage.
Anpassen?
Weitermachen?
Weitermachen.
FÜNF SEITEN
LEER

So leer wie die Köpfe dieser Fachidioten,
die die Universität verkaufen an den Staat,
damit der Herr Professor seine Ruhe hat.

So leer wie die Köpfe dieser Fachidioten,
die da jagen lassen, was den roten Aussatz hat
mit NS-Gesetzen,
damit Platz wird an der Universität
für die neue Jugend des Staates:
   autorisiert
      uniformiert
         diszipliniert
und gesund für die kommenden Kriege.
Wie sie sich wundern werden, diese Fachidioten, dann,
wenn die Kraft ihres Geistes nichts ausrichten kann
beim kapitalen Staat, den sie gemästet han.
Was sie wohl träumen werden, diese Fachidioten,
wenn sie »Widerstand leisten« am Frühstückstisch
tiefinnerlich mit einem Zitat von Horaz.
Ach die deutschen Universitäten
haben sich die Sache immer leicht gemacht,

die Nachkriegszeit verbrachten sie mit Beten,
dann haben sie die miese Bude wieder aufgemacht.
Um der bessren Optik willen haben sie den Widerstand
(der gratis war nach '45) nachgeholt,
aber weil er falsche Folgen hätte haben können
haben sie ihn auf Antikommunismus umgepolt.
Denn leider führt Antifaschismus zu Antikapitalismus,
und das führt zu Sozialismus,
und der Sozialismus scheißt
   auf d i e s e n Geist,
      auf d i e s e n gottverdammten-hirnverbrannten
      jämmerlichen mörderischen
         Geist

Otto Jägersberg

Streit in Baden-Baden

Der eine, Turgenev, will Russland europäisieren, der andere, Dostojewski, will Europa russifizieren. Turgenev ist reich, Dostojewski arm. Turgenev ist Atheist, Dostojewski leidenschaftlich orthodoxer Christ. Zu Russlands Mission gehöre es, Europa zu vollenden, meint Dostojewski, die russische Seele sei eine Grundlage für die Versöhnung aller europäischen Richtungen. Turgenev ist ein dichtender Gutsbesitzer, der seine Leibeigenen entbunden hat und ihnen jährlich zu Weihnachten ein Stück mehr Land schenkt und sie ermahnt, nicht zu trinken. Und lesen und schreiben zu lernen.

Dostojewski, der entlassene Offizier und Vollerwerbsautor hat Russland verlassen, um seinen Schulden zu entgehen. Er lebt vier Jahre in Italien, in der Schweiz und in Deutschland, zweimal ist er in Baden (die Schreibweise Baden-Baden wird erst später amtlich), zuletzt bleibt er sieben Wochen. Da ist er 49 Jahre alt, seine Frau ist 19 und schwanger. Er hat sie in St. Petersburg als Stenotopystin engagiert, um schneller seine literarischen Verpflichtungen erfüllen und neue Vorschüsse erlangen zu können. Zuerst diktiert er ihr den Roman »Der Spieler«. Frau Dostojewski schreibt in Stenographie auch ein Tagebuch. Wir wissen daher, wie es in Baden-Baden zuging. Es war die Hölle. »… Wir lagen nebeneinander auf dem Bett und beratschlagten über unsere missliche Lage, die uns wohl noch lange im Gedächtnis bleiben wird: Die schreckliche Hitze, das Kindergeschrei, das zermürbende

Gehämmer der Schmiede, und dabei besaßen wir keine Kopeke mehr, unsere Sachen waren verpfändet und wahrscheinlich verloren, die engen Zimmer, keine Bücher und die Aussicht darauf, dass wir kein Mittagessen bekommen.«

Dostojewski ist zweifach krank: fallsüchtig und spielsüchtig. Das Leben im Ausland findet er unerträglich. »Keine russische Luft, kein russischer Mensch.« Die russischen Emigranten in Baden-Baden sind für ihn »Wahnsinnige«. Einer dieser Wahnsinnigen ist Turgenev. Der wohnt schon Jahre in Baden-Baden, erst bei einem Ofensetzer, dann in einer Villa, die er sich bauen lässt neben dem Anwesen der von ihm geliebten Pauline Viardot, einer einst europaweit gefeierten Sängerin, jetzt Komponistin und Musikpädagogin. Mit dem zwanzig Jahre älteren Mann der Viardot geht Turgenev draußen am Rhein jagen. In einem Sumpfgebiet, beinah wie in Russland. Abends werden bei den Viardots Scharaden gespielt und Singspiele, die Turgenev geschrieben und die Viardot komponiert hat. Das Haus der Viardots ist Baden-Badens erste Adresse, eingeladen zu sein, ist eine Ehre. Die Viardots haben sich eine Orgelhalle auf ihr Grundstück gebaut, ein privates »Festspielhaus«, in dem es Sonntags Matineen gibt.

Als Dostojewski im Sommer 1867 nach Baden-Baden kommt, hat Turgenev gerade seinen Roman »Rauch« veröffentlicht, in Form einer Liebesgeschichte eine Anprangerung des oberflächlichen Lebens der russischen Gesellschaft in Baden-Baden. Der Roman kommt in Russland gar nicht gut an. Dostojewski beschäftigt sich mit seinem Projekt »Der Idiot«. Hauptsächlich verbringt er die sieben Wochen in der Spielbank. Aus dem Tagebuch der Anna Grigorjewna Dostojewskaja: »Innerhalb einer Woche hatte er alles Bargeld verspielt, und nun begannen die Aufregungen, woher neues beschaffen, um weiterspielen zu können. Man musste Sachen versetzen. Aber auch jetzt konnte sich mein Mann nicht an sich halten und verspielte alles, was er soeben für einen versetzten Gegenstand erhalten hatte … Anfangs erschien es mir seltsam, dass Fjodor Michajlowitsch, der so tapfer verschiedene Leiden ertragen hatte – Festungshaft, Schafott, Verbannung, den Tod des geliebten Bruders, der Gattin – nicht die Willenskraft aufbringt, sich zu beherrschen, bei einer bestimmten Höhe des Verlustes halt zu machen, nicht den letzten Taler zu riskieren … Doch ich begriff, dass dies nicht Willensschwäche, sondern eine den Menschen verschlingende Leidenschaft ist, etwas Elementares … Ich musste sich damit abfinden, die Spielsucht als unheilbare Krankheit zu sehen.«

Bei seiner letzten spielsüchtigen Reise hatte Dostojewski Turgenev um 100 Thaler gebeten und 50 erhalten. Es bestand vorläufig keine Möglichkeit sie zurückzuzahlen. Trotzdem suchte Dostojewski Turgenev auf, wohl auch in der Hoffnung, sich noch einmal 50 Thaler leihen zu können. Das Treffen beschreibt er in einem Brief: »… Ich habe diesen Menschen nie gemocht … Ich kann auch seine aristokratische und pharisäische Manier nicht leiden, mit der er einen umarmt und seine Wange zum Kusse reicht. Er tut ungeheuer wichtig wie ein General; am ärgsten aber hat mich sein Buch Rauch gegen ihn aufgebracht. Er hat mir selbst gesagt, der Hauptgedanke dieses Buches bestehe in dem Satz: Wenn Russland vom Erdboden verschwinden sollte, so würde das keinen Verlust für die Menschheit bedeuten, sie würde es sogar gar nicht spüren. Er erklärte mir, dies sei seine grundlegende Ansicht.«

Turgenev schimpft – gekränkt durch den Misserfolg seines Romans – auf Russland und die Russen. Für Dostojewski, der sein Russland verehrt und seine Menschen liebt, eine ungeheuerliche Beleidigung. Dann erklärt Turgenev auch noch, dass er Atheist sei – noch ungeheuerlicher für Dostojewski, der in Jesus eine Menschengestalt verehrt, die nicht ohne Ehrfurcht zu erfassen ist, für ihn das Ideal der Menschlichkeit. Turgenev, glaubt er, hat jedes Gefühl und Verständnis für Russland verloren: »… unter anderem sagte er mir, wir müssten vor den Deutschen im Staube kriechen, es gäbe nur einen allgemeinen und unfehlbaren Weg – den der Zivilisation. Alle Versuche, eine selbständige russische Kultur zu schaffen, seien nichts als Dummheit und Schweinerei. Er sagte, er schreibe einen großen Aufsatz gegen die Russophilen und Slawophilen. Ich riet ihm, sich zur Bequemlichkeit aus Paris ein Fernrohr kommen zu lassen. Wozu, fragte er mich. Die Entfernung ist so groß, entgegnete ich, richten Sie das Fernrohr auf Russland, und dann können Sie uns betrachten, sonst können Sie wirklich nichts sehen. Er wurde wütend. Als ich ihn so gereizt sah, sagte ich zu ihm mit gut geheuchelter Naivität: ›Ich hätte wirklich nicht erwartet, dass alle die abfälligen Urteile über Sie und Ihren neuen Roman Sie derart aus der Fassung bringen würden; bei Gott, die Sache ist es doch nicht wert, dass Sie sich aufregen. Spucken Sie doch drauf.‹ – ›Ich rege mich ja gar nicht auf! Was fällt Ihnen ein?‹, entgegnete er errötend … Vor dem Weggehen schüttete ich so ganz zufällig und ohne besondere Absicht alles aus, was sich in mir in diesen drei Monaten an Hass gegen die Deutschen aufgespeichert hatte. ›Wissen Sie, was es hier für Schwindler und Schurken gibt? Wirklich, das einfache Volk ist hier viel schlimmer und ehrloser als bei uns: dass es auch dümmer ist, unterliegt keinem Zweifel. Sie sprechen immer von der Zivilisation; was hat diese Zivilisation den Deutschen gegeben, und worin übertreffen sie uns?‹ Er erbleichte und sagte: ›Wenn Sie so sprechen, beleidigen Sie mich persönlich. Sie wissen ja, dass ich mich hier endgültig niedergelassen habe, dass ich mich für einen Deutschen und nicht für einen Russen halte und darauf stolz bin.‹ Ich erwiderte: ›Obwohl ich Ihren Rauch gelesen und soeben eine ganze Stunde mit Ihnen gesprochen habe, hätte ich nicht erwartet, dass Sie so etwas sagen würden. Verzeihen Sie, wenn ich Sie verletzt habe.‹ Dann nahmen wir höflich Abschied, und ich gab mir das Wort, nie wieder sein Haus zu betreten.«

Feindschaft auf beiden Seiten. Dostojewski karikiert Turgenev in der Figur des Dichters Karmasinow. Turgenev beschwert sich beim Literaturkritiker Annenkow: »… Dostojewski führt mich in seinem Roman ›Die Dämonen‹ ohne jede Maskierung unter dem Namen Karmasinow vor – macht sich auf jede Weise über mich lustig – schlägt sogar vor, mich auszupeitschen wie einen Bauern. All das ist schön und gut; nur dünkt mich, er sollte zunächst einmal das Geld zurückzahlen, das er von mir geliehen hat, und mich erst durchprügeln, wenn er seiner Verpflichtungen ledig ist.« Die 50 Taler hat Dostojewski später doch noch bezahlt. Aber die Herren hatten bis ans Lebensende keine Sympathie für einander. Der Reisende kann sich heute in Baden-Baden Turgenevs Villa besehen und seine Büste im Park der Lichtenthaler Allee. Der melancholische Blick des Dichters ist auf Brenners Parkhotel gerichtet, das für einen Abriss des Hauses sorgte, in dem er fünf Jahre bei dem Ofensetzer wohnte. Abgerissen ist auch ein dazugehöriges Gartenhaus, das als Russisches Haus wiederaufgebaut zu werden versprochen wurde. Seine sorgsam aufbewahrten Teile verrotten im städtischen Bauhof, draußen in der Ebene, einst Turgenevs Jagdrevier. Das Haus in der Gernsbacher Straße, in dem das

Ehepaar Dostojewski über der Schmiede wohnte, trägt eine Tafel. Imposant jedoch ist eine überlebensgroße, auf Dostojewskis Epilepsie anspielende, bizarre Bronzeplastik hinter der Rheuma-Klinik am »Platz der Badischen Revolution«, Halbhöhenlage. Dostojewski ist in ekstatischer Pose auf einer berstenden Weltkugel dargestellt. Er balanciert auf ihr mit nackten Füßen, sein Blick ist grimmig auf Baden-Baden gerichtet. Wenn es ihm gelingt, die Bronzekugel mit seinen Füßen in Bewegung zu setzen, wird sie den Hang hinunterrollen und Baden-Baden zermalmen.

Matthias Kehle
Ferne

Im Herbst, bei Föhn oder Inversion
fährt er auf die höchsten Gipfel
des Schwarzwalds
und zeigt anderen die Gipfel der Alpen
Zauberformeln
Im Osten Zugspitze, Säntis,
Schesaplana, Churfirsten, Tödi
Im Süden Wetter- und Schreckhorn,
die Fiescherhörner, Eiger, Mönch, Jungfrau,
Balmhorn, Altels, Diablerets.
Und dieser Halbschuh dort rechts
der Montblanc;
stellen Sie sich vor,
dort ist Italien!
Über Basel steigt
ein Flugzeug auf

Christine Lehmann

Zwischen Mond und Wald

> »Sie wollen die Fahrt zum Monde ... die Fahrt auf den brüllenden Flammen ... zu meinem goldenen Monde wagen?«
>
> *Frau im Mond, Thea von Harbou, 1928.*

»Da hast du aber eine Eroberung gemacht«, stichelte ich, während wir in Richards diplomatendunklem Benz unterm Dreiviertelmond um den Ring schleuderten und Cipión, von der Zentrifugalkraft gegen mein Bein getrieben, seine Schnauze in die Fußmatte stauchte und nieste. »Schüssi war ja ganz hin und weg!«

»Wer?«

»Die Schickse, mit der du dich den ganzen Abend unterhalten hast.«

»Ach, du meinst Julie!«

»Und was hat sie so gewusst?«

»Nichts.«

»Ah ja?«

»Mein Gott, sie arbeitet im Shop des Zeppelinmuseums in Friedrichshafen. Das hat sie mir erzählt.«

»Das muss ja ein faszinierender Job sein.«

»Lisa! Du mäkelst doch wieder nur ...«

»Und was will dieser fleischige Jockel mit dem Mond machen, wenn er ihn gekauft hat?«

»Dieser Jockel ist Joachim Rees, Lisa!«

»Ach, Gott!«, rief ich. »Das war Joachim Rees! Der? Und?« Wenn ich es recht bedachte, hatte ich keine Ahnung. »Was macht der genau?«

Richard schmunzelte. »Er ist der Neffe von Eberhard Rees, dem Raketenspezialisten aus Trossingen im Schwarzwald, der im Stuttgarter Zeppelin-Gymnasium zwischen den Kriegen Abitur machte, an der Stuttgarter TH studiert hat und dann der erste Mann hinter Wernher von Braun war, erst in Peenemünde beim V2-Raketenprogramm der Nazis, dann in Amerika beim Apollo-Programm. Sein Neffe Jockel war ebenfalls für die NASA tätig und ist jetzt der Vorsitzende des Mond-Clubs mit Sitz in Ratzenried.«

Ich musste lachen.

»Lach nicht. Der Mond-Club vereinigt Mitglieder aus allerhöchsten Ebenen der Luft- und Raumfahrtindustrie und ist einer der größten Umschlagplätze für Gelder, die in konkrete Projekte auf dem Mond fließen.«

»Und jetzt will der Club den Mond kaufen?«

»Unsinn! Der Mond wird denselben Status haben wie der Nord- und der Südpol.«

»Wenn man ihn reden hört, dann scheint mir das eher unwahrscheinlich. Ich sage nur Helium-3.«

»Man muss das Zeug erst einmal haben, Lisa. Helium-3-Atome werden vom Sonnenwind auf den Mond geblasen und von Meteoriteneinschlägen unter den Mondstaub gerührt. Helium ist ein Edelgas. Es lagert als Gasbläschen im Mondstaub. Aber keiner weiß, wie tief und wie viel.«

»Und was ist faul am Tod von Torsten Veith?«, fragte ich.

»Er ist bei einem Mondspaziergang verunfallt. So was kann passieren.«

»Es war Mord!«

»Das ist eine Nummer zu groß für dich, Lisa!«
»Wer wäre denn zuständig bei Mord auf dem Mond?«
»Oh, das ist kompliziert«, sprach der Oberstaatsanwalt vergnügt. »Man müsste halt nachweisen, dass es sich bei Veiths Tod um ein Gewaltverbrechen handelt.«
»Tja, zur Not muss ich halt auf den Mond.«
»Aber sicher doch, Lisa, kein Problem!«

Brontë, meine alte Porschedame, schnurrte die Autobahn entlang. Ich ließ mir *Kaff – auch Mare Crisium* vorlesen. Da schrieb man das Jahr 1980. Amerikaner und Russen hatten sich in Mondkrater gerettet, hatten aber den Kalten Krieg mitgenommen, den sie nun mit stegreifen Nationalepen austrugen, während unten die Erde verglühte. Hübsch, wie Jan Philipp Reemtsma es schaffte, der lautmalerischen Orthografie von Arno Schmidt phonetisch Sinn zu geben: »wenn man bloß mit der=ihrer Zeitrechnung etwas vertrauter wäre – die teilten ja den ›Tag‹, (das heißt, die 14 ›alten Tage‹, während deren die Sonne über unserm Scheiß=Horizont schtand) in ›100 Tschaß‹ ; die wieder in ›100 Minutas‹; undsoweiter. Während wir mit diesen verfluchten ›24 Schtundn‹ weiter murxtn –«

In der Tat, der Mond brauchte 29,5 Tage, um die Erde zu umrunden. An seinem Äquator dauerte der helle Tag knapp 15 Erdtage. Danach herrschten knapp 15 Erdtage Finsternis. Genau deshalb saß die Artemis am Südpol auf einem so genannten *Peak of eternal light*, dem immer von der Sonne bestrahlten Rand des dreitausend Meter tiefen, wiederum ewig dunklen Kraters Shackleton. Und Artemis war dorthin gebaut worden, weil man in dem Nachtkrater, in den nie – nie, nie, nie! – Sonnenlicht fiel, gefrorenes Wasser vermutete.

Auf der Piste zwischen Schwarzwald und Schwäbischer Alb stellte ich mir vor, wie der Zigarettenerbe Ende der Siebziger auf norddeutschem Plattland bei dem Dichter vorgesprochen hatte. Hatte seine Stimme gezittert, als er ihm Geld anbot? Geld, das Schmidt, auch wenn er die Absicht durchschaute, hatte nehmen müssen, denn der Mäzen hatte ein schlagendes Argument parat gehabt: Die Summe entsprach genau dem, was der Literaturnobelpreis damals wert gewesen wäre: 350.000 D-Mark. Zwei Jahre später war Arno Schmidt tot gewesen. Gerade mal 65 Jahre war er alt geworden, ein Kriegsversehrter an Leib und Seele. Wohl deshalb handelte sein lunarer Alptraum von Hunger und Entbehrung. Und hatte sich der spätgeborene Mäzen für Tage und Wochen hingesetzt, um genau das vorzulesen, weil auch er eines Tages urplötzlich aus seiner Welt gerissen worden war? Gefangen als Geisel seines Geldes in einem Keller.

Torsten Veiths Witwe war konfus gewesen, als ich sie am Telefon hatte. Nein, keine Presse! Gestern hatte sie mich dann doch wieder angerufen und mir ein Treffen vorgeschlagen. »Woran erkenne ich Sie?«

Hastig hatte ich einen Steckbrief formuliert: »Sportlich, kurze Haare, schwarz gefärbt, Diamant im Ohr, Narben im Gesicht ...« Den Dackel hatte ich nicht erwähnt.

※

(Gut 300 Seiten später:)

> »Kein Mensch kann zum Mond fliegen, ohne sich irgendwie zu verändern, nachdem er in einem tiefen Tal mit dem Blick auf den hohen Mons Vitruvius gestanden hat, über dem daumengroß die Erde schwebte, der Planet unserer Existenz.«
> Eugene Cernan (Apollo 17, 1972): *From the Earth to the Moon*, 1998.

Den Männern mit den schwarzen Jacken und Trenchcoats war ich während der Pressekonferenz durch ein Klofenster entwischt. Es war so viel Fernsehen und Presse erschienen wie schon lange nicht mehr zu Verlautbarungen über Erfolge der europäischen Raumfahrt. Die Herren von der ESA trugen nervöse graue Anzüge, Jockel schnaufte ungerührt in seinem Fleisch. Piotr verkündete, Russland werde als erste Nation auf dem Mars landen, Eclipse schwärmte vom Mondhotel, das er bauen werde.

Nach einer halben Stunde technischer Selbstbejubelung biss Jockel als Vorsitzender des Mond-Clubs in den sauren Apfel, benannte die aktuellen Ereignisse, die »uns alle mit Bestürzung und Trauer erfüllen«, über die man aber mit Rücksicht auf die laufenden Ermittlungen keinerlei Auskünfte geben könne. Nein, dadurch werde die internationale Raumfahrt nicht infrage gestellt. Artikel 1 des Weltraumvertrags lege eindeutig fest, dass jedes Land das Recht habe, ins All zu reisen. »Aber natürlich«, schnaufte Jockel, »handelt es sich bei der Eroberung des Weltalls um eine Art *work in progress*.«

»Wir müssen sehr klug sein!« hatte Abdul mir eingeschärft. Als ob ich jemals gewusst hätte, was klug gewesen wäre. »Das Leben der Astronauten auf der Artemis hängt von dem ab, was wir sagen ...«

Oder nicht sagen!

Ich war durchs Klofenster geflüchtet.

Die Sonne ging im roten Schleierwurf hinter der Schwäbischen Alb auf. Wolken grauten über dem Schwarzwald. Irgendwann nadelte Stuttgarts Fernsehturm in der Flucht der Autobahn.

»I hen Ihne die Zeitunge nuffglegt«, empfing mich Oma Scheible im Treppenhaus. »Wo kommet Sie überhaupt her so früh?«

»Vom Mond«, sagte ich.

»Schrecklich, was ma da hört. Sie hen's in den Nachrichte bracht. Eine Chinesin hat unsern Astronaute umbracht, den vom Bodesee. Dass ma überhaupt Fraue da nuf lässt! Des gibt doch nur Mord und Totschlag.«

»Sie haben ja so Recht«, sagte ich.

Gegen zehn befand ich mich wieder auf der Autobahn, hinter Rottweil, im Nebel und Niesel. Nie wieder werde ich über irgendein Wetter klagen. Ich gab Gummi. Die alte Dame weigerte sich zwar stets, mir zu verraten, nach welcher der drei Brontë-Schwestern sie hieß – Charlotte, Emily oder Anne –, aber gegen einen ordentlichen Dauersprint hatte sie nie etwas einzuwenden. Es genügte allerdings nicht, zu heizen, was Brontës vierzig Jahre alten Töpfe hergaben. Auch Richard heizte stets am Limit des allgemeinen Verkehrsflusses. Wenn wir ihn einholen wollten, brauchten wir, wo das Überhol-Image eines Porsche nicht reichte, das ganze Nötigungsinstrumentarium von Auffahren bis Lichthupe.

Die Tankstelle in Titisee-Neustadt war Rettung in letzter Minute. Brontë soff. Cipión drängelte ins Freie. Und ich brauchte ein Klo. Und da stand er vor der Tür, mit Zigarette in der Hand, die andere Hand am Handy, die asymmetrischen Augen auf die Tastatur gesenkt. Er sah übernächtigt aus in seinem cognacfarbenen Anzug und beigefarbenen Hemd ohne Krawatte.

Mein Handy klingelte.

Auf dem Display erschien der Name »Richard«, während Richard sein Handy ans Ohr legte. Ich drückte ihn weg. Er senkte sein Handy mit einem ungeschminkten Ausdruck von Angst, Ärger, Resignation und Scham, der mir ins Gemüt schnitt. Selten hatte er mir so viel Gefühl gezeigt, noch nie so viele gleichzeitig. Dann sah er mich. »Lisa, Himmel!«

»Sag jetzt bloß nicht, dass du die ganze Zeit wusstest, wo ich war.«

»Ich weiß es erst seit drei Tagen, Lisa. Jockel hat mich angerufen und es mir gestanden, kurz bevor in den Nachrichten die ersten Meldungen über die ungeheuerlichen Vorgänge auf der Artemis liefen.«

»Du hättest mich warnen müssen, Richard!« Ich zog die klobige *Omega Speedmaster Professional* von meinem Handgelenk. »Noch mit Mondstaub im Armband, wenn du Glück hast.«

Seine Mimik füllte sich mit der wachen Aufmerksamkeit, die Männer nicht unbedingt ihrer Liebsten, aber auf jeden Fall technischen Ereignissen entgegenbringen. »Wie war es denn nun auf dem Mond?«

»Oje, Richard! Das darf man eigentlich niemandem erzählen! Das glaubt einem doch keiner.«

Bille Haag
Bruchtest-Männchen

Vor einer Woche wurden Einladungen verschickt. Von den Bruchtest-Männchen. Wie kommen die dazu, Leute einzuladen? Rumort es in den Waldgesellschaften? Es herrsche, hieß es, Unklarheit über den Charakter des Holzes. Den Bäumen wurden Hölzer entnommen, für Schlagbiegeversuche. Arglos ließen sich kleine Stücke (2/2/30 cm) ins Pendelschlagwerk legen, es sollte geprüft werden, ob sie schockresistent seien und wenn ja, wie elastisch, im Vergleich zu anderen Waldgesellschaften. Sehr unangenehm. Härte und Astigkeit, Dichte und Schwere. Schwarzwald, wo bleibt dein Geist – deine Geister –

Wir flüsterten unsern Großen Baumwunsch, den von Nazim Hikmet. Der türkische Dichter war Baumversteher, der hat uns das auf den Leib geschrieben. – Leben! Wie ein Baum – einzeln und frei – und brüderlich – wie ein Wald – das ist unsere Sehnsucht –

Trotzdem geschah, was geschah. Im Pendelschlagwerk sauste der Pendelhammer. 15 Kilo. Wir hatten keine Chance. Eine Uhr maß die Kraft, die der Hammer braucht, um uns zu zerschlagen. Der Schleppzeiger zeigte, wie viel Restenergie blieb. Schlagbiegefestigkeit wurde zum Unwort des Waldes. Nix Poesie. Verwertbarkeit.

An den Bruchstellen standen uns die Haare zu Berge. Zerzaust, zerfetzt. Früher trugen wir Kronen. Doch dann kam Järmo Stablo. Ein Name wie aus Holz. Ein Schnitzmesser.

Eine Idee. Der gab uns Mund, Nase, Augen und Bärte. Der stylte die Bruchstellen zu Frisuren, mit Leidenschaft. Beim Friseur nicht unter dreißig Euro. Und wir wurden plötzlich wer: Bruchtest-Männchen aus Waldgesellschaften. Hoho! Charakterköpfe. Miesepeter und Philosophen und Spötter. Auf kleinen Sockeln stehen wir nun vor unsern Ahnenphotos und laden euch ein ins Waldhaus, alle mal herkommen: Uns fehlen Bruchtest-Fräuchen. Wetzt die Schnitzmesser!

Johann Peter Hebel

»Schau, dört ist die Erde gewesen …«

… der Belche stoht verchohlt,
der Blauen au, as wie zwee alti Türn,
un zwische drinn isch alles use brennt,
bis tief in Bode abe. D'Wiese het
ke Wasser meh, 's isch alles öd und schwarz,
und totestill, so wit me luegt – das siehsch,
und seisch di'm Kamerad, wo mitder goht:
»Lueg, dört isch d'Erde gsi, und selle Berg
het Belche gheiße!« …

Nachwort:
Kleine Geschichte der Schwarzwaldgeschichten

Das größte deutsche Gebirge ist ein Waldgebirge und das ist immer noch zu entdecken. Aufschlussreich bleibt, wie die Schriftsteller mit ihm umgehen. Einige tun das auf unheimliche Weise, andere eher spielerisch und amüsant – und alle verräterisch. Der Schwarzwald ist ein schwarzer Spiegel, der auch sie selber reflektiert und durchleuchtet, unsere Dichterinnen und die Dichter.

Zum erstenmal habe ich ihn gegen fünf Uhr gesehen – an einem Sommermorgen, 1952, in einem Zugabteil, dampfgetriebener Zug in den Süden, die Mitschüler schliefen, die großen Ferien hatten begonnen, aus dem Ruhrgebiet fuhren wir in die Schweiz, wollten trampen. Ich war aufgewacht, schaute hinaus, sah, wie es da über dunklen Waldbergen hell wurde und wollte nicht wieder einschlafen, sah – von Karlsruhe über Baden-Baden, Offenburg, Freiburg bis Basel auf rund zweihundert Kilometern – im Osten, gegen den zart rosafarbenen Himmel, immerzu diese dunklen Rücken. Waldbestandene Klötze, in der Form von Sargdeckeln. Diese Berge erschienen auf jeden Fall finster, gegen das aufdämmernde Morgenlicht geradezu schwarz. Damals, gleich am Anfang, leuchtete mir der Name ein: Schwarzwald. Ja, so muss der heißen.

Wenn mich heute jemand fragt, wo ich wohne und wenn ich dann »Freiburg« sage und (in entlegeneren Weltgegenden) lieber doch noch zufüge »im Schwarzwald«, dann wird, je weiter von Deutschland entfernt, desto heftiger genickt: Schwarzwald, natürlich, das kennt man, davon hat man gehört, und oft sagen sie dann auch – jedenfalls in anderen Kontinenten, in den Rockies zum Beispiel war das so – »Heidelberg, nicht wahr?« – man lässt das durchgehen, freut sich, dass der »black forest« eine so internationale Kennmarke zu sein scheint für »old Germany«.

Was hat den Schwarzwald dazu gemacht? Deutscher Wald, deutsche Romantik, deutsches Gemüt. Die sind offenbar nicht zu trennen, sind gar nicht vorstellbar ohne deutsches Mittelgebirge, am wenigsten ohne dieses am weitesten ausgedehnten deutsche Waldrevier. Und selbst in neuester Zeit, da uns Baum und Wald zunehmend beunruhigen, wo deren Krankheiten als die Krankheiten unseres eigenen Mit- oder Gegeneinander gedeutet werden, auch da scheint der Schwarzwald eine bedenkenswerte Rolle zu spielen, für die Deutschen geradezu eine Identitätsrolle.

Seit wann ist das so?

Über Jahrhunderte muss er den Menschen kaum anders erschienen sein als dem Sechzehnjährigen frühmorgens um fünf, beim Aufwachen auf seiner Fahrt in den Süden. Bis ins 18. Jahrhundert hinein wirkten diese Klötze abweisend und unwirtlich. Goethe, soviel er auch gereist ist, hat ihn immer wieder, geradezu sorgsam, umgangen – wie alles »Finstere«, »Bizarre«, »Romantische«, gerade *weil* er es kannte. Goethe war in Heidelberg, in Karlsruhe, in Emmendingen, Basel, Schaffhausen, Tuttlingen, Tübingen, Stuttgart – nie aber war er etwa auf der Hornisgrinde oder dem Belchen.

So war's offenbar schon immer. Schon die Römer haben ihre Spuren außen vor gelassen. Rings ums Gebirge finden sich allenthalben Kelten- wie Römerzeugnisse – in Zarten, Pforzheim, Baden-Baden, Badenweiler, Basel, Hüfingen,

Rottweil – aber drinnen? Übers Kinzigtal haben römische Legionäre ihn sicherlich durchquert, doch schon die anderen, die heute üblichen Passagen erschienen ihnen offensichtlich als zu schroff, als abenteuerlich unzugänglich. Zahlreich sind dann aus dem Mittelalter und den frommen Jahrhunderten die kleinen Kapellen und Votivtafeln, von denen man sich Mut holte bei den Heiligen, Mut für den Gang durchs Ungewisse.

Erst im 18. Jahrhundert, als Maria Theresias Tochter Marie Antoinette von Wien nach Paris zur Hochzeit gefahren wurde, baute man für sie das »Höllental« aus, legte Knüppel und befestigte provisorisch den Weg für die kaiserliche Kutsche. Die Route führte bei Unadingen (an der Guggenmühle) vorbei, bei Bachheim/Löffingen in den dunklen Wald nach Freiburg und bei Kappel über den Rhein und in jene gloriose Zukunft mit dem bekannten blutigen Ende durchs öffentliche Hingerichtet-Werden unterm Fallbeil, 1793. Als Marie vor der Guillotine dem Henker versehentlich auf den Fuß trat, sprach diejenige, für die das Höllental geebnet worden war, ihre letzten Worte: »Pardon, Monsieur, es geschah nicht mit Absicht.«

Natürlich gab es im Schwarzwald seit langem Besiedlungen, Bauernschaften auch oben auf den flacheren Höhen, vor allem im Hoch- und im Südschwarzwald. Aber nur mit Mühen ging das gut. Zum Land-Ertrag musste schon immer die Waldnutzung hinzukommen, meist auch ein Handwerk, allein »Löffingen«, »Löffeltal« oder die vielen »Löffler«-Namen weisen hin auf die entsprechenden ersten Heimarbeiten, auf Schnitzereien und Fertigkeiten, die sich dann früh differenzierten bis schließlich zu den berühmten Kuckucks-Künsten, die heute wiederum vom Schwarzwald untrennbar zu sein scheinen, die zur Souvenirmarke wurden wie der »Black forest« selber. Schon 1796 schrieb ein Benediktinerpater in Sankt Peter (ein Franz Steyrer) eine »Geschichte der Schwarzwälder Uhrmacherkunst«.

Noch im 18. Jahrhundert also war der Schwarzwald ein Stück »wilde Natur«, noch bis in die erste Hälfte des neunzehnten ging Herr Biedermeier lieber – wenn er zur Kur wollte und seine Bäder nahm oder wenn es ihn einfach in seine »Gottesnatur« hinausdrängte – in den Thüringer oder in den Teutoburger Wald, nach Bad Pyrmont, Bad Ems oder in den Harz, mit Vorliebe auch ins Böhmische. Wie aber und ab wann und warum kam dann der Schwarzwald hinzu?

Rodungs- und Pionierarbeit leisteten außer den Bauern und den Klöstern – Sankt Peter, Sankt Blasien, Alpirsbach, Hirsau, Lichtental, Sankt Ulrich, Gengenbach und viele andere – auch jene Arbeiter und Händler, von denen eine der besten Erzählungen handelt, die ich aus der Frühzeit unserer Industriegesellschaft überhaupt kenne, die ich schätze wie kaum ein anderes Stück deutscher Literatur: »Das kalte Herz.« Wie hier Wilhelm Hauff, ein Autor, der schon mit 25 Jahren starb, gleich am Beginn unserer ökonomischen Zeiten eben diese neue Kapital-Zeit beschreibt und trifft – mitten im Schwarzwald entdeckt er sie, dort, wo man das Geschäftemachen noch gar nicht anzutreffen meinte –, das bleibt eine Ruhmestat, die nicht genug bewundert werden kann und immer noch mal gelesen werden sollte. Da ist gleich zu Beginn alles formuliert und ins Bild gesetzt, was wir bis heute noch immer kaum begriffen haben. Oder vielmehr, was wir inzwischen zwar genügend oft auf Begriffe zu bringen wussten, aber deswegen noch lange nicht durchschauten und beherzigten, nicht in konsequentes Handeln umsetzten. Inzwischen, so heißt es, sind neunzig Prozent der Nadelhölzer auch in diesem größten deutschen Waldrevier namens Schwarzwald sterbenskrank.

Wie alle guten Erzählungen, so hat auch »Das kalte Herz« seine Bedeutung nicht nur im übertragenen Sinn, nicht nur als Parabel. Diese Geschichte stimmt nicht nur als Märchen, sondern zugleich konkret. Glasbläserei und Tannenhandel, für die die Wälder großflächig abgeholzt wurden, sind historisch, das lief, während Hauff dichtete, ökonomisch im großen Stil. Gerade damals, in der ersten Hälfte des neunzehnten Jahrhunderts, erreichte das einen Höhepunkt. Die langen, die gleichmäßig dicken, also die besten Stämme, die hießen »Holländer«, weil sie nach Holland verkauft wurden, ein Geschäft, das bei Hauff der »Holländer-Michel« mit blendendem Erfolg betreibt.

In Holland brauchte man die Stämme nicht nur für den Schiffsbau, sondern auch für die Prachtstadt Amsterdam. Diese Stadt (nicht umsonst spielt des badischen Dichters Hebel berühmteste Geschichte vom reichen Herrn »Kannitverstan« in Amsterdam) – diese Stadt also, die Kenner über Venedig stellen, diese riesige Wasser-Schönheit steht auf Stämmen aus dem Schwarzwald.

Vor allem im Frühjahr, mit der Schneeschmelze, bei hochgehendem Wasser wurden die Holzriesen über Enz, Nagold, Murg, Kinzig und Wolf hinabgeflößt, zum Rhein und zum Neckar hinunter. Dazu wurden diese relativ kleinen Flüsschen zusätzlich gestaut: In abenteuerlichen »Schwällen« strudelten Mensch und mehrgliedrige Flöße zu Tal. 1894 glitt so der letzte Holztransport die Kinzig hinab. Inzwischen gab's die Eisenbahnen.

In ihrer großen Zeit waren diese Flößer Mäzene der Volkskunst, ließen sich im Schwarzwald prächtige Fachwerkhäuser bauen, gaben Truhen und Zunftzeichen in Auftrag und Gerät – oder sie verfertigten das selber, in den Jahreszeiten, in denen sie nicht unterwegs waren. Auch diese »Schiffer«, wie sie sich nannten, stifteten Kapellen und Votivbilder – für den Schutz bei ihrer gefährlichen Berufsausübung.

Das Geschäft mit dem Abholzen des Waldes aber hatte inzwischen für Zugang gesorgt, für passable Flüsse, für Wege und für Aufmerksamkeit. Zugegeben, diese ökonomischen Interessen und Folgen wären allein immer noch eine zu nüchterne, allzu materielle Erklärung für das erwachende Interesse am Schwarzwald. Als sich die Deutschen zu Beginn des neunzehnten Jahrhunderts um ihre Identität als Nation sorgten und stritten, als es ihnen um ihr Selbstverständnis, um ein erstes Selbstbewusstsein von »Deutschland« ging, um ein Bild von dem, was sie eigentlich miteinander verband, da kamen zu den Erklärungen der Geschichtsforscher mehr und mehr auch die Beiträge der Poeten: Romantik war Theorie und Poesie zugleich, ein neues Geschichts- und Deutschlandbild, die »Christenheit oder Europa« stand auf dem Spiel – und da entstand in Gedichten, Erzählungen und Märchen, in den Abenteuern der Taugenichtse wie der schönen Seelen immer häufiger auch das Bild des Dickichts.

Der Wald als Weltmetapher. Als Bild für die Verworrenheit und geheimen Gesetze des Daseins überhaupt. Zwangsläufig war da fällig, dass nun auch das letzte der innerdeutschen Gebirge in den Blick kam, der Schwarzwald. Nach den Märchen und Kunstmärchen, nach den von Arnims und Tiecks und Brentanos bis zu Eichendorff und den Grimms, nach Johann Peter Hebel und Wilhelm Hauff priesen ihn Scheffel und Auerbach und – bis ins Künstliche und Süßliche – Hans Thoma und Heinrich Hansjakob. Irrwege,

Waldeinsamkeit und einfaches Leben wurden gefeiert, als müsse, während rings die Industriezeit aufbrach, gerettet werden, was auch Armut war und Not. Als könnte diese Rettung nur die Flucht sein. Freilich hat der im Schwarzwald als Erzheimatdichter geltende Heinrich Hansjakob eine besondere, eine einzigartige Verweigerungs- und Fluchthaltung realisiert – was er über Frauen oder Juden gnadenlos lospoltert, das ist so extrem wie rätselhaft, man ist geneigt, seine Ausbildung in Sachen katholischer Theologie, in der es bekanntlich ebenfalls von solchen Ausfällen über den »Minusmenschen« Frau wimmelt, als Ursache zu nennen. Eine der besten Deutungen des Rätsels Hansjakob, der auf der anderen Seite in einer Geschichte wie der hier wiedergegebenen »Freiburgs Nachtkönig« präzisen Sinn für das Leben und die Leiden derer da unten bewies, liefert Hermann Bausinger in seinem Buch »Berühmte und Obskure« (Tübingen, 2007), worin er den Mann aus dem Kinzigtal mit großzügigem Verständnis abhandelt unter »Seelsorger und Leibsorger. Heinrich Hansjakobs Kritik der Kultur«.

Lange vor den Erfolgen des Erzählers Hansjakob hatten die »Schwarzwälder Dorfgeschichten« von Berthold Auerbach, seit 1843 erschienen, Erfolge, die für die Kritiker wie für den Autor vollkommen überraschend kamen. Unentwegt musste Auerbach Fortsetzungen liefern, für ein neues städtisches Publikum. Die Sehnsucht nach Wald und Wiese, nach der noch »reinen« Natur – ob nun im bäuerlichen Menschen oder in der Landschaft oder in den Gefühlen, in den Aufschwüngen und Verirrungen der Menschen selber, diese »unverfälschten« Geschichten aus dem Schwarzwald schienen das Verlangen derer zu stillen, die in die Industriezeit gerieten. Damals kam es in Gang, das Genre des für den Großstadtleser in Serie verfertigten Heimatromans. Zunächst in Fortsetzungen abgedruckt, in Kalendern und Zeitschriften im Stil der »Gartenlaube« oder in »Über Land und Meer«.

Das waren Geschichten, die das Flüchten aus den neuen sozialen Wirklichkeiten, das »Raus aus Berlin« wenigstens auf dem Papier ermöglichten – freilich meist nur für solche, die unter Großstadt und Fabrik kaum zu leiden hatten, für die Lesegemeinde der Bürgerlichen. Schließlich war der Jubel über die erzdeutsche Wald-Oper »Der Freischütz« nicht etwa in einer süddeutschen Klein-Residenz ausgebrochen, sondern 1821 in der größten deutschen Großstadt, im nordostdeutschen Berlin. Auch »Der Freischütz« war eine Stadt-Ausgeburt, auch wenn man nicht nur in Heidelberg, sondern auch bei Baden-Baden eine »Wolfsschlucht« zeigt: hier ebenso wie dort habe Carl Maria von Weber seine »unsterblichen Melodien empfangen«. Der Berliner Premierenjubel von 1821 hatte seine Gründe und hatte seine Folgen, Spätfolgen, bis zum vergnügten Musikjux »Schwarzwaldmädel«, der das Gebirge großzügig ins Schwäbische verlegt. Schwarzwaldmädel, so wird da singend behauptet, »sind nicht leicht zu habe, nur der Schwabe hat die Gabe«. Der (als Jude ermordete) Leon Jessel bewies jedenfalls, zu welch gängigem Markenfabrikat zarte Schwarzwaldschwärmerei werden kann – was die naturpreisenden Nazis überhaupt nicht daran hinderte, diesen Komponisten umzubringen.

Nüchtern und noch ganz mit dem kalten Herzen des Holzauktionärs ließ schon Ludwig Eichrodt aus Durlach im Badischen seine epochemachende Figur Johann Gottlieb Biedermeier um 1850 am Fenster seiner Wohnstube stehen und sinnieren – und zwar über den Wert der Stammesgrenzen und den Nutzen der Natur:

Ein Wetter steht grad über der Erd.
Wenn's nur ins Württembergische fährt.
Denn – tät es sich bei uns einladen,
dann hätten wir, weiß Gott, Hagelschaden.

In dieser bedächtigen lyrischen Erörterung des Schulmeisters Biedermeier kreuzen sich sozusagen Poesie und Ökonomie. Das ist jene »Landwirtschaft des Herzens«, die aggressive Romantiker dem alten Goethe zum Vorwurf machten, in solchen Reimen scheint das Interesse simpel greifbar, jene Energie, die den Schwarzwald urbar machte, konkret wie poetisch.

Am Ende des neunzehnten Jahrhunderts blieb es nicht beim Nutzen und Frommen, nicht nur bei papiernen Träumen, sondern nun machten sich auch die Naturfreunde auf, nun bewegten sie sich persönlich, die Wanderer und Reformer, alle die, die ihren Gott direkt über den Wipfeln wussten. Nun gründeten sie ihre Hütten, bestiegen ihre Schneebretter und erschienen auf der großen weißen Winterkugel des Feldbergs, dieses höchsten deutschen Bergs außerhalb der Alpen. Nun – etwa seit der Jahrhundertwende – kam das alles ins genauere Blickfeld der Reiseführer und Naturforscher, was uns seither als touristisches Ziel vertraut wurde.

Eisenbahnen wurden gebaut, diejenige im Höllental anfangs als Zahnradbahn und erst mal nur bis zur halben Höhe, nur bis zum »Hirschsprung«; die andere Bahn aber, mit Schleifen im Innern der Berge, führte aus dem Kinzigtal hinauf über Triberg nach Villingen-Schwenningen und Donaueschingen als tunnelreichste Deutschlandstrecke. Noch heute wird diese Fahrt immer wieder zum Verwirrspiel, der innere Kompass, die Orientierung geht auch Geübten verloren.

Zwar gab es nun diese Bahnen, zwar wurden die Straßen verbessert, zwar nahm die Heimarbeit in manchen Tälern – etwa um Schramberg – industrielle Dimensionen an, doch noch heute ist eine Reise in und durch den Schwarzwald offenbar immer noch getrieben von der alten ersten Sehnsucht nach Wald und Wiese, vom Idyllentraum, noch im neuen Jahrtausend ist sie, uneingestanden, eine Reise ins eigene deutsche Gemüt, da mochte einer wie Mark Twain spotten wie er wollte.

Diese Reisen tief hinein in unsere verworrene »Reinheit« bereiten im Zeitalter des Massentourismus mehr und mehr Enttäuschungen, nicht nur im Massengedränge am Mummel- oder am Titisee. In eben dem Maß, in dem aus dem alten Mischwald – den die neuen Naturweisen, die Ökologen, als den natürlichsten preisen –, in dem aus dem schönen In- und Durcheinander der unterschiedlichsten Baumriesen eine Nadelholzplantage wurde, verschwand das Verworrene, verarmte das Urige. Wer den gut einhundertachtzig Kilometer langen Wald von Norden nach Süden mal selbst durchwandert hat, zu Fuß von Pforzheim bis Basel, der kann davon erzählen, denn auf dem berühmten »Westweg« des Schwarzwaldvereins hat er Monokulturen vor Augen, mindestens im nördlichen Teil, von Pforzheim übers Murgtal bis zum Kinzigtal, da verfolgt ihn die zum En-gros-Geschäft ausgedehnte Verkaufstüchtigkeit des Holländer-Michel, die Gleichförmigkeit der gleich alten, gleich hohen, gleich schlanken Stämme, da begleiten und deprimieren ihn Holzfabriken.

Auch die Träume vom großen breiten Schwarzwaldhaus, wie sie uns vielerlei romantische und die romantisierende Geschichten vorgeträumt haben, werden bei solchen Erkundungsreisen nicht selten enttäuscht. Der Nachkriegstourismus mit der nachgebauten Urigkeit im Stil der Nierentischzeit verschonte kaum einen Ort, diese »rustikale« Naturwut der imitierten »ländlichen« Gasthöfe, sie war drauf und dran, eben das, was sie zu bewahren vorgab, niederzumachen.

Freilich, es gibt da die Gegenbeispiele – genannt seien hier außer den Bannwäldern, von denen noch die Rede sein wird, stellvertretend jene Täler, die sich von Hornisgrinde und Kniebis, also von den mehr als tausend Meter hohen Gipfellagen des Nordschwarzwalds weit über die Vorbergzone bis in die Rhein-Ebene ziehen, die ihre Dorfschönheiten möglichst mit keinen neuen Attraktionen aufputzten, sondern wo die alten erhalten wurden in selbstbewusster Prachtentfaltung. Sasbach, Obersasbach, Sasbachwalden, aber auch Gengenbach, Oberkirch, Ettenheim, Kappelrodeck, Waldulm oder Endingen, das sind Namen für viele andere, etwa auch für das Acher- und das Renchtal. Nicht im »silva nigra«, im schwarzen, im »dunklen Gebürg« war zuerst Leben, sondern in der simplizianischen Vorberg-Landschaft, vor allem in der Ortenau. Da ist ein Füllhorn der Fruchtbarkeit, in dem Weinbau, Mais, Obst – das Obst oft wie in Stockwerken mehrfach übereinander – üppig gedeihen auf einem Eiszeitrelikt, auf dem, was aus dem Peri- und Postglazial, aus dem vegetationslosen Gelände neben und nach den Vergletscherungen in Staubstürmen als Löss herbeigeweht wurde und was nun hier, in den geschützten Lagen der Vorberge, für ein eigenes immer neues Idyll sorgt. Freilich, der typische Schwarzwald ist dies nicht, sondern nur seine milde, »von der Sonne verwöhnte« Sonnenseite und Vorstufe.

An diesen Hängen zwischen Bühl und Offenburg gibt es auch die Flur- und Ortsnamen, in denen die Silben »brecht«

oder »precht« auftauchen, möglichst in Verbindung mit »wald«. Aus eben diesen Winkeln östlich Acherns kommen in der Tat die Vorfahren Brechts. Seine Großmutter (gestorben 1919) war die »unwürdige Greisin« in seiner gleichnamigen Kalendergeschichte. Noch in ihren letzten Lebensjahren unternahm sie Ausflüge in die nahe Großstadt »K.« (Karlsruhe); erst als sie Witwe geworden war, im hohen Alter, entdeckte sie das Kino, den Kintopp, das Leben, das bis dahin nur Arbeit in den Weingärten gewesen war. – Der Vater Brechts wanderte aus, nach Augsburg, war Papierfabrikant, die Papierherstellung war eine späte Mitgift jener Verwertungen und Geschäfte, die schon der Tannenhandel des Holländer-Michel angezettelt hatte. Vom Holzgeschäft über die weitere Zelluloseverwertung bis zu den Träumen und Vorschlägen des Sohnes auf Papier ist es in diesem Fall nur der Schritt von einer Generation zur nächsten gewesen. Nicht umsonst beruft sich Brecht ausdrücklich und mehrfach auf seine Herkunft aus den Wäldern:

»Ich, Bertholt Brecht, bin aus den schwarzen Wäldern. Meine Mutter trug mich in die Städte hinein, als ich in ihrem Leibe lag. Und die Kälte der Wälder wird in mir bis zu meinem Absterben sein.«

Wer annehmen möchte, dieser Schwarzwald sei offenbar ein letztes Reservat der Gesundbeter und Naturheiligen, der Kräuterweisheit und womöglich auch des Hexenzaubers, und solche wie Brecht, die Rationalen und die Klaren, die hätten dort nicht umsonst wegwandern müssen in die Asphaltstädte, wenn sie denn je Erkenntnisse haben und politisch wirken wollten, der ist auch in diesen Angelegenheiten vom Gegenteil zu informieren. Vielleicht ist manchem noch in Erinnerung, wie dasjenige Staatsoberhaupt, das uns nach dem Krieg am nachhaltigsten an unsere denn doch früh vorhandenen demokratischen Traditionen zu erinnern versucht hat, wie dieser Dr. Gustav W. Heinemann seine Sommerferien merkwürdig oft und offensichtlich gern im Südschwarzwald verbracht hat, im Hauensteiner Land, im sogenannten Hotzenwald.

Um es abzukürzen und zuzuspitzen: Die ehemalige Grafschaft Hauenstein, die Region der sogenannten »Salpeterer« (so nannte man die ambulanten Händler, die nicht – wie andere Schwarzwälder – Uhren verkauften oder Glaswaren, sondern Salpeter, jenes Nitrat, das für die Herstellung von Schießpulver wichtig war), dieser Südschwarzwald dürfte der Landstrich gewesen sein, in dem auf deutschem Boden zum erstenmal das demokratische Wählen praktiziert wurde. Die Landschaft zwischen Waldshut und Schluchsee verdankt diese politische Auszeichnung zwar dem Übergreifen der Abstimmungspraxis, die aus dem nahen Schweizerischen überliefert wurde, aber diese Neigung zur Selbstbestimmung, diese Dick- und Querköpfigkeit einer bäurischen Bevölkerung, die sich durch Jahrhunderte erhalten hat und immer wieder kollidierte mit einer anderen deutschen Neigung, mit der zum Untertanen- und Obrigkeitsstaat, das ist wiederum eine eigene Geschichte, ein Modellfall des Leidens und des Trotzes, von denen zahlreiche Dokumente Zeugnis geben.

Der Schwarzwald, wenn er denn eine oder gar *die* Kennmarke des Deutschen ist, liefert nicht nur für Weltflucht und Schwärmerei Belege, sondern auch für politische Selbstbehauptung. Die Bauernkriege zündelten zuerst in Stühlingen bei Schaffhausen, gingen aus von diesen Hotzenwälder Bauern. Und mit freundlichem Lächeln sagte mir in einem letzten Fernsehgespräch der kranke Heinrich Böll, er wundere sich, warum auch heutige Machthaber immer wieder nur die lebenden Dichter behelligten mit Zensur und Verdächtigungen, wieso nicht auch die alten, zum Beispiel einen wie Johann Peter Hebel und »das süße Gift der Anarchie in seinen Zundelfriedergeschichten«.

Die Salpeterköpfigkeit ist aktuell und wirksam bis heute – am Kaiserstuhl verhinderten Bauern das Atomkraftwerk und wie dort gegen den regierenden Filbinger Studenten mitmischten mit neuen wie mit alten Texten und Formen, davon zeugen in der hier vorliegenden Sammlung zum Beispiel drei Lieder des Sängers und Dichters Walter Mossmann. Auch eine den Wald durchquerende Autobahn wurde von solchen Querdenkern immer wieder erfolgreich abgewehrt. Freiburg und sein ökologisches Sensorium hat alte Wurzeln, Alfred Döblin, so etwas wie ein erster Grüner unter den deutschen Autoren, hat in Freiburg studiert und promoviert, ist in Emmendingen – in Einsamkeit – gestorben. Ein neuer schöner Platz in Freiburgs Modellviertel Vauban trägt seinen Namen.

Für die Behauptung, der Schwarzwald sei eine Kennmarke des Deutschen überhaupt, können die Beweise nicht nur auf Literatur-, Geschichts- und Waldwegen angetreten werden, sie liegen auch vor in jener Hausform, die heute fast nur noch als verniedlichter Massenartikel übrig blieb, in der Holzhausform der Kuckucksuhr.

Auch Geschichte und Form des Schwarzwaldhauses, dieser riesigen Haus-Glucke, sind ein Modellfall. Ob man nun von Hinterzarten über Breitnau und Sankt Peter hinausgelangt oder über Kinzig und Wolf hinauf an die höheren Hänge, nicht nur im Freilichtmuseum der Vogtsbauernhöfe oder auch – in variierter Form – im Hotzenwald, überall findet man noch letzte Beispiele dieser Hausform, sie fällt halt auf zwischen den neuen Kolonisationen. Richtiger hieße das Schwarzwaldhaus »Heidenhaus«. Diesen Namen benutzt bereits Grimmelshausen in seinem »Simplicissimus« (5. Buch, 10. Kapitel), wo er mit »Heidenhof« das Kinzigtaler Haus meint.

Das weite untere Kinzigtal war schon zu Grimmelshausens Offenburger Zeiten gut besiedelt, und das Verbreitungsgebiet des Schwarzwald- oder Heidenhauses darf man die Zentrallandschaft des Schwarzwalds nennen. In diesem erst vergleichsweise spät urbar gemachten Inneren der Region, auf solchen Rodungsinseln und in den Hochtälern steht das typische Schwarzwaldhaus. Die Landschaft zwischen Kinzigtal im Norden und dem Dreisam- und Wutachtal im Süden ist die Region der klassischen Heidenhöfe. Hier hatten die Bauern ihren Grund als Lehen von weltlichen oder geistlichen Herren. In Höhen um oder gar über tausend Meter betrieb und betreibt man noch jetzt – neben dem Zimmervermieten – den Wechsel von Feld- und Graswirtschaft. Die (vorläufig noch) schneereichen Winter, überdurchschnittlich viel Niederschlag das ganze Jahr über – gegen solche Bedingungen musste das Haus dieser ersten Siedler gefeit sein, das war ein Gebäude, das nicht im ängstlichen Dorfgedränge, sondern einsam stand. Jedes möglichst im Mittelpunkt seines Wald-, Feld- und Graslands. Hermann Schilli, der dieser Hausform jahrzehntelang Forschungen gewidmet hat, erkennt in dieser Bauweise Signale für »starkes Selbstbewusstsein, Sinn für persönliche Unabhängigkeit«.

Einer dieser Schwarzwaldbauern, der Dürrhofbauer auf der Waldshut, der bezeichnete schon 1749 den Förster, der beim Markgrafen in lohnabhängigen Diensten stand, als »Herrenknechtle«, nannte ihn also öffentlich so, wie man selber auf keinen Fall je sein wollte. Heidenhof-Bauern

»zogen treffliches Vieh, verwüsteten schändlich den Wald und suchten alles Wild bis auf den letzten Hasen auszurotten«. Aktenstöße in Freiburg oder Waldshut sind voll mit entsprechenden Klagen der kaiserlichen Vögte und Förster, mit Klagen über den Eigensinn und Dünkel der Einödbauern, denen »alemannische Dickschädeligkeit« und »Salpeterköpfigkeit« nachgesagt wurde.

Ihr Haus ist ein Einhaus, das alles unter einem einzigen Dach vereint. Das Dach ist so beherrschend, dass es höchstens denen des niedersächsischen Gehöfts gleichzustellen wäre, wenn es nicht als Gebirgshof eh Einmaligkeit beansprüchte. Gebaut wurde das Schwarzwaldhaus immer direkt unterhalb eines Quellhorizonts, oft schon von weitem erkennbar an der Grenze zwischen den talwärts gelegenen Wiesen und den oberhalb folgenden Feldern. Dieser geologischen und kulturellen Grenze folgte schon immer auch der Weg, später die Straße. Zur Erhaltung des stattlichen Viehbestands waren in extremen Höhen nicht nur ausgedehnte Weideflächen nötig, sondern für das Überwintern auch umfangreiche Heuernten und entsprechend große Vorratsräume. Gleich ob das Gebäude in einer Mulde oder an einen Hang gelehnt stand, immer war sein riesiges, tief heruntergezogenes Dach das Auffallendste. Meist gab es auch auf der Wetterseite einen Baumhang. Das passte sich dem Gelände so an, dass es wie ein Stück der Landschaft selbst empfunden wurde.

Das übermächtige Dach besteht jeweils aus zwei trapezförmigen Flächen über den Längsseiten und aus zwei schrägen Dreiecken, den »Walmen«, über den Schmalseiten. First und Traufen laufen in der Fall-Linie des Hangs. Stube, Küche und Schlafkammern liegen zum Berg hin, oft wie in den Berg hineingebaut, während die Stallungen hoch gegen das Tal hinaustreten. Von unten her sieht man also von den Anwesen die Stallwände, den Misthaufen, das Vieh – man lese den Spötter Mark Twain (S. 147). Und jeder dieser geduckten, eingeschmiegten Höfe hat seinen eigenen Namen und die meisten haben ihre nachweisbare Geschichte, oft über viele Jahrhunderte hinweg. An den Firsthochsäulen des Hauseingangs hängen oder hingen bis vor kurzem noch die Schädel der Zugtiere, die nach den Erzählungen der Alten das Holz zum Bau des Hauses herbeigekarrt hatten – und noch heute sollen diese mumifizierten Schädel Blitzschläge und Unglücksfälle vom Anwesen fernhalten, ein Kult, unschwer erkennbar als Heidenkult in »Heiden«höfen.

Nicht einfach zu sagen, was nun den Zauber solcher Häuser ausmacht – ob es die überaus sinnreiche Einfahrtsmöglichkeit ist, diese Ebeneinfahrt durch den bergseitigen Walm hindurch direkt in den Dachraum oder ob es die Wucht des enormen Daches ist oder solche vorgeschichtlichen Zeichen. Die urigste Fasnacht der Deutschen tobt nicht umsonst alljährlich in und um den Schwarzwald herum, heidnisch alemannisch sind auch hier die Ursprünge einer sich optisch wie akustisch ausrasenden Kraft; da tummeln sich offenbar, unter abenteuerlichen und zugleich traditionsbeladenen Maskeraden, Befreiungsenergien, die deutlich machen, wie und warum diese Südwestecke des Reichs immer wieder zum Unruhestifter werden konnte, warum der Übermut der Herrschaften hier nicht erst 1848/49, sondern seit je mit Widerstand und List und Eigensinn zu rechnen hatte. Von diesen Widerborstigkeiten findet sich einiges in den hier versammelten Geschichten der Hebel oder Grimmelshausen.

Auf der Suche nach einer Antwort auf die Frage, wie denn

der Schwarzwald zu einem Synonym für »deutsch« und »Gemüt« werden konnte, stößt man auf Grundphänomene, auf Wald und Weg und Haus und Baum. Und auf Herzen, die sich absondern und maskieren, die so querschädelig sind, dass ein sehr junger Dichter sie steinern nennen musste. Noch heute scheint im Fach Eigenbrötelei der Südwesten repräsentativ. Die Freiburger wählten als erste einen grünen Oberbürgermeister. Am anderen Ende des Waldes folgte Tübingen. Ein Fünftel aller derjenigen, die in der Bundesrepublik im Bereich Forschung und Erfindungen beschäftigt sind, leben in Baden-Württemberg – der Südwesten als Winkel der Sucher und Tüftler. Und diese tüftelnde Tüchtigkeit zeigte nicht nur auf ihrem Weg den Rhein hinunter ihre Fleißfolgen – also ihre »Industrie« –, diese späten Folgen solcher Geschäftigkeit kalten Herzens zeigen sich neuerdings auch, wiederum stellvertretend, im Schwarzwald, heute ist er nicht mehr – wie noch vor hundert Jahren – ein letztes Reservat der Gesundheit und des heilen Ganzen, sondern mit seinem zu neunzig Prozent kranken Fichtenbestand wiederum Anzeiger einer typischen mitteleuropäischen Situation. Die pH-Werte (die Säuren) des Bodens nehmen von Jahr zu Jahr zu, oft wird im Boden unter den Fichten mehr Säure gemessen als im Weinessig. Die Schadstoffe der Luft haben die Atemwege der Blätter verstopft, die Bäume kommen, sagen die Waldkenner, »ins Schwitzen«, sie geraten »in Stress« und in »Angstblüten« – so nannte Martin Walser 2007 einen seiner Romane – denn die Bäume bilden, während die Krone schütter wird und schließlich stirbt, am Stamm die »Angsttriebe«. Die kahle und am Ende tote Krone lässt den sauren Regen direkt an Ästen und Stamm entlang in den Boden sickern, der Teufelskreis verstärkt sich. In unmittelbarer Nähe des Stamms, im Wurzelbereich übersäuert der Boden, es stirbt der ganze Baum.

So wie Haus und Baum ihre Schwarzwaldgeschichte von grauer Vorzeit bis in die akute Gegenwart hineinschreiben, so ist auch die Sache mit der berühmten handwerklichen Kunstfertigkeit eine mit Kehrseiten und zeigte alsbald ebenfalls ihr kaltes Herz. Die kunsthandwerkliche Geschicklichkeit reicht aus den dunklen Wäldern früher Zeiten, aus Volksnot und Volkskunst bis in die dunkelsten Geschäfte unserer Tage. Auch die Chronik der Uhrenkunst entwickelte sich zu einer typisch deutschen Chronik.

Der östliche Schwarzwald rings um die Städte Schramberg, Oberndorf und Rottweil ist zwar noch immer eine zauberhafte Gegend, aber so märchenhaft diese Landschaft wirkt – nirgends hat auf engstem Raum deutsche Rüstungsindustrie soviel Macht wie hier. Wenn in der Welt tatsächlich mal der absolute Friede ausbrechen sollte – in dieser Region zerfiele die Ökonomie. Schrambergs Schicksal wird bestimmt von der Uhrenfabrik Junghans. Im benachbarten Oberndorf produziert die Waffenfabrik Mauser. Die Bordkanonen für die »Tornado«-Kampfflugzeuge kommen aus Oberndorf. Und die Oberndorfer Firma Heckler & Koch verkauft ihre Maschinenpistolen und Schnellfeuergewehre in alle Welt – wie einst die tüchtigsten unter den ambulanten Kuckucksuhrenhändlern. Wo immer bewaffnete Konflikte ausgetragen werden, Oberndorfer Gewehre sind dabei; vor allem das »G 11«, ein Gewehr, über das die Londoner »Times« schrieb: »Die Deutschen haben ein Wundergewehr erfunden.« Die ungewöhnlich schnellen Projektile durchschlagen noch auf sechshundert Meter Entfernung Stahlhelm und Panzerweste.

Feine Mechanik war schon immer gut beherrscht worden

in den Schwarzwaldtälern – und alles moderne Zünden und Schießen benötigt Armaturen, braucht nun mal Uhren. Zum Gedenken an zwei Rüstungskönige im Schwarzwald, die wie Patriarchen in ihren Städten herrschten, steht in Rottweil das Duttenhofer-Denkmal und vor dem Schramberger Rathaus der Junghans-Brunnen. Es soll nur keiner meinen, er betrete mit dem Schwarzwald un- oder vorpolitisches Gelände. Deutsche Chronik wird hier womöglich deutlicher geschrieben als anderswo. In den »schwarzen Wäldern« ist nicht nur das Schießpulver erfunden worden (in Freiburg steht das Denkmal des Mönchs Berthold Schwarz, der fürs Abendland entdeckt haben soll, was die Chinesen seit langem kannten), hier wurde nicht nur zum erstenmal auf deutschem Boden frei gewählt (im hinteren Hotzenwald, schon im sogenannten »finsteren Mittelalter«), sondern hier hatte auch die bürgerliche Demokratie ihre frühen Verfechter und ihre ersten Niederlagen. Der badische Aufstand von 1848/1849, den preußische Besatzer zusammenschossen unter Führung dessen, der dann Kaiser wurde (Wilhelm I.), dieser Freiheitswille ist mit den Städten Rastatt und Freiburg verbunden und mit Namen wie Rotteck, Hecker, Struve, Herwegh – und auch mit Robert Reitzel. Beschränken wir uns auf den letzteren, da von ihm bislang so gut wie nichts bekannt ist.

1849 wurde Robert Reitzel in Schopfheim im Wiesental geboren, in Hebels Landschaft also, getauft wurde er auf den Namen dessen, der im selben Jahr in Wien gegen alles geltende Recht erschossen wurde, ein Willy Brandt des Frankfurter Paulskirchenparlaments, Robert Blum, führender Abgeordneter der Paulskirche. Die Empörung im Land, jedenfalls dort, wo die Hoffnungen sich auf Männer wie Blum richteten, ging so weit, dass man seinen Sprössling

Robert nannte wie damals auch Doktor med. Hoffmann seinen fliegenden Aussteiger, den letzten in den Struwwelpeter-Geschichten: »Robert aber dachte: Nein!«.

Reitzel musste, wie viele Schwarzwälder, nach 1849 auswandern nach Amerika, abenteuerlich schlug er sich durch – und war am Ende so was wie ein Heinrich Heine oder Herwegh der USA, jedenfalls eine Integrationsfigur der deutschen Ausgewanderten, ein politisch-literarischer Weckrufer. Vor 150 000 Demonstranten, die sich 1886 in Chicago gegen die Hinrichtung der – zu Unrecht – zum Tode verurteilten Arbeiter vom Haymarket wendeten, hielt dieser Reitzel die Grabrede. Und mit seiner Zeitschrift »Der arme Teufel« bot er über viele Jahre der sozial engagierten Intelligenz ein Sprachrohr. Vielleicht das Erschütterndste in seiner Laufbahn war, wie er nach zwanzig Jahren doch noch einmal zurückkehrte in sein Wiesental und wie er ihn dort zur Kenntnis nehmen musste, den Wandel, die Verhärtung, die Versteinerung der Herzen. Die Ideale von 1848/1849 waren zusammenkartätscht, von Splitterbomben zerfetzt worden, oder aber sie waren ausgewandert. Statt dessen Kleinmut, ängstliche Tüchtigkeit, Misstrauen, Erbstreitereien, Verteilungskampf. Emma Goldman, die berühmte russisch-amerikanische Anarchistin, hat in ihren Lebenserinnerungen Robert Reitzel die bewegendsten Worte gewidmet.

Man hätte dies Gebirge und seine Menschen schon immer gern ein bisschen lieblicher gehabt. Zur Idylle gehören aber nun mal auch die unwürdigen Großmütter, die Salpeterer-Bauern, die Zundelfrieder, gehören die Hebels und Hauffs und Grimmelshausens, auch die Auerbachs und die Junghans' und Duttenhofers. Und zu den Schwarzwaldmenschen, die sich noch heute gern ›Wälder‹ nennen, gehört auch eine so denkwürdige Erscheinung wie Martin Heidegger, der Philosoph aus Meßkirch, der, wann immer ihn das Leben und Denken vor neue Hindernisse führten, sich aus Freiburg zurückzog hinauf zu seiner Schwarzwaldhütte, wo ihn noch lange nach seiner Emeritierung bis zuletzt Journalisten besuchten und befragten, die zu ihm pilgerten wie zu einem letzten Weltweisen. Dort, in der Hütte, ging er auch mit sich zu Rate, als er 1933 entscheiden sollte, ob er seine Freiburger Philosophie-Professur tauschen sollte gegen eine in Berlin. Er selbst schreibt darüber, als wolle ihn der Holländer-Michel versuchen und als ginge es um das Herz oder um einen marmornen Stein in der Brust: »Neulich bekam ich den zweiten Ruf an die Universität Berlin. Bei einer solchen Gelegenheit ziehe ich mich aus der Stadt auf die Hütte zurück. Ich höre, was die Berge und die Wälder und die Bauernhöfe sagen. Ich komme dabei zu meinem alten Freund, einem 75jährigen Bauern. Er hat von dem Berliner Ruf in der Zeitung gelesen. Was wird er sagen? Er schiebt langsam den sicheren Blick seiner klaren Augen in den meinen, hält den Mund straff geschlossen, legt mir seine treubedächtige Hand auf die Schulter und – schüttelt kaum merklich den Kopf. Das will sagen: unerbittlich *Nein*!«

Den Rang, den hier das Eigenschaftswort genießt, kennt die Literaturwissenschaft aus Heftromanen. »Holzwege« heißt einer von Heideggers Essays über das Philosophieren. Seine Sprache gewinnt ihre Bilder nicht selten direkt aus den Wäldern, und nicht nur ihre Bilder. Selbst bei ihm gibt es noch diese Verklärung des Bauern, fast im Stil des Hansjakob – der Bauer als ein letztes Stück Natur, ein Urquell der Wahrheit, was seit je die Industrie der Heimatromane zu Wunschträumen nutzte.

Freilich, dieses Freiburg (wörtlich: »freie Stadt« oder, übertragen, »Stadtluft macht frei«) war so frei, dass sie selbst in den mörderischsten Zeiten von allen guten Geistern nie ganz verlassen war – man denke an Schriftsteller wie Reinhold Schneider, an Gelehrte wie Walther Rehm. Doch in diesem naturverklärenden Freiburg lebte und lehrte auch jener »Anthropologe« und »Biologe« H. F. K. Günther, wahrscheinlich der erfolgreichste Wissenschaftler des Nazireichs. Seine »Kleine nordische Rassenkunde« – Hitler kannte sie genau – erschien 1922 und war bis 1945 in 275 000 Exemplaren verbreitet. Günther wurde in Freiburg geboren und ist dort auch gestorben, 1968, bis zuletzt mit Bekenntnissen zu Hitler, in Freiburg war er Professor für Rassenlehre, an der Universität der Schwarzwaldmetropole war er einer der entscheidenden Väter jener Auslese-Verordnungen, die zwölf Jahre lang deutsche Staatsreligion wurden. Begeisterung für Natur und Naturgesetze – und was daraus zu machen ist.

Der Schwarzwald ist immer wieder als Anschauungsobjekt der »Natur« gesehen und beschrieben worden. Freilich, fast immer sofort auch als Metapher. Als Bild für individuelle wie kollektive deutsche Utopien. So wie Venedig das südliche Sinnbild für den Irrgarten unseres Existierens werden konnte, so hatte nördlich der Alpen der größte deutsche Wald eine ähnliche Rolle zu spielen. Mit 383 660 Hektar ist der Schwarzwald das größte zusammenhängende Forstrevier der Republik.

In diesem Revier rückt auf wenige Kilometer der stärkste geographische Kontrast zusammen: Die im Jahresmittel heißeste deutsche Region, der Kaiserstuhl, liegt in Sichtweite mit der im Jahresmittel kältesten und schneereichsten Landschaft außerhalb der Alpen, dem Feldbergmassiv. Mit Bahn oder Auto wechselt man in wenigen Minuten von einem Extrem ins andere, vom fast Subtropischen hinauf in die Tundra. Und hat dann oben womöglich noch – über dem Herzogenhorn, dem Wiesental und dem Belchenbuckel – das Panorama der Alpen im Blick, vom Säntis bis zum Mont Blanc. Bei Föhn oder bei Inversionswetterlagen – wenn es mit zunehmender Höhe nicht kälter wird, sondern milder –, dann sieht man von den Höhen des Feldbergs die Ebenen und die Täler mit Nebelseen gefüllt, als seien die Vorzeiten zurückgekehrt, das Eozän-Meer des Tertiär. Dann ragen aus der weißen Wolkenschicht die schwarzen Rücken, die »Sargdeckel« in die frühlingshafte Höhenluft. Und über ihnen, am Horizont im Süden, schimmert in der Ferne die Kette der Alpengipfel, an klaren Tagen auch Eiger, Mönch und Jungfrau – ja, davon ließe sich wohl schwärmen.

Verkürzte man die Geschichte der Erde auf einen einzigen Tag, dann entstünde der Schwarzwald erst in den letzten Minuten dieses Tages. Im Tertiär, dem jüngsten Erdzeitalter, wurden nicht nur Ablagerungen der Tiefsee zu dem aufgefaltet, was wir als Alpen bewundern (und für »ewig« halten), in dieser letzten Minute wurden auch als großer gemeinsamer Klotz Vogesen und Schwarzwald aufgewölbt, und werden noch heute gehoben. Die Bahnlinie, die von Freiburg über Höllental und Hinterzarten zum Schluchsee oder bis nach Donaueschingen fährt, passiert gleich zu Beginn im Tunnel unterm Lorettoberg exakt die Stelle, an der die Bewegung weiterhin beobachtet und gemessen werden kann. Dieser aufgebogene Gebirgsblock, der außer Vogesen und Schwarzwald auch Odenwald und Pfälzer Wald umfasst, hat sich in der am höchsten aufgewölbten Partie gespalten und geöffnet, die am meisten nach oben gedrückten Gesteinsmassen sackten in die Tiefe, es entstand von Wiesbaden und Frankfurt bis nach Basel der Oberrheingraben, auf unserem Planeten der Modellfall eines großen geologischen Grabenbruchs. Was da also am höchsten gestellt sein müsste, geriet ins Tiefste, der First des Gebirges brach ein und sank ab. In diesem gewaltigen Erdspalt lagerten – in der letzten Erd-Minute – Meeresarme und Binnenseen. Und dort, wo dieser imposante Nord-Süd-Graben von einem Ost-West-Bruch gekreuzt wird, an einer also extrem strapazierten Stelle der Erdkruste, da strömte auch Lava empor, es entstand der Kaiserstuhl, jene klimatisch heute fast subtropische Insel. Sie wäre einmalig geblieben, hätte nicht die »Umlegung« der Rebberge große Teile entstellt. Wie im Hauptgebirge die Holzfabriken, so hat auch hier der Rationalisierungseifer die Ökonomie hoch über alles gestellt, bei jedem Unwetter wird der planierte Kaiserstuhl von Erosionen heimgesucht. Dass die Brüche des Rheingrabens noch heute brechen, dass die »Verwerfungen« noch immer in Aktion sind, lässt sich im Eisenbahntunnel unterm Freiburger Lorettoberg ablesen am millimeterweisen Wandern der einbetonierten Marken.

Im Hochschwarzwald mit dem Feldberg hat sich das härteste und älteste Gestein an die Oberfläche gehoben, Granit und Gneis, das »Grundgebirge«, ringsum aber, an den Rändern und auf fast allen Erhebungen des Nordschwarzwalds bildet Buntsandstein die Oberfläche und sorgt für die eigenartigen Umrisse der Berge, keine Gipfel, sondern flache Höhen, wie Deckel. Schon von weitem, schon in der Rheinebene fallen sie auf, da sind keine Spitzen, diese Höhen sind eben, sind oft mit Mooren bedeckt, und die Hänge haben alle einen ähnlichen Neigungswinkel, so um die 45 Grad, so dass aus genügender Entfernung tatsächlich das Bild von Sargdeckeln entsteht. Und damit verstärkt er sich endgültig, der Eindruck des Finsteren, der »Schwarz«-Wald-Eindruck. Der Buntsandstein ist wüstenhaften Ursprungs – »terrestrisch« sagen die Geologen –, und liefert alles andere als

Ackerbauböden, da sind nur saure Wiesen möglich und Waldböden, und zwar – Pollenanalysen aus alten Bodenproben haben es belegt – seit je vor allem Nadelwald. Mit dieser »Scholle« war wenig Staat oder Stadt zu machen. Aber aus dem quarzreichen Sandstein und auch aus dem ebenfalls quarzreichen Grundgebirge ließ sich Glasbläserei entwickeln, in den Wäldern Köhlerei und Holzwirtschaft, Landwirtschaft aber höchstens in den weit auseinanderliegenden Einödhöfen, in der Wirtschaftsform der »Heidenhöfe« mit ihrer Viehwirtschaft, gestützt vom Waldbetrieb. Die wenig fruchtbaren Böden waren es, die seit je für viel ungenutztes oder »nur« naturgenutztes Gelände sorgten, vor allem dieser rötliche Buntsandstein war es, der das berühmte Wald- und Wiesenland namens Schwarzwald ermöglichte, eine letzte große Waldwildnis.

Der saure Sand unter den Füßen ist Voraussetzung dafür, dass man noch heute fast zweihundert Kilometer lang in nordsüdlicher Richtung durch Waldwege wandern kann, den »Westweg«. Pforzheim und Basel, die Städte an den Endpunkten dieses Weges sind von Römern gegründet (lateinisch »Basilis« und »Portus«), wobei die »Pforte« Pforzheim offenbar schon zur Römerzeit als Eintritt zum großen Unbekannten empfunden wurde, zum schwer Zugänglichen, zu einer Anderswelt.

Die letzte Sekunde der letzten Erd-Minute, die Eiszeit, sie hat die Grobstrukturen, die von der letzten Minute »Tertiär« aufgebaut wurden, verfeinert und ausgestaltet. Zur Eiszeit bedeckten die Schwarzwaldhöhen ausgedehnte Vergletscherungen. Feldsee, Bärental und Titisee sind Hinterlassenschaften eines Feldberggletschers. In regen- und schneereichen Epochen wurde aufgeschüttet und zurechtgehobelt, was heute als Landschaft beeindruckt, die Triberger oder

Geroldsauer Wasserfälle, Mummelsee, zweimal ein »Wildsee« (einer bei Wildbad, der andere zwischen Hornisgrinde und Schliffkopf), Höllental oder Simonswälder Tal, Ravennaschlucht wie Wutachschlucht, die Heidelandschaften auf den Höhen des Kniebis ebenso wie die Battertfelsen über Baden-Baden oder der Glaswaldsee – alles und jedes, im großen wie im kleinen, bekam in der Erdsekunde der Eiszeiten den heutigen Zuschnitt.

Freilich, die Eigenart eines Tals oder einer Höhe richtet sich nicht bloß nach Gestein, Boden, Eiszeit und Quellhorizont, sondern auch nach dem, was die Bewohner, was die »Wälder« daraus gemacht haben, von den ersten Rodungen bis zu den jüngsten Unternehmungen des Tourismus. Aber den Eingriffen des Menschen werden inzwischen auch im Schwarzwald Grenzen gesetzt. 1970, im Jahr des Naturschutzes, wurden zahlreiche Waldgebiete vom »Bannstrahl« der Ökologen getroffen, seit damals gibt es die neuen »Bannwälder«. Was in der Zeit der Residenzen und Klöster ein Name war für die am weitesten entfernten Dickichte, für die Grenzwälder – »bannen« meint »festgrenzen« –, das ist heute die Bezeichnung für den Versuch, Wald wieder so wachsen zu lassen, wie er es »von Natur aus« tun würde. In den »Bannwäldern« werden Pflanzen- und Tierwelt sich selbst überlassen. Und da wachsen mittlerweile tatsächlich deutsche Urwälder heran, bilden sich Distrikte, in denen man auf Nutzungs- wie auf Pflegemaßnahmen vollständig verzichtet, da werden keine Bäume gefällt, keine Dünge- und keine Spritzmittel eingesetzt, die Baumleichen bleiben liegen, Setzlinge werden nirgends gepflanzt.

Lediglich die Jagd muss in Maßen betrieben werden, weil sich das Wild allzu einseitig vermehren würde, sagen die Forstleute. Wo sich diese Bannwälder im einzelnen befinden, bleibt unmarkiert, bleibt dem Spürsinn der Waldwanderer überlassen. Ein gutes Dutzend gibt es, einige bis zu hundertfünfzig Hektar groß, da läuft ein aufregendes wissenschaftliches Spiel, nach den Jahrhunderten der Eingriffe entscheidet sich hier, ob der Wald sich auch unter verändertem Klima noch immer selber helfen kann – werden neue Arten aufkommen? behaupten sich die bislang künstlich geförderten? wird sich Mischwald durchsetzen oder – »von Natur aus« – Nadelwald?

Alle zwanzig Jahre wollen Botaniker und Zoologen Bilanz machen. Schon jetzt ist ein vorurwaldliches Stadium erreicht und lässt staunen – es füllt sich der monotone, der stillgelegte Wirtschaftswald zusehends mit neuem altem Leben, die Holzfabrik wird vital überwuchert von Üppigkeit und Vielfalt.

Und vorübergehend hatte der Schwarzwald sogar die Chance, zu einem kulturellen deutschen Zentrum zu werden. Im Salon Europas, in Baden-Baden wurde nach den Weltkriegen der Südwestfunk gegründet, ein verhältnismäßig sehr großer Sender, weit abseits der Metropolen, »hinten im Grunde«, hineingestellt in den großen Wald – in dieser Abseits-Anstalt konnte es unmöglich um Aktualitäten, Massen-Shows und rasende Nachrichten-Reporter gehen, sondern doch wohl nur um Ansichten aus der Distanz, um zweite und dritte und revidierende Gedanken, auch um nachhaltige Versuche der Kunst. Gründer und erste Größen des Senders waren denn auch, unter der Aufsicht der Franzosen, Essayisten, Ästheten, Schriftsteller, schließlich kamen dann die Figuren des Stuttgarter Senders hinzu, so dass unter besten Gründungsgeistern eigentlich Wunder garantiert waren – Alfred Döblin, Friedrich Bischoff, Carlo Schmid, Otto Flake, Horst Krüger, Heinrich Strobel, Günter Gaus, Helmut Heißenbüttel, Alfred Andersch, Hans Magnus Enzensberger, Martin Walser – zwar gewann der Badener Sender im Bereich Hörspiel und in der Pflege neuster Musik hohes Ansehen, aus der »Deutschen Kammermusik Baden-Baden« der zwanziger Jahre unter Beteiligung von Brecht oder Hindemith wurden nach 1945 die »Donaueschinger Musiktage« – aber am Ende hat sich vieles anders entwickelt. Auch die Anstalt im schönen Abseits geriet unter die Aufsicht der Parteien und Lobbys, heute gewinnt das neue Baden-Badener Festspielhaus beim alten Kaiser-Bahnhof mehr Gewicht als der Sender, der sich über das Bannwort »Quote« dem Unterhaltenden an den Hals warf, dem hirnlos Unterhaltenden. Nein, keine neuen und ganz und gar andere Geschichten aus dem Schwarzwald wurden erzählt, nicht Literatur und Kunst wurden maßgebend, sondern der Kommerz, auch in diesem Punkt erscheint er aber nur wieder repräsentativ, der Schwarzwald, wurde er aufs Neue zu einer Kennmarke für »GerMoney«, für dieses stets von Erkältung bedrohte deutsche Herz oder Gemüt.

Verzeichnis der Autoren

Altendorf, Wolfgang: ›Mein Nachbar ließ sich einschneien‹. Altendorf (geboren 1921 in Mainz, gestorben 2007) lebte als Autor, Maler und Bildhauer in Freudenstadt. Die hier abgedruckte Erzählung ist erschienen im ›Tübinger Vorlesebuch‹, hrsg. von Rainer Rinke, Konrad Theiss Verlag, Stuttgart 1984.

Auerbach, Berthold: ›Die feindlichen Brüder‹. Auerbach – eigentlich Moses Baruch, geboren 1812 in Nordstetten (das heute zu Horb gehört), gestorben 1882 in Cannes – wurde zum Prototyp des Schwarzwald-Erzählers. In seiner Vorrede zu den ersten ›Schwarzwälder Dorfgeschichten‹ (1843 erschienen) fordert er einen »poetischen Provinzialismus«. Dessen Hauptakzent solle die Religiosität der Bauern sein. Auerbach, der lebenslang unter seiner jüdischen Herkunft litt, propagiert also christliche Frömmigkeit und sucht sie in seiner bäuerlichen Umgebung zu exemplifizieren, ein Programm, das vor allem in Preußen Wohlgefallen fand. Freilich hatten eben diese Schwarzwald-Bauern – in den 62 Artikeln der Stühlinger – einst das Signal zu einer Freiheitsbewegung gegeben, 1525 zu den Bauernkriegen. – ›Die feindlichen Brüder‹ (zitiert nach ›Meyers Groschen-Bibliothek der Deutschen Classiker, Eine Anthologie in 300 Bändchen‹, Hildburghausen 1851, 246. Bd.) zeigt die Stärken, aber auch die Schwächen dieses Erzählers. Er beginnt mit einem virtuosen Realismus, der an den Gottfried Kellers heranreicht (an die Grotesken der Seldwyler, z.B. in ›Die drei gerechten Kammacher‹), endet aber auch hier, wo es schon nach Mord und Totschlag riechen wollte, in christlicher Zucht. Nur mit frommer Vorsicht konnte ein auf Ordnung bedachter Bürger den wilden Wald betreten. Wenn Mark Twain dreißig Jahre später bei Baden-Baden den Schwarzwald betritt, beruft er sich ausdrücklich auf Auerbachs Geschichten, in einer ironischen Art von Bekreuzigung.

Bausinger, Hermann: ›Die südlichste Stadt‹. Aus: Hermann Bausinger: ›Der herbe Charme des Landes. Gedanken über Baden-Württemberg‹, Tübingen 2011, Verlag Klöpfer & Meyer. Prof. Dr. Bausinger wurde 1926 in Aalen (Württemberg) geboren und war Leiter des Ludwig-Uhland-Instituts für Empirische Kulturwissenschaft an der Universität Tübingen.

Brecht, Bertolt: ›Die schwarzen Wälder‹, ›Die unwürdige Greisin‹. Brecht (geboren 1898 in Augsburg, gestorben 1956 in Berlin), berühmt für seine Lyrik, seine Dramen ist in diesem Schwarzwaldbuch mit einer erzählenden Prosa vertreten. Mit dem Schwarzwald hatte sein Leben und Werk mehrfach zu tun, u. a. als Verfasser von ›Das Badener Lehrstück vom Einverständnis‹, das 1929 in Baden-Baden uraufgeführt wurde (Musik von Paul Hindemith) anlässlich der ›Deutschen Kammermusik Baden-Baden‹ (einer Vorform der Donaueschinger Musiktage), in deren Rahmen Brecht auch ›Der Lindberghflug‹ uraufführte. In seinen frühen Gedichten sieht er noch das Ineins von Menschen-Natur und Natur-Natur, ähnlich wie Hesse etwa zur gleichen Zeit in der hier ebenfalls wiedergegebenen Erzählung ›Der Zyklon‹. Die autobiographische Geschichte von der »unwürdigen« Greisin entstand 1939, veröffentlicht wurde sie zum erstenmal 1948. Das »badische Städtchen« ist Achern. »K.« ist Karlsruhe. Aus: Bertolt Brecht, ›Werke. Große kommentierte Berliner und Frankfurter Ausgabe‹, Band 13, Gedichte 3, sowie Band 18, Prosa 3. © Bertolt-Brecht-Erben/Suhrkamp Verlag 1993 bzw. 1995.

Duffner, Wolfgang: ›Die Geschichte vom fliegenden Mönch‹, ›Amerika‹, ›Mein Großvater und der Hartmannsweiler Kopf‹, ›Was ein Hundertjähriger sagt‹, ›Nachrichten von unten‹ sind Texte aus ›Der Gesang der Hähne. Fragmente aus dem Waldcafé‹, Tübingen 2004, Verlag Klöpfer & Meyer. Wolfgang Duffner wurde in Stuttgart geboren, wuchs auf in Freiburg und Sasbach, lebt in Brigachtal.

Fritz, Susanne: ›Schwarzwaldhimmel‹ ist eine Passage aus dem Hörstück ›Hanna‹ in der Sammlung ›Ein Schaf an der Leine‹, Gutach 2001. ›Der schwarze Hund‹ ist der Beginn des Romans ›Heimarbeit‹, Tübingen 2007, Verlag Klöpfer & Meyer. Susanne Fritz lebt in Freiburg.

Goethe, Johann Wolfgang von: ›Am Rheinfall‹. Im Gegensatz zur hier ebenfalls wiedergegebenen Beschreibung von Wilhelm Heinse wahrt Goethe (geboren 1749 in Frankfurt a. M., gestorben 1832 in Weimar) in seiner Darstellung die Distanz des Beobachters, der zu Erkenntnissen gelangen möchte – die dann freilich bis ins Biedere und Banale reichen –, auch ums »Betragen« geht es da. Der Rheinfall selbst ist zwar »herrlich, aber fasslich«, er ist »begreiflich«. Allerdings weiß er, dass man »keinen Kampf mit diesem Ungeheuer bestehen kann« – also nutzt Goethe ihn praktisch, nämlich zum Beispiel für seine Farbenlehre. So wie er sich mit zunehmendem Alter alles »Ungeheure« (wie den Rheinfall) auf Distanz hält, so hat Goethe auch den Schwarzwald bei seinen Südreisen gern umgangen. In der Tagebuchnotiz seiner Schweizreise vom 17.9.1797 taucht dieses Gebirge wenigstens ›Hinten im Grunde‹ auf, nämlich als die Berge, die »quer vorliegen ... an der rechten Seite des Rheins bei Freiburg«. Hauptsache, der Dinkel steht sehr schön und man muss die

»württembergischen Anstalten von Chausseen und Brücken« loben. Ein Minister reist. Beide Texte aus: Goethe, ›Die Schweizer Reisen‹.

Grimmelshausen, Johann J. Christoffel von: ›Der Räuber vom Kaiserstuhl‹. Dieser – wie die anderen hier wiedergegebenen Texte von Grimmelshausen (1622–1676) – ist eine Passage aus ›Der abenteuerliche Simplicissimus‹, nach den ersten Drucken des ›Simplicissimus Teutsch‹ von 1669. Die Räuber-Episode von Endingen (einem Ort am Nordrand des Kaiserstuhls) zeigt anschaulich, welche Wildheiten im »silva nigra« zu gewärtigen waren. Das Erstaunlichste ist indessen das selbstbewusste Bekenntnis des Räubers, das hat schon was vom Format eines anderen Autors aus dieser Gegend – die Brechts siedelten nur wenig nördlich der Ortenau, wie die Heimat Grimmelshausens heißt, die Landschaft rings um Offenburg. Das ›Märlein vom Mummelsee‹ ist eines der frühesten Dokumente von menschlichen Ansichten über das geographische Innere des Schwarzwalds, märchenhaft fortgesetzt in: ›Wie Simplicius in das Zentrum der Erde fährt‹.

Groddeck, Georg: ›Probenächte‹. Groddeck (geboren 1866 in Bad Kösen an der Saale, gestorben 1934 in Kronau in der Schweiz), Arzt, Schriftsteller und Psycho-Analytiker wie Psycho-Praktiker. Die besten Informationen zu Groddeck und seinen Texten liefert das Buch ›Georg Groddeck, der wilde Analytiker, Es-Deuter, Schriftsteller, Sozialreformer und Arzt aus Baden-Baden‹, herausgegeben von Otto Jägersberg, Moos 1984 (Elster-Verlag), in dieser Sammlung finden sich auch der hier wiedergegebene Groddeck-Text.

Haag, Bille: geboren 1942 in Düsseldorf, aufgewachsen im Ruhrgebiet, lebt in Freiburg, Studium der Romanistik, Germanistik und Philosophie in Heidelberg, Berlin und Frankfurt, Lehrerin an Gymnasien in Frankfurt und Heidelberg, schrieb Essays und den Roman ›Der Abfahrer und wie ihm das Leben entgegenkam‹ (Asso-Verlag, Oberhausen). ›Bruchtest-Männchen‹ entstand für diese erweiterte Auflage der ›Schwarzwaldgeschichten‹.

Hansjakob, Heinrich: ›Freiburgs Nachtkönig‹ ist eine wunderbare Passage aus den Tagebüchern des Autors, die nach seinem Tod veröffentlicht wurden unter dem Titel ›Feierabend‹ (Stuttgart 1918, S. 98 ff., posthum). ›Heinrich Hansjakob und die Frauen‹ sammelt, wörtlich wiedergegeben, Passagen aus seinen von ihm 1897 veröffentlichten ›Tagebuchblättern‹, die nachgedruckt wurden unter dem Titel ›In der Karthause‹ (gemeint ist das Freiburger Karthäuserkloster im unteren Dreisamtal) im Waldkircher Verlag, Waldkirch 1989, (S. 57 ff., 100, 111 und 261). Auch der Text zu ›Heinrich Hansjakob und die Juden‹ findet sich dort, auf S. 308 f. (siehe auch S. 268, ›Kleine Geschichte der Schwarzwaldgeschichten‹).

Hauff, Wilhelm: geboren 1802 in Stuttgart, gestorben 1827 ebendort, schrieb ›Das kalte Herz‹ für seinen Erzähl-Zyklus ›Das Wirtshaus im Spessart‹, es erschien nach Hauffs Tod.

Hebel, Johann Peter: geboren 1760 in Basel, gestorben 1826 in Schwetzingen. ›Das wohlbezahlte Gespenst‹, ›Es gibt keine Gespenster‹. Das Unheimliche ist hier wie bei Goethe stets in guter Obhut. Nicht nur in einem moralischen Rahmen. Menschenkenner Hebel weiß zu genau, wo in Wahrheit die Gespenster hausen. ›Tod vor Schrecken‹, ›Der Zirkelschmied‹, ›Der Wettermacher‹, ›Zundelfrieders Lehrjunge‹, ›Zundelfrieders Meisterstück‹. Für alle zitierten Geschichten gilt Bölls Bemerkung vom »süßen Gift der Anarchie« in Hebels Zundelfrieder-Geschichten (s. S. 281, ›Kleine Geschichte der Schwarzwaldgeschichten‹). Alle Texte aus: J. P. Hebel, ›Schatzkästlein des rheinischen Hausfreundes‹. ›Aus dem Jahr 1808 oder: Klima-Erwärmung‹ heißt dort ›Warme Winter‹. ›Schau, dort ist die Erde gewesen …‹ ist die Schlusspassage aus ›Die Vergänglichkeit‹ in: ›Alemannische Gedichte‹.

Heidegger, Martin: geboren 1889 in Meßkirch, gestorben 1976 in Freiburg. ›Schöpferische Landschaft‹ ist die Schlusspassage eines Aufsatzes unter dem Titel: ›Schöpferische Landschaft: Warum bleiben wir in der Provinz?‹ in: ›Denkerfahrungen 1910–1976‹, hrsg. von Hermann Heidegger, © Vittorio Klostermann Verlag, Frankfurt am Main 1983. Elfride Heidegger, die Ehefrau von Martin Heidegger, erwarb 1922 in Todtnauberg vom »Glöcklehof«-Bauer Pius Schweitzer eine Hütte oberhalb Todtnauberg, noch heute im Besitz der Familie Heidegger. Das Gedicht steht in der ›Gesamtausgabe‹, im Bd. 13 auf S. 86.

Heinse, Wilhelm: ›Am Rheinfall von Schaffhausen‹. Heinse (geboren 1746 in Langewiesen/Thüringen, gestorben 1803 in Aschaffenburg) war 1787 als Autor des Künstlerromans ›Ardinghello oder die glückseligen Inseln‹ berühmt geworden. Er war sicher einer der »Wildesten« des »Sturm und Drang«, freizügig gegenüber jederlei Schranken, was auch beim Vergleich seiner Rheinfall-Beschreibung mit derjenigen Goethes deutlich wird. Freilich liegen 17 Jahre zwischen beiden Texten, auch Goethe hätte um 1780, als Heinse eine dreijährige Italienreise antrat, eher in diesem expressiven Stil geschrieben, verströmend und hingegeben.

Hemingway, Ernest: geboren 1899 in Oak Park im Staat Illinois, Freitod 1961, gilt als Hauptsprecher der »lost generation«, desillusioniert nach den Erschütterungen der bürgerlichen Welt im ersten Weltkrieg. Der Text ›Im Rössle‹ ist eine Passage aus seinen ›49 Depeschen. Ausgewählte Zeitungsberichte und Reportagen aus den Jahren 1920–1956‹, hrsg. von Ernst Schnabel, deutsche Übersetzung von Ernst Schnabel und Elisabeth Plessen, © Rowohlt Verlag GmbH, Reinbek bei Hamburg, 1969.

Hesse, Hermann: ›Der Zyklon‹. Hesse (geboren 1877 in Calw, gestorben 1962 in Montagnola/Schweiz) erzählt hier eine Begebenheit aus seiner Jugend (vgl. seinen Brief vom 1. Juli 1895). An diesem Tag war ein Unwetter in Calw. ›Der Zyklon‹ erschien zuerst in der ›Neuen Rundschau‹ (vgl. auch die Anmerkung zu Brechts Gedicht). Aus: ›Sämtliche Werke in 20 Bänden‹. Herausgegeben von Volker Michels. Band 8: Die Erzählungen 3. © Suhrkamp Verlag Frankfurt am Main 2002. Alle Rechte bei und vorbehalten durch Suhrkamp Verlag Berlin.

Jägersberg, Otto: ›Himmelheber oder Der Schwarzwald als Spanplatte‹ basiert auf Jägersbergs Grußwort an Max Himmelheber zu dessen hundertstem Geburtstag, abgedruckt in ›Scheidewege, Jahresschrift für skeptisches Denken‹, Jg. 2004/2005, Nr. 34, © Hirzel-Verlag. Jägersberg (geboren 1942 in Hiltrup bei Münster) erzählt die Begebenheiten ›Der Pfarrer von Freudenstadt‹ in ›Geschichten aus dem Schwarzwald. Gesammelt von Jürgen Lodemann‹, © Diogenes Verlag, Zürich 1985, sowie ›Schwarzwaldverein‹ in seinem Buch ›Vom Handel mit Ideen‹, © Diogenes Verlag, Zürich 1984. Er lebt seit 1968 im ältesten Teil von Baden-Baden, wo auch sein Roman ›Der Herr der Regeln‹ spielt (1983) und seine Gedichte ihren Stoff beziehen (›Wein, Liebe, Vaterland‹, 1985), beide ebenfalls Diogenes Verlag, Zürich. ›Streit in Baden-Baden‹ entstand für diese erweiterte Ausgabe der ›Schwarzwaldgeschichten‹.

Kaschnitz, Marie Luise: ›Nebelmeer‹. M. L. Kaschnitz (geboren 1901 in Karlsruhe, gestorben 1974 in Rom) veröffentlichte diese Erinnerungen an ihre Zeit im Badischen in ihrer Textsammlung ›Orte. Aufzeichnungen‹, © Insel Verlag, Frankfurt am Main und Leipzig 1975. Alle Rechte bei und vorbehalten durch Insel Verlag Berlin.

Kehle, Matthias: geboren 1967, lebt in Karlsruhe. ›Herrenschwand, Hochschwarzwald‹ ist ein Text aus: ›Drahtamseln, Gedichte‹, Aachen 2007, Verlag Rimbaud. ›Ferne‹ erschien im selben Verlag im Band ›Farben wie Münzen‹. Neue Gedichte des Autors liest man in ›Scherbenballett‹ ab Herbst 2012 bei Klöpfer & Meyer.

Lehmann, Christine: geboren 1958 in Genf, lebt in Stuttgart und Wangen, verfasst auch Hörspiele für den ARD-Radio-Tatort. ›Mond und Wald‹ ist ein Text aus ihrem Roman ›Nachtkrater‹ (Ariadne Kriminalroman 1173. Deutsche Originalausgabe. © Argument Verlag, 1. Auflage 2008. www.argument.de), zunächst aus dem Anfang, dann aus der Endphase des Romans. Im selben Verlag erschienen weitere Kriminalromane, zuletzt (2012): ›Totensteige‹.

Lodemann, Jürgen: geboren 1936 in Essen, lebt seit 1956 vor allem im Schwarzwald. ›Hirschsprung‹ gehört zu verschiedenen Versuchen, nach ältesten Quellen die Nibelungen-Überlieferung zu rekonstruieren. ›Hirschsprung‹ wird da auf der Wormser Doppelhochzeit (Gunther–

Brünhild, Siegfried–Krimhild) von Koch Rumolt erzählt, die hier vorliegende Fassung ist die früheste Version. Letzte Version in: ›Siegfried und Krimhild. Die Nibelungenchronik‹, München 2004 (dtv). ›Europas Salon. Kleine Geschichte der großen Lichtenthaler Allee‹, erschien in einer ersten Fassung in ›Skulpturensommer Baden-Baden‹, Verlag DuMont Literatur und Kunst, Köln 2003. ›Dutschke im Weltbad‹ entstand für das vorliegende Buch.

Meckel, Christoph: geboren 1935 in Berlin, lebt in Freiburg, Berlin und in Südfrankreich. ›Schwarzwälder Ferien im Krieg‹ ist eine Passage aus ›Suchbild. Meine Mutter‹, © Carl Hanser Verlag, München 2002. Siehe auch ›Suchbild über den Vater‹ (1980).

Mossmann, Walter: ›Renitent‹, Text aus ›Chanson 67‹, Verlag Xenophon. Bezieht sich auf ein Ereignis, das sich 1966 in Welschensteinach abgespielt hat. Der »Welschensteinacher Bauernkrieg« im Schwarzwald wurde am 5. Januar 1967 beendet mit einer Verurteilung der Angeklagten. ›Liebeslied auf 101 Megahertz‹ aus ›Flugblattlieder‹, Streitschrift, Rotbuch, Berlin 1980. Das Lied wurde geschrieben für Radio Verte Fessenheim, das erste deutsche Piratenradio. Nach Auskunft von Walter Mossmann wurde vor allem nach Freiburg hinein gesendet, »meist vom Schwarzwälder ›Geiersnest‹ herunter, gelegen auf halbem Weg zwischen St. Ulrich und Horben – mit Blick auf Galgenkopf, Mistelberg und Scherzinger Köpfle«. ›Lied vom Goldenen Buch‹, Text aus ›Vorsicht, die Mandoline ist geladen‹, S. Fischer, Frankfurt am Main 1970. – Zu »Seite Siebenundsechzig«: gemeint ist das »Goldene Gästebuch« der Universität, der Eintrag auf dieser Seite ist aus dem Jahr 1938. Eine Kolonne mit mehreren Unterschriften wird auf dieser Seite angeführt von derjenigen des Roland Freisler und abgeschlossen von derjenigen des Professors Theodor Maunz. Maunz wurde einer der Kommentatoren des Grundgesetzes. Am 14. Januar 1969 kam es in Freiburg zum »Uni-Streik« und zur Besetzung des Rektorats, die Besetzer nahmen Einblick in das »Goldene Gästebuch«. – Zu »NS-Gesetz«: absichtsvolle Abkürzung für die damals erlassenen Notstandsgesetze. – Die abgedruckten Mossmann-Lieder finden sich auch in: Walter Mossmann, ›Der Nasentrompeter. Lieder Poeme‹, edition freitag, 2007. Als CD bei Trikont/Eichborn, Frankfurt am Main.

Nonnenmann, Klaus: ›Einmal Wildbad und zurück‹ ist ein Text aus: ›Ein Lächeln für den Morgen, Orte und Zeiten‹, Tübingen 2000, Verlag Klöpfer & Meyer. Klaus Nonnenmann wurde 1922 in Pforzheim geboren und starb dort 1993.

Oliver, José F. A.: geboren 1961 in Hausach im Kinzigtal als Sohn andalusischer Migranten, lebt dort als freier Autor. ›Das Häs‹ war ein Vortrag und erschien zuerst in: ›De Wunderfitz, Narrenblättle der Freien Narrenzunft Hausach‹, Hrsg.: José F. A. Oliver und Jakob Wolber, Hausach

2002 unter dem Titel ›Maskenfiebrig eigen oder die gemeinsame Lust am Spättle‹ und wurde nachgedruckt in José F. A. Oliver: ›Mein andalusisches Schwarzwalddorf. Essays‹, edition suhrkamp 2487, © Suhrkamp Verlag, Frankfurt am Main 2007. Alle Rechte bei und vorbehalten durch Suhrkamp Verlag Berlin. – Aus dem dortigen Glossar: »Häs«: Fasnachtskostüm samt Maske. »Spättle«: das Hexenkostüm samt Maske (»Spättlemadlee hat Haare auf den Zähnen und Zotteln am Rock und stinkt wie ein Bock«). »Päter«: Kittelbluse der Bäuerinnen im Kinzigtal, von feinem Blumenmuster durchwoben. »Huse«: zu Hause in Hausach.

Pfau, Ludwig: ›Das Badische Wiegenlied‹. Die hier wiedergegebenen vier Strophen erschienen am 8.12.1849 in der satirischen Zeitschrift ›Eulenspiegel‹ nicht anonym, wie oft behauptet wird, sondern mit dem Autor Ludwig Pfau (1821–1894) – siehe hierzu: ›Glasbruch 1848. Flugblattlieder und Dokumente einer zerbrochenen Revolution‹, hrsg. von Barbara James und Walter Mossmann, Luchterhand 1983, S. 132f. Das Lied wird bei Gelegenheit auch heute noch gesungen und mit neuen Strophen versehen. So war es z.B. in der »Volkshochschule« von Wyhl am Kaiserstuhl, wo sich diejenigen trafen und sich Mut machten, die das Atomkraftwerk am Kaiserstuhl verhindert haben, Bauern wie Studenten von beiden Seiten des Rheins. Siehe auch → Mossmann.

Sayer, Walle: ›Im Rathaus‹, ›Betrachtung‹ und ›Panoptikum 41‹ sind Texte aus ›Kohlrabenweißes. Menschenbilder. Ortsbestimmungen‹, Tübingen 2001 und aus ›Von der Beschaffenheit des Staunens‹, Tübingen 2002 (beide Verlag Klöpfer & Meyer). Walle Sayer wurde 1960 geboren und lebt in Dettingen bei Horb.

Scheffel, Joseph Viktor von: ›Die Hauensteiner oder: Im Gebiet der Rauferei‹. Scheffel (geboren 1826 in Karlsruhe, gestorben 1886 ebendort) veröffentlichte um 1850 in verschiedenen Zeitschriften »Reisebilder« im damals beliebten Genre zwischen Journalismus und Poesie. Den Eigensinn der »Hauensteiner« (vgl. dazu die Anmerkung über die »Salpeterer« bei → Senger) fasst er offenbar weniger als Fortschritt auf – etwa im Sinn von Autonomie und Menschenrecht – sondern versteht das als skurriles Relikt aus dickköpfigen Zeiten.

Schwab, Gustav: geboren 1792 in Stuttgart, gestorben ebendort 1850, ›Freiburg und Jos Fritz‹ ist eine Passage aus Schwabs ›Wanderungen durch Schwaben‹, 1837 als Bd. 2 von ›Das malerische und romantische Deutschland‹. »Bundschuh« meint eine Fußbekleidung der Bauern seit dem frühen Mittelalter (ein Stück Leder, mit Riemen um den Knöchel befestigt), seit Mitte des fünfzehnten Jahrhunderts wurde das zum Feldzeichen bei Bauernaufständen im Südwesten Deutschlands. Aufstände unter Jos Fritz gab es 1502 in Speyer und 1513 im Breisgau. In Freiburg nennt sich eine der vielen sehr guten Buchhandlungen »Jos Fritz«.

Senger, Oberamtmann von: ›Das Benehmen der Salpeterer‹. Am 17. Februar 1835 wurden die »Salpeterer« (wie man die Bewohner des Hotzenwaldes oder die Hauensteiner auch nannte) aus dem Arbeitshaus in Pforzheim entlassen. Die Kreisregierung von Freiburg erkundigte sich, ob die aufsässigen Leute nach dieser Bestrafung nun endlich gefügig geworden seien. Resigniert antwortete darauf der Waldshuter Oberamtmann Senger das, was hier abgedruckt ist. Zitiert ist es nach dem vorzüglichen Wagenbach-Taschenbuch ›Die Salpeterer‹ von Thomas Lehner. Gustav Heinemann, Bundespräsident von 1969 bis 1974: »Kennzeichnend für unser mangelhaftes Geschichtsbewusstsein erscheint mir, dass auch Einwohner des Südschwarzwalds so gut wie nichts von den Kämpfen der Salpeterer wissen, obwohl sie sich vor ihren Hoftüren abgespielt haben und die eigenen Ur-Ahnen daran beteiligt gewesen sind.« Wie zu sehen war, wusste davon offenbar auch Scheffel nicht, der die Hauensteiner nur »im Gebiet der Rauferei« für bemerkenswert hielt – sie gehörten aber zu den ersten, die intern demokratisches Wahlrecht praktizierten.

Twain, Mark: ›Der Schwarzwälder‹, ›Der Baden-Badener‹. 1878 begab sich Twain (1835–1910) auf einen ›Bummel durch Europa‹ (so heißt das Tagebuch, aus dem hier zitiert wird) – der Ruhm des »Black Forest« hatte sich bis in die Vereinigten Staaten von Amerika herumgesprochen, auch der von Auerbachs Dorfgeschichten. Siehe auch → Auerbach.

Varnhagen, Karl August von: ›Das Erschießen in Baden‹. Varnhagen von Ense (geboren 1785 in Düsseldorf, gestorben 1858 in Berlin) war von 1815 bis 1819 preußischer »Ministerresident« in Karlsruhe und wurde wegen »liberal-demokratischer« Haltung 1819 entlassen. Seine ›Tagebücher‹, aus denen hier zitiert wird, erschienen 1861 bis 1870. Seine Eintragungen aus dem Jahr der badischen Revolution zeigen gerade in der Lakonie die Betroffenheit eines ehemals preußischen Beamten, zeigen bewegte Anteilnahme am blutigen Widerstand Badens, 1849 eine Hochburg früher deutscher Demokraten, die insbesondere in Rastatt dem übermächtigen preußischen Militär erbittert getrotzt hatten. »Preußens Brigittenau« – ein Schock durch alle deutschsprachigen Regionen war am 9. November 1848 in der Wiener Brigittenau die Exekution Robert Blums, des Vizepräsidenten der Paulskirchen-Parlaments, durch ein Kommando des Generals Windischgrätz.

Zimmermann, Franz: ›Kreuze und Kanonen in Horben‹ erschien unter dem Titel ›Besondere Orte in Horben‹ in ›Die Kirche im Dorf. Festschrift aus Anlass der 200-Jahrfeier der Kath. Pfarrgemeinde St. Agatha in Horben‹, herausgegeben von Gottfried Mordos, Horben 1992. Franz Zimmermann lebt in Horben im Ortsteil Bohrer.